U0946902

——我的小康志

MINGJI WO DE XIAOKANGZHI

李春雷◎著

河北出版传媒集团
河北人民出版社
石家庄

图书在版编目（CIP）数据

铭记：我的小康志 / 李春雷著. -- 石家庄：河北人民出版社，2021.5
ISBN 978-7-202-15442-7

Ⅰ. ①铭… Ⅱ. ①李… Ⅲ. ①小康建设－调查报告－中国 Ⅳ. ①F124.7

中国版本图书馆CIP数据核字(2021)第124310号

书　　名　**铭记：我的小康志**
MINGJI WODE XIAOKANGZHI
著　　者　李春雷

责任编辑　高　菲
美术编辑　秦春霞
责任校对　余尚敏

出版发行　河北出版传媒集团　河北人民出版社
（石家庄市友谊北大街 330 号）
印　　刷　河北新华第一印刷有限责任公司
开　　本　787 毫米×1092 毫米　1/16
印　　张　19.25
字　　数　230 000
版　　次　2021 年 5 月第 1 版　　2021 年 5 月第 1 次印刷
书　　号　ISBN 978-7-202-15442-7
定　　价　49.00 元

自序

ZIXU

小康志，新史记

小康社会，几千年来就是中国仁人志士和政治家们的社会理想。从《诗经》《礼记》，到孔子、朱棣，再到近代的康有为，无不如此。但由于历史局限和种种原因，这只能是一个美好的、无奈的梦想。

小康社会，是中国共产党成立以来全心全意的百年追求。从共产党成立到新中国成立，从新中国成立到改革开放，特别是党的十八大之后，更是把全面建成小康社会作为奋斗目标。

而今，八年脱贫攻坚，全胜在握。建成小康社会，就在眼前。在中国共产党成立100周年之际，中华民族将真正告别贫困，走向一个全新的历史阶段。这是中华民族发展史上前所未有的伟大壮举。实在可喜可贺，应该大书特书。

回想自己这些年的创作，我感觉十分幸运，也有所收获。

2013年11月，习近平总书记刚刚提出精准扶贫构想的时候，我恰好正在中国最贫困的甘肃省定西地区采访。在这里，我认识了后来壮烈牺牲在扶贫第一线并被评为“时代楷模”的临洮县县长柴生芳。在与他的交谈中，我第一次听说了“精准扶贫”这个名词，感觉眼前一亮。精准，干什么都要精准啊，否则就会事倍功半。当时，我就深入采访了几个贫困村，创作了第一篇扶贫题材报告文学《党参沟纪事》。这篇作品在《人民日报》发表后引起良好反响。

而后的几年内，我又多次走进太行山深处的贫困乡村，写出了反映时代楷模李保国扶贫故事的长篇报告文学《大山教授》和反映一个山村家庭走出贫困的短篇报告文学《太行梦》；深入到内蒙古高原深处的贫困村，写出了反映农民养毛驴致富的短篇报告文学《黑毛驴，灰毛驴》；深入到广西百色革命老区，写出了时代楷模黄文秀扶贫故事的长篇报告文学《秀儿》和反映当地农民依靠种芒果致富的短篇报告文学《芒果城》；深入到河北省广平县农村，写出了反映壮烈牺牲在扶贫岗位上的县扶贫办主任郑贵章事迹的短篇报告文学《县扶贫办主任》；2016 年，我再一次深入临洮县，写出了反映驻村第一书记王海妮扶贫故事的长篇报告文学《妮妮下乡》。

2018 年，联想到方志敏烈士名篇《可爱的中国》中描述的理想中国就是小康社会，我深入到方志敏烈士的家乡一带采访，写出了短篇报告文学《告慰方志敏》。特别是 2019 年，我接受中国作家协会委派，承担了反映习近平总书记视察过的张北县德胜村脱贫故事的长篇报告文学《金银滩》的创作任务，而后走进塞北高原小村，冒着零下 32 摄氏度的酷寒，完成了对主人公的现场采访。

综上所述，近几年，围绕精准扶贫、全面建成小康社会题材，我共创作 4 部长篇和十多个短篇报告文学作品。

通过这些创作，我实实在在地感受到了时代脉搏的跳动，听到了整个国家在迈向小康社会进程中的铿锵脚步声。

但是今天，当这个伟大时代马上就要到来的时候，回想以往，展望未来，深深思考这一宏大历史事件的特殊意义，又不得不自觉汗颜，自愧不如。

鉴于此，我决心重新梳理近几年的创作，把这些作品认真整理、编辑、提升，使之成为一个相对完整的版本，从中可见脉络，可见背影，书名定为《铭记——我的小康志》。

一个时代拥有一个时代的文学史志。鲁迅的《故乡》《祝福》、沈从文的《边城》、丁玲的《太阳照在桑干河上》、孙犁的《风云初记》、周立波的《暴风骤雨》《山乡巨变》、柳青的《创业史》、路遥的《平凡的世界》、陈忠实的《白鹿原》等，都是一个时代的缩影，具有史诗般的呈现。

全新的小康社会生活，是当今中国最精彩的现实。为民族复兴写史铭志，为全面小康树碑立传，这是我们文学工作者的历史使命！

只有这样，才能无愧于自己的人生，无愧于伟大的时代！

目录

MULU

《党参沟纪事》创作谈

2013年11月上旬，我应水利部宣传中心邀请，到甘肃省定西地区一带采访水土保持工程。

甘肃的河西、定西和宁夏的西海固，被称作“三西”地区，这些地方自然条件恶劣，几乎不适合人类生存。1982年，“三西”地区作为全国第一个区域性扶贫开发实验地正式启动。也就是说，中国政府主动的、有规划的扶贫工作，从此开始。所以，“三西”地区，也似乎成为中国扶贫工作的代名词。

在定西采访期间，我遇到了临洮县县长柴生芳。他毕业于北京大学历史系考古专业，爱好文学，出身经历与我极为相似。当天晚上，我们相谈甚欢。

谈话中，我印象最深的是他提到的一个名词:“精准扶贫”。他告诉我，这是习近平总书记前几天在湖南视察时提出的一项全新的扶贫战略。

精准扶贫？我眼前一亮。

是的，自古以来，朝廷或政府层面的“扶贫”工作时时有之，但大都限于被动的赈灾救济，偶有主动的类似的“扶贫”行为，但规划有些粗枝大叶，效果也不够立竿见影。“精准”，这两个字太精准了！

第二天，柴县长委托县委常委、宣传部部长王在凯陪同我，走访了几个贫困村庄。

当时，轰轰烈烈的精准扶贫工作还没有开始，但这些贫困村已经有了一些变化。于是，我就根据这些采访见闻，创作了这篇报告文学《党参沟纪事》。

这篇作品发表于当时的《人民日报》副刊，而后便获得了当年水利部报告文学征文特等奖。

这篇作品，应该是最早描写“精准扶贫”题材的报告文学作品之一，而且意义极为特殊，因为作品的诞生地就是中国政府扶贫开发的起源地。

真是太巧了！

党参沟纪事

（发表于《人民日报》2014 年 8 月 6 日作品版）

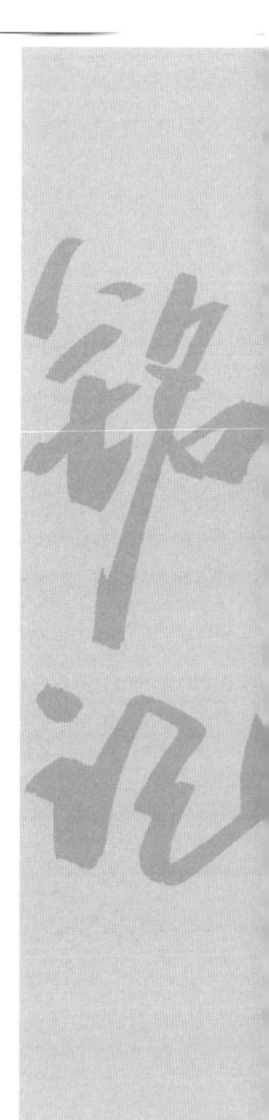

2014 年 5 月，我在甘肃省定西市采风。

出临洮县城，东南行。此地属黄土高原深处，沟壑纵横，梁峁起伏。过窑寨镇，土路颠簸。约 10 里，浑然进入一个山坳。四周坡面高高低低，皆梯田。层层田畦，叠叠青翠，向山顶蔓延，宛若巨人登天的阶梯。梯田角落处，栖息着一簇簇人家。

路人告诉我，这是翻山村。

在小村南头，我叩开了一户人家……

杨德茂老汉正在小院角落里喂骡子。黑油油的骡子，抬起头，惊奇地看着我，宛若天外来客。清澈纯净的眼睛，像一个婴儿。

他的妻子，高高的个头，健实的身板，看到我进门落座，便喜盈盈地端出一盘黄灿灿的油馍，一杯绿茵茵的茶水。

这是一座精致的四合小院，高门大窗，遍贴瓷砖，水泥地面，平展洁净。屋内更是一尘不染，摆满了时尚用品，冰箱、彩电、音响、电脑。中堂和四壁，则张挂着几幅精致的字画。在这深山里，竟然包藏着这么一个充满现代文明气息的院落，真是让我惊奇了。

但，大大出乎意料的是，58 岁的老杨，和他的妻子，居然目不识丁，且满口土语，难以沟通。

我猛然醒悟，这里毕竟是远离世界的深山一隅。

虽然不识字，却识数，会写阿拉伯数字，千千万万地计算，都难不住。几十年来，蜗居在黄土深处，生存和生活，算计和计算，只是一种本能。

虽然不识字，却知足而乐，脸上铺满着舒展的笑纹，一如阳光下的黄土高原……

黄土高原从何而来？

长期以来，“风成说”渐成共识：黄土来自其北部和西北部的蒙古高原以至中亚等浩瀚的干旱沙漠区。亿万年来，冬春季节，这些地区西北风盛行，狂飙骤起。粗大的石块留守原地，成为“戈壁”；较细的沙粒落在附近，聚成沙漠；而细微的粉沙和黏土，纷纷向东南飞扬。当风力减弱或遭遇秦岭和太行山地的阻拦，便飘落下来，积累成一片62万平方公里的深厚黄土。

生命和生物开始繁衍，文化和文明渐渐发酵。于是，寄生在这片土地上的人群，便与这片土地染成一色，融为一体，成为一个民族最鲜明的胎记和宿命。

黄土高原，中华民族的胎盘！

翻山村的历史，只有几十年。

陇中苦瘠，甲于天下。史籍上，“禾麦无收”“民大饥”“人相食”“积尸梗道”的记载，比比皆是。而这里，更是处于陇中最偏远的地方。

1929年早春，为了躲避血腥的战争和兵匪抓丁，杨德茂的爷爷伙同尹姓、魏姓几个青年，从临夏州和政县一带，逃进了这片荒无人烟的深山。走过一道道山谷，终于在谷底发现一注拇指粗的泉眼。于是，几个人掘土为穴，盖起几间草房，决定就在此定居。而后，一人留下看守，别人各自回家，搬迁家眷。男人们挑着全家的行李，翻山越岭，日夜奔走，双肩磨得姹紫嫣红。女人们都是三寸金莲，更是双脚血肉模糊。

野山无主，取名大峪沟。

大峪沟内，只有一丛丛稀稀疏疏的荆棘，爬满了所有的山坡，是这里千年的主人。人们披荆斩棘，放火烧荒，开垦野田，播下种子。

生命一如荆棘，在贫瘠的山坡上扎下了根。

四面黄土高坡，就是他们生存的世界。于是，由近及远，一块块巴掌田、眉毛田、卧牛田、草帽田浮现了。于是，土豆、小麦、谷子、糜子、胡麻和荞麦们，悄悄地安家了。

后来的岁月里，老家的亲属和邻居陆续迁来。渐渐地，这里形成了一个遗世独立的自然村落。

小村叫什么？有人说，我们翻山而来，就叫翻山村吧。

大河流过，嫁与高原，是为黄河。

几十万年，黄河与黄土高原，形成了一个固定的结构和体系，像一棵根深叶茂的大树，绽放出一枚枚神秘的生命之花，孕育了这一方水土的生物进化，于是，东方农耕文明早期的曦光出现了，女娲、黄帝、伏羲们影影绰绰地登场了……

亿万条沟壑，千百条支流，汇于一身。黄河浩浩东流，一个广袤的大平原形成了。若干的朝代，若干的文化，若干的英雄，苦难与辉煌，流成了一曲唏唏嘘嘘、纷纷繁繁的历史……

20 世纪 60 年代，这里已经繁衍成一个四五百人的小村了。四面山坡上，是多年开垦的 4000 多亩坡耕地。

此地土壤颜色灰黄，俗称白土、傻白土，有机质含量低，且土质疏松，抗蚀力低，是典型的低产田。

最主要的是干旱。

全村人吃水仍是依靠那一眼山泉。只是，泉眼在谷底，人们住在四周的山坡上，挑水上山，格外苦累。

更苦累的是耕牛们。山坡上耕种，特别费力。由于受力不均，牛脖子被缰绳勒磨得鲜血淋淋。更有饥渴难耐、筋疲力尽的牛儿，站立不稳，头重脚轻，从山坡上滚落下来，立时毙命。

比牲口更加饥渴的是庄稼们。本来都是耐旱作物，但从正月到六月，常常晴天丽日，空空无雨。满坡的小麦，稀稀黄黄，弱瘦如牛毛，不能结籽。这时候，赶紧犁掉，种上荞麦、糜子。这样的年景，只能种一坡，收一车，打一斗，煮一锅。

饥饿，干渴，疾病，苦累，杨德茂的爷爷、奶奶、大伯等长辈，大都是中年离世。

在生活和生产中，人们越发认识到土豆是生命和生存的最好伴侣。

土豆，又名洋芋，俗名山药蛋，清康熙年间从东南沿海传入，因其耐旱、高产，且亦粮亦菜，成为当地人们的主食。婴儿认识世界，第一个是母亲的乳房，第二个便是土豆。

坡耕地种土豆，正常年份亩产2000多斤，拳头大小。旱年呢，只有三五百斤，大的像鹌鹑蛋，小的像羊粪球儿。

最稀缺的是水，最浪费的也是水。

全年的降水，多集中在七八月。突然电闪雷鸣，黑云压顶，天兵天将，骤然而至。雨水奔流而下，在山坡上，在耕田上，冲出一道道沟壑，像一刀刀血淋淋的伤口。

苦苦期盼的雨水，化作满沟黄黄的泥浆，流走，流进山那边的洮河，流入更远处的黄河……

看着匆匆而去的流水，村民们是多么无奈啊。

清同治、光绪年间，左宗棠任职陕甘总督12年，多驻防兰州。戎马倥偬之际，左氏颇兼顾地方民政。

光绪初年，陇中连年大旱，赤地千里，野无绿色，饿殍遍地。

光绪二年（1876年），左宗棠在写给皇帝的奏折中发出了“辖境苦瘠甲于天下”的哀叹，希求“各省关协济”。

杨德茂生于1955年。

赤贫，村里又没有学校，他生来便与读书无缘。

虽然不识字，却认识各种野菜：苣麻、蕨菜、马齿苋、婆婆丁、小根蒜、猪毛菜……他每天的工作，就是背着荆条筐，攥着小铁铲，在山坡上盘桓。所有的野菜，都是他童年的伙伴。

村西头是尹家，生下一儿一女。儿子脑瘫，智商停滞在婴儿阶段。女儿桂兰却是眉目清秀，人见人爱。

儿子长到 10 岁，吃遍山间草药，仍然不见起色。尹家母亲每日长吁短叹，以泪洗面。

桂兰 12 岁时，母亲去世了。

20 世纪 70 年代，村人终于认识到，命运是可以改变的，梯田可以蓄水，梯田可以丰收。

于是，全村的青壮劳力，便开始了愚公移山般的修造梯田工程。

死土深翻，活土还原，大弯就势，小弯取直，这是工程要领。全村只有两辆架子车，大量的土依靠背篓搬运。荆棘编成的背篓，装满了黄土，从这里到那里，从坡下到坡上。三百六十天，天天拼命干。

……

几年过去了，桂兰出落成一个葱俊的大姑娘，身高一米六八，是公认的“村花”。

杨德茂和尹桂兰，共同参加生产队劳动，一起修梯田。每个男人每天要背运 10 方土。女人呢，8 方。背不完，不许回家。

桂兰个头高，有力气，又肯干，总是第一个完成任务。后来，全村姑娘组成一个整修梯田突击队——“铁梅队”，她被选为队长。时时刻刻流大汗，日日夜夜修梯田。

但她毕竟是一个姑娘啊，有着自己的心事、自己的苦恼。看着背不完的大山、背不动的夕阳，想着自己的未来。夜静时分，面对大山，尹桂兰常常痛哭，把我嫁出去吧。

是的，山外提亲的媒人很多，男方条件也很好，甚至还有吃商品粮的。这些，都摇晃着她的心。

但镇定后，还是不忍。父亲呢，傻哥哥呢？

饥饿的高原，干渴的大山。沟底，是一条通往公社的路。从那里，又通往县城，通往兰州。

但，那是一条泥泞的土路，太遥远了……

1972 年到 1973 年夏天，定西一带连续 22 个月无雨，数百万人缺粮缺水。国务院总理周恩来十分震惊且忧戚："解放几十年了，老百姓还这么困难，我有责任啊。"说到这里，潸然落泪。

1974 年，又一份灾情报告放到面前。刚刚做过癌症手术的周恩来，在报告上连续写下 9 个"不够"和 3 个感叹号："口粮不够，救济款不够，种子留得不够，饲料饲草不够，衣服缺得最多，副业没有，农具不够，燃料不够，饮水不够，打井配套都不够，生产基金、农贷似乎没有按重点放，医疗队不够，医药卫生更差，等，必须立即解决。否则外流更多，死人死畜，大大影响劳动力！！！"

在山区里，一个大男人，倒插门到女方家里，是一件很落面子的事情。但他有什么办法呢，总不能打光棍啊。

尹家父亲的心思，就是招一个上门女婿，改换姓名，延续后嗣，为自己养老，同时照顾脑瘫的儿子。

在村人的撮合下，杨德茂成为首选。他的个头不高，比桂兰还要低半头，但他老实，勤快，手巧。

1978 年冬天，两人结婚了。没有一杯酒，只有一碗菜：土豆和土豆粉条。

像两根苦命的荆棘，缠绕在了一起。

作为新婚的纪念，两人决定去一次县城。临行前，父亲给了 2 元钱。凌晨 3 点就出发了，步行 8 个小时，才走到临洮。那是他们第一次看到外面的世界：柏油路、自行车、汽车、商场、学校……午饭，每人用 1 角 5 分吃了一碗臊子面，这是他们有生以来的第一顿美食了。

在商场里，桂兰惊奇地看到了一个手电筒，按一下开关，光柱雪亮，能照明，走夜路。想买下来，却需要 2 元 5 角。她吐吐舌头，赶紧缩回手。

第二年，分田了。他们家分到 15 亩地和一头小骡驹。

这 15 亩地，除了 3 亩梯田，全是坡耕地，分 12 块，零零散散地挂在周围的山坡上。

杨德茂和尹桂兰算计了一下，梯田和一半坡耕地，种土豆和小麦，这是生活的根本。另一半坡耕地，则种糜子、油麻、豌豆和饲草，这些都是生活的枝叶。

小杨有的是力气，最不惜汗水。坡耕地干旱，夏日雨水存不住，冬天的冰雪倒是有办法留住。于是，从冬天开始，他把屋前屋后、村路两侧的积雪和冰块，都背到自家坡地里，堆成一座座冰山，等待融化为春天……

这一年，老天帮忙，没有旱灾。坡耕地的小麦亩产超过 300 斤，而梯田小麦，则破纪录地达到 600 斤；土豆呢，坡耕地亩产 4000 斤，梯田竟然达到了 8000 斤。

这是祖祖辈辈的最好收成了。

此地属黄土高原丘陵沟壑第五副区，海拔 2200 米左右，平均年降雨量 380 毫米左右，年蒸发量高达 1500 毫米以上，干旱少雨，生态环境酷劣，水土流失严重。

1982 年夏天，联合国粮农组织有关专家来到定西一带考察，临别时留下一句沉重结论："这里不具备人类生存的基本条件。"

孩子陆续出生了，女娃名叫海霞，男娃取名海军。

日子刚有彩色，却阴阴晴晴，捉摸不定。

海霞聪明可爱，长到 4 岁，却突发癫病。频频到县城治疗，总也不见好转，时时发作。

桂兰哥哥的脑瘫，更是无可救药，而且随着年龄增大，脾气越来越暴躁。常常把碗摔碎了，把锅砸扁了。一年冬天，竟然出走，直到4天后，才在邻县的山谷里找到，双脚冻得溃烂。父亲帮着用中药水洗脚，他却骂骂咧咧，屡屡踢翻水盆。

桂兰父亲原本病弱，在极度的郁闷中，气竭而亡。

而可怜的海霞，在耗尽家财之后，也不治而去。

生活，一下子濒临绝境。

所幸儿子是健全的。只是巨大的丧女之痛，无处排遣。这时，好心人上前耳语，邻近康乐县山村里有一穷汉，连生3个女娃，生活难以为继，希望有人抱养。于是，杨德茂和尹桂兰东挪西借，凑齐100元钱，又送上2袋小麦，换回一个女婴。女婴叫什么呢？仍然取名海霞。

海军和海霞逐渐长大了，都送到邻村上学。他们夫妻没有文化，但决计要让孩子们读书。

按照婚前约定，儿子随女方姓：尹。但儿子上学时，同学们常常在背后指指戳戳。此时，饱经磨难的他们，已经看透世俗，不再顾及。桂兰毅然决定，让儿子改归父姓：杨。

有一天，女儿跑回家，哭着说，别人都说她是抱养的，呜呜。

尹桂兰一把抱紧女儿，他们瞎说，你是妈妈的亲女儿！

真的吗？

真的！真的！

女儿仍是委屈地哭。桂兰拿出一块糖，塞进女儿嘴里。这是女儿第一次吃糖，这原本是女儿过年的礼物。

女儿笑了，嘴里甜甜的，心里更是甜甜的。两腮绛紫的高原红，变成了两抹鲜红的胭脂。

……

孩子们上学走了，夫妻去种土豆。

4月初，从窖中取出种薯，放在温暖处催芽。几天后，薯芽萌动，用刀将薯块切开，每块各带一个牙眼，像闭着的婴儿的眼。草木灰搅拌，晾干后即可播种。

入土1个月，发芽，叶呈卵圆形，类似荆棘。

六一过后，太阳渐热，地温渐高。株苗像儿童发育一样，迅速长至少年，三四十厘米高。

7月中旬，开花了，一簇簇，像喇叭筒，或紫或白，烂烂漫漫。但这些花啊，只是绽放美丽，却与果实无关。每一朵花凋谢之后，蒂结成一枚青胎，似珊瑚球，又像青樱桃，要及时掐掉。

8月，雨水集中，正是土豆长身体的时候。娃子们在地下日日夜夜地歌唱着，膨胀着。只需一个多月，俱已成年。

一夜秋风，满山金黄。打开黄色的土地，全部是金黄色的土豆。这些粗粗糙糙的东西，在山民们心中不啻是一块块足赤的黄金呢。于是，他们的心中便填满黄金色的满足了。

土豆，像木讷的兄弟或父亲，憨厚，饱满，有力气，无怨言，朴实无华，默默而大，养活着人类。

哦，土豆，真是一个伟大的种族啊。

……

1996年，国家在干旱半干旱地区实施“121雨水集流工程”：每家建立100平方米左右的屋顶和庭院集流面，打两眼水窖，发展一处有灌溉保障的庭院经济。由国家无偿提供主要建材，农户只需自备沙料，并出工出力即可。

此项巨大工程，基本解决了这类地区的人畜饮水问题。

人畜饮水问题解决了，但土地呢，庄稼呢？

山乡的教育水平总是不及。1999 年，海军高考落榜了。

落榜第二天，他就随着父亲，默默走上了山坡。他似乎早就意识到了这一天。他的个头不高，和父亲差不多，但他有着自己的打算。

仅仅一年，海军便掌握了全套农活儿。面对家里众多坡耕地的种植，他接管了父亲的指挥权。

3 年后，海霞也落榜了。

她更没有气馁，决心去南方打工，闯一闯山外的世界。

海军终于亮出了主见：3 亩梯田全部改种党参！

党参是传统中药，有养血益气、生津止渴等作用。近几年，村里一些农户开始在坡耕地上种植，自己家也试种了 2 亩。由于水土条件没有保证，收成并不稳定，亩产成品只有 100 多斤。价格呢，每斤只有五六元。但海军有着一种别样的预感。

父亲不同意。小麦是四季的吃食，必须保证。梯田全种党参，将来吃什么？

这是父子的第一次争执。

但儿子的决心，像大山一样坚定。

2001 年春天，杨家的 3 亩梯田全部种上了党参。

党参是什么样子呢？略呈纺锤状圆柱形或长圆锥形，嫩白，晾干后呈淡黄色，多环状皱纹。气微香，味甜，嚼之无渣。《植物名实图考》载：“党参，山西多产。蔓生，节大如手指，秋开花如沙参，花色青白。”

出去 3 个月，海霞寄钱回来了。同时寄回的，还有一张照片。照片中的女儿已经完全变了：穿着花裙子，留着披肩发，脸上的高原红也消失了。女儿在杭州一家超市当收银员，豪言要扎根城市，不回农村了。

这一年秋天，杨家党参亩产达到400多斤，是坡耕地产量的4倍。

截至目前，我国耕地面积 18.26 亿亩，其中坡耕地 3.59 亿亩。

据测算，半个世纪以来，全国因水土流失毁掉的耕地达 5000 万亩，平均每年 100 万亩，其中绝大部分为坡耕地。

有关专家据 2000 年数据分析，水土流失一年的经济损失至少在 2000 亿元以上，相当于当年全国 GDP 的 2.25%。

山外的世界，渐渐丰饶起来。

党参不仅具有极高的药用价值，更是城里人美容、美食、养生的尤物。医药学家经过反复研究，终于发现优质党参的最佳生长条件：海拔 1800 至 2300 米，气候阴凉，年降水量 400 毫米左右，疏性土壤。而陇中地区恰巧符合这个条件。

此地出产的党参，长约 1 尺，独条，毛根稀少，白嫩如处女，俗称“白条党”。

这，正是党参家族的上品！

……

党参价格一路看涨。

村里的梯田全部种上了党参。

2008 年，国家进一步推动“坡耕地综合治理”工程。甘肃省更是一马当先，做出了 5 年新修 500 万亩梯田规划，对每亩新修梯田补助 400 至 1200 元，并由各级水利部门牵头落实。

一时间，各地再次掀起修造梯田的热潮。

时代变化了，推土机、挖掘机的巨手和神力，早已替代了人工。过去每人苦干一个冬天，只能修造 2 分梯田。现在，一台推土机，5 天即可造田 1 亩。

小村人开始了痴情的等待。

这一年，杨海军再次提出了一个惊人计划：自费修梯田！

杨德茂惊得目瞪口呆。国家鼓励修梯田，而且有补助，为什么不等待国家优惠政策呢？自费修造，每亩成本最少 1400 元，全家 12 亩坡耕地，需要多少钱？

儿子说，国家规划优先从大流域开始，循序渐进，蚕食死角。我们这里最偏僻，且地形复杂，处于规划的末端，等待国家补助，遥遥无期。

钱呢？那可是一大笔资金啊。

早一年修成梯田，种上党参，一年就全赚回来了。

可是，眼下从哪里筹集这么多钱呢？家里的外债刚刚还清。

父子俩激烈地争论着。

这时候，尹桂兰说话了。原来，每年年底，女儿都会孝敬她一笔钱。尹桂兰悄悄藏起来，分文未动，准备用在将来的某一天。

如今，在梯田问题上，这个当年的女子突击队队长，鲜明地站在了儿子的身后。改变祖祖辈辈的困境，她早已迫不及待了。她决定把多年积攒的女儿的嫁妆钱和自己的养老钱，全部拿出来！

2009 年冬天，杨家人耗资 2 万元，雇来一辆推土机，开始了一项家族史上最大的建设工程。

两个月后，杨家 12 亩坡耕地全部改造成标准化梯田！

水土保持的原理，就是利用工程措施和植物措施，把地势变得平缓，改变微地型，消化径流，使水不下坡，水不出沟，最大限度地消弭洪水灾害。

这其中最好的办法，就是在适宜地区将大面积坡耕地改造为梯田！

据测算，每亩梯田可以拦蓄 40 至 70 立方米雨水。

梯田，不仅保持水土，更从根本上改变了农业生产条件。

果然，2010 年，党参时代到来了。

2011 年，党参每斤价格涨到 30 元；2012 年，更高达 40 元。

与此同时，整个大峪沟的坡耕地，通过国家补助和自家修建两种形式，几乎全部改造成了梯田。埂宽地平、满目青翠，像一条条舒缓的缎带，缠绕在梁峁之间。

海霞在杭州打工，几番梦想，几番碰撞。后来，干脆回到临洮县城。

这一年，她结婚了。

尹桂兰不仅为女儿置办了一套丰厚的嫁妆，还把女儿几年来的孝敬金全部还给了她。

女儿跪在母亲面前，泣不成声。母女连心，只有她，明白母亲心底的苦和愿。

这期间发生了一个插曲。女儿的亲生父亲竟然找上了门，以亲戚的身份参加了婚礼。这个当年的穷困汉子，如今已经养羊致富，酒醉后，叫嚷着要认下女儿。杨德茂和尹桂兰赶紧冲上前，捂住了对方的嘴巴。原来，双方曾有一个严格约定：只要尹桂兰在世，女儿不能认亲！

从此之后，尹桂兰常常郁闷，女儿知道自己的身世吗？知道后怎么办呢？

《人民日报》2011 年 8 月 3 日消息：记者从全国坡耕地水土流失综合治理工程会议上获悉，我国将加大坡耕地综合治理力度，到 2020 年建成 1 亿亩标准化、规模化高标准梯田，使项目区增产粮食 100 亿公斤，有效控制水土流失，缓解江河湖库泥沙淤积，稳定解决山丘区群众的生存和发展问题。

农历二月初十，大地刚刚解冻。整个大峪沟，开始忙碌了。

第一道工序是挖苗。从去年培育的苗圃里，把党参幼苗挖出来。鲜鲜嫩嫩的小白条，像茸毛，像银鱼。扎起来，埋在阴凉的湿土里。

第二道工序是整地。梯田已经苏醒，雪水、鸟粪、腐草经过一个冬天的阳光，积攒了足够墒情。再把尿素、复合肥、农家肥敷满，用犁铧翻埋到地下。

第三个工序就是摆苗了。耙平地面，开沟，把苗儿整整齐齐地摆放在沟沿上，株距 2 至 3 厘米，而后覆土。

……

每天早上 5 点钟，杨家全体出动。

本来，依照山里的风俗，嫁走的姑娘泼出的水，娘家田产自动放弃。但杨德茂夫妻做主，所有梯田一分为二，平时由他们夫妻和儿子耕种管理，收获后兄妹平分。海霞住在县城，农忙时节回来帮工。

天蒙蒙亮，尹桂兰就起床了，炒几个菜，有鱼有蛋，或炖一锅羊肉。然后，叫醒孩子们，美美地享用。

美餐后，老杨牵着骡子，海军开着三马子，车上载着母亲、妹妹、媳妇、肥料和党参苗，还有一天的吃食，下地去。

直到太阳回家，才回家。

这样的忙碌，要连续一个月。

……

党参种下 15 天，默默发芽，类似于土豆的叶片。

枝条呢，匍匐在地，互相缠绕，极像荆棘。是的，党参与荆棘同属藤本。但品质、作用和命运，不一样啊。

农历七月，党参开花了，青青白白，花苞像小铃铛，内里似乎藏匿着一个小小气囊，踩上去，像过年时的炮仗，啪啪直响。花儿凋谢之后，结籽，紫红色，像跳蚤。

霜降过后，万物枯萎，割除枝条。

这时候，开始挖党参。

男人挖，女人捡，稠稠密密的，白白胖胖的，鲜鲜嫩嫩的，有一种醇厚的药甜味儿，氤氤氲氲，在大地上弥漫……

如今，甘肃省梯田总面积接近4000万亩。

梯田，不仅改善了农业条件，更改善了环境。生活在陇中的人们，有一个明显感觉，降雨量明显增多。

数据显示：清朝末期，陇中地区年降水量200至300毫米；20世纪80年代为300至400毫米；而这些年，降水量达到了400至600毫米。

什么原因？

生态变了！

采访的时候，我见到了尹桂兰的哥哥。他的病情早已稳定，也办了残疾证和五保户证，国家每月补助350元。

我问尹桂兰，这篇文章如果透露了养女的身世，你会介意吗？

她坚定地说，不会！俺已经想通了，现在谁家都是好生活。孩子认下亲生父母，更好，可以享受两份亲情。她，永远是俺的女儿！

……

平展如毯的梯田上，党参们像一簇簇绿色火焰，在阳光下跳跃着。

高原无言，吐出亿万青翠，就这样平静着，微笑着。那是中国的笑颜。

哦，绵延万里的黄土高原，那是中国的皮肤、肌肉，也是中国的性格、命运。

不是吗？千百年来，正是在与黄土的相依相持和砥砺开发中，才诞生了丰满而顽韧的中国智慧和中国精神！

《黑毛驴，灰毛驴》创作谈

扶贫的手段方方面面，扶贫的主体更是方方面面。这其中，不少企业也参与进来，不仅有国有企业，也有民营企业。以生产“阿胶”著名的东阿阿胶集团有限公司，便是其中的典型代表。

2014年以来，他们在全国选择了许多偏远农村，投资2亿元，扶持当地农民养驴并进行回收。这个措施，带动了千千万万个农户脱贫致富，受到了国家的肯定。2017年10月，国务院扶贫开发领导小组在北京进行隆重表彰，该公司党委书记、总裁秦玉峰被授予“全国脱贫攻坚奖奉献奖”。

我之所以选择这个典型进行创作，一是因为事迹突出，故事新颖，而且扶贫点之一位于内蒙古大草原深处，采访的同时可以感受一下苍茫的草原风情。另一个原因，便是我与东阿县的特殊缘分。1981年，13岁正在上初二的我，由于酷爱文学、走火入魔，曾骑着自行车，孤身一人游历山东，时间长达10多天。途中两次遭遇险情，几乎丧命。最后，逃难行至东阿县城，遇到一位张姓老人收留，终于化险为夷，平安回家。这段经历，是我人生早年最深刻的记忆。

黑毛驴，灰毛驴

（2018 年 11 月 28 日作于邯郸）

记忆中，故乡村庄里的毛驴，和狗一样多。

改革开放以来，随着役用价值的消失，驴类已基本退出乡村的视野和记忆。而随着美食时代的到来，驴的食用价值却又连连爆棚，即使历史上远离驴肉的广东市场，每年也需要30多万头。

既然需要，便有饲养，这是市场铁律。但奇怪的是，中国的驴数量，仍在逐年锐减。

这是一个巨大的矛盾！

矛与盾之间，碰撞着怎样的故事呢……

一

许大叔养了一群小毛驴，邱大姐养了一群小毛驴，刘大爷也养了一群小毛驴。

他们，并没有生活在一个村庄里，而是相距几公里，甚至几百公里。但他们的驴，却是同一个模样：白眼窝、白嘴唇、白肚皮；浑身黑色，滚圆滚圆；体型偏大，类似骡马。

传统的小毛驴，在我们的记忆中，灰色、瘦削、毛乱，一副受苦受难的模样，常常大汗淋漓、气喘吁吁、逆来顺受地奔忙农活，或蒙蔽着眼，日日夜夜机械地拉磨，或被人骑在后背上，低着头，默默无声地赶路。

可它们，是新时代的新毛驴。它们每天不用工作，无忧无虑，只是宅在家里，吃饱喝足，哈哈大笑，放声歌唱，似乎比他们主人的幸福指数还要高出许多。

二

这一片土地，位于内蒙古自治区赤峰市境内，是大兴安岭、燕山山脉与内蒙古高原、辽河平原的过渡带，纯丘陵、半沙漠、寒冷、干旱、偏远，聚集着内蒙古自治区三分之一的贫困人口。

敖汉旗四道湾子镇四德堂村，距离镇政府 50 里，处于农牧交错带的中心。全村 401 户人家，按照国家扶贫办公室的最新统计标准，有 197 户处于贫困线之下。

的确，这里年降水量只有 310 毫米左右，庄稼全是望天收。贫困，是这里千年不变的钉子户。

62 岁的许永章，实在是一个苦命汉子。20 年前，他的妻子身患癌症，经常住院化疗，3 个孩子那些年都在上学，并陆续进入婚龄，而家里背负着 10 多万元的外债，住在低矮的土房里。

但命运啊，并没有垂怜这可怜的一家人。2011 年之后，厄运再度接踵而至。妻子先是再患乳腺癌，后又转向淋巴。家里的外债，愈发堆成了丘陵，堆成了大山。

妻子经常绝望地大哭，却又无可奈何。

漫长的苦闷时光里，许永章依赖抽烟解闷，却又无钱购买，只能抽旱烟。旱烟叶每斤 10 元，一次买 5 斤，自己动手，把烟叶揉碎搓细。再买一斤白纸，5 元。这样，纸条一拧，即成烟卷，自卷自抽，可维持一年。旱烟，比成品烟冲劲大，常常呛得咳嗽，但他感觉过瘾。浓烟滚滚中，暂时忘记贫困的烦恼、人生的烦恼。

十年了，他从未买过一包烟。即使夏天最火热的时候，也不曾喝过一瓶汽水，或冰镇啤酒。

日子，就这样黑黑白白、酸酸苦苦地爬行着。

邱文君，女，39 岁，生活在巴林左旗林东镇后兴隆地村。这里，位于赤峰市的北部，距离敖汉旗 200 多公里。小村 312 户、825 人，分5个村民组，建档立卡的贫困户达158家，近500人。

邱文君是独生女，上有一个80多岁的高龄奶奶，父母常年有病，需要用药并照顾。没有办法，她只得招了一名上门女婿。丈夫腰椎残疾，不能从事重体力劳动。婚后生育两个孩子，又需要上学。不用说，家里累积着数万元外债。

一家七口人的生活，几乎全压在她一个弱女子的肩上。

看着她一家的贫困，满村的大树小树们都摇头叹息。

贫困，像一座大山，死死地压置在她一家人的头顶上。

贫困，像一根钉子，深深地楔在她一家人的生命里！

刘和，64岁，出生在距离后兴隆地村15公里外的马家河村。由于家贫，他一直打光棍，在黑龙江省的边境线一带流浪，被雇佣放羊，直到48岁才组成家庭。

老伴霍书芹，比他小一岁，生来左腿残疾，年轻时在生产队担任饲养员，负责喂驴，铡草时，不小心被铡掉三根指头，后来嫁给一位马姓男人。丈夫去世后，经人介绍与刘和相识。

两个穷苦人组成了一个家庭。经过几年打拼，终于盖起房子，还清外债。

却不料，2014年冬天，本来患有高血压病的残疾老伴不慎滑倒，摔断了第11节和12节脊柱，累计借贷了11万元的医疗费。而年老体弱的刘和，也患有严重糖尿病，需要注射胰岛素控制，每天四针。

……

在这片广袤的土地上，还有许多这样的家庭。他们，有着各种各样的困窘。

他们，是乡村的苦楚，更是国家的忧戚。

2014年，中国开始全面部署和实施精准扶贫战略，数以千万计的贫困家庭被纳入国家档案和国家关怀。

中国政府向全世界宣布：2020年全部脱贫！

由此，人类历史上最大规模、最深层次的一场脱贫攻坚战斗，拉开大幕……

“精准”，这两个字太精准了。

过去不够精准吗？或许是。

社会的发展、思想的深化，都是一个由粗放到精准的过程。比如说，过去对于刘和、邱文君、许永章等万万千千的贫困户，虽然政府真诚关心，社会都在帮扶，村民也在资助，可怎么能够彻底解决他们的贫和困呢，却没有具体的精准办法。

三

驴，其实也是舶来品。

原产北非，有 4000 多年驯化史，后通过西亚、中亚输入西域。西汉张骞出使时，引入关中地区。

驴子优点甚多，性情温顺、吃苦耐劳、食量小、病疫少，不仅能干农活，还能做家务——拉磨，我们祖先食用的白面白米，大都是它们蒙眼转圈的作品。而且，它们还是交通工具，张果老骑过，陆放翁骑过，大多数的农村媳妇也都骑过。在漫长的历史中，它不啻是中国农民最亲密的伙伴呢。

改革开放以来，农业机械全面普及，交通条件全面改善，即使在山区，各种小型农机具也全面替代畜力，名为“气死驴”。现代社会里，驴类几千年的役用价值几乎完全丧失，数量急剧下降。

据统计，20 世纪 80 年代中期，中国毛驴存栏量 1400 多万头；2006 年，减少到 777 万头；2014 年，已下降到 470 万头。而其中的半数左右，还属于东阿阿胶的饲养基地及其联盟养殖户。

驴类，正在退出乡村的视野，正在退出人们的记忆。长此以往，驴子将和熊猫一样，变成濒危动物。

但奇怪的是，随着美食时代和营养时代的到来，人类却越来越喜爱驴肉了。驴肉，以其远高于猪肉、牛肉的不饱和脂肪酸含量，被人类钟爱。于是，“天上龙肉，地上驴肉”，成为天南海北食客们的共识；于是，山东、安徽、河南、山西、陕西、河北等地，都形成了独具特色的地方名吃。即使历史上从不养驴、远离驴肉的广东，每年也食用30万头。于是，人们咀嚼着，也怀疑着，这是驴肉吗？

更奇怪的是，既然市场有需要，多养即可多赚，这是铁定的经济规律。可与鸡猪牛羊等养殖业完全不同的是，唯有毛驴养殖业萎靡不振！

为什么呢？

原来，驴的生理特征与鸡猪牛羊等普通家畜家禽不同。一只母鸡年产蛋可达250枚；一头母猪年生两三胎，可产仔20多头；一只母羊可年生两胎，产仔10头左右。即使是母牛，虽然怀胎9个月，但肉牛体量大，达1500斤左右。

而驴呢，不具备这些优势。怀孕期超过12个月，一胎只生一个，肉驴体重只是牛的三分之一。再一个原因，鸡猪牛羊，已经形成了成熟的产业和市场，国家专项资金扶持，科技机构全程护航。而驴养殖，什么也没有。更重要的是，毛驴养殖在全世界都没有引起重视，在科学领域一片空白。

现实大有需要，中梗却未打通！

初级阶段，特殊时期，老实本分的毛驴，被置于一个非常尴尬的境地。

要改变这个局面，要撬动这个市场，要培育这个产业，无异于第一个吃螃蟹，需要巨大的勇气、巨大的耐心和巨大的投入。

众所周知，东阿阿胶股份有限公司以阿胶产品闻名世界，而阿胶的基础原料是驴皮。这些年，在做大做强产业的同时，他们在改善毛驴品种和饲养毛驴方面，积累了丰富的科学经验。在新时代里，他们时时在筹划着如何回报社会。

精准扶贫，拯救驴类。

两全其美，舍我其谁！

四

2014 年，许永章被确定为精准扶贫贫困户，进入国家档案。

在享受国家相关扶助之后，确立哪一项兴家产业呢。他用政府提供的 3 万元无息贷款，购买了 5 头青年母驴。

多年来，家里的 5 亩旱地，只是种植玉米、小米、土豆和大豆，产量很少，秸秆和豆秧却多。过去，大多就地焚烧，现在却正是毛驴的主食。

毛驴刚进门时，眨着陌生的大眼，看着这个一贫如洗的家，似乎有些失望。于是，便像一个个嘎小子，常常发脾气，吹胡子瞪眼，甩头吊屁股。而老许，有着足够的耐心，像对待刚刚娶进门的娇妻。他试探着，用条帚挠挠驴肚皮，用手掌摸摸驴脖子，请驴吃蔬菜，喝温水。

果然，第二天，驴子看他的眼神也温暖了。

第三天，驴子们便成了他的好伙伴，纷纷表示要并肩携手，同心协力，共创富裕。

平时，除了喂草料外，许永章还常常添加一些小米饭、大米饭、白萝卜、水果片。过年时，自己吃饺子，也请它们吃几个。

亲爱的驴子，在一天天地膘肥体壮、毛发油亮起来……

二三十年前，村里几乎家家养驴。邱文君的父母也曾经养过两头，却是那种传统的灰驴，个头小小，浑身土灰。

现在，政府免费提供的 3 头毛驴，是一种新型的“三粉驴”，眼窝、嘴唇和肚皮均呈粉白色，浑身黑油油、圆滚滚，既漂亮又高大。

羊猪牛鸡养殖，粪便多，味道重。而驴以草为主食，是单胃动物，不反刍，粪便无味。

驴的怀孕生育周期长达 12 个月，且小驴 6 个月断奶，其间需要多多照顾，像照顾孕妇和婴儿。从这个角度而言，毛驴养殖极适合家庭作业。

家庭饲养，老弱病残孕和儿童，均能派上用场。就像邱文君家，80 多岁的老奶奶能干，60 多岁的病弱父母能干，腰椎残疾的丈夫能干，即使几岁的孩子，也能干。

家里人手多，邱文君又租赁了两头基础母驴。每头驴每年只需付出 130 元保险费，一切产出便可归属自己。

通常情况下，母驴每 13 个月生产一头驴驹儿。小驴断奶后，售价 5000 元左右。

刘和年轻时候也养过毛驴，吃过驴肉，却从不知道驴的价值。比如驴皮，过去都扔掉了，现在才知道是宝贝，能做阿胶，是天下女人的养颜圣品。

他的老伴，更是对驴有着特殊感情，被铡掉的三根手指，便是刻骨铭心的纪念。现在，她要把一生的损失，从驴身上找回来。

他们用无息贷款，购买了两头母驴，又租赁了两头。

一头驴，每天二斤料，以干谷草为主，配以少量玉米豆和葵花饼。还有水，驴喜饮干净水，冬季需温水。

……

2014 年开始，东阿阿胶股份有限公司与位于赤峰市辖区内一南一北边境的敖汉旗和巴林左旗政府联合，对已经进入国家档案的贫困户，进行精准扶持。

他们投资 500 万元，在巴林左旗林东镇后兴隆地村组建了全国第一家养驴专业合作社——天龙养驴专业合作社，建设标准化养殖场，免费提供各种养殖技术，并按市场价对贫困户购买基础母驴予以 50% 的补贴。

在敖汉旗，他们与旗老区促进会联手，筹资 1000 万元。其中

500 万元作为风险保证金，放大十倍，撬动银行贷款 5000 万元，扶助 2000 个贫困户；另外 500 万元，全部贴息，对贫困户实行租赁养驴、无息贷款养驴等优惠政策。同时，将优良品种“乌驴”引进，全面改善和提升当地传统的毛驴品种。

“乌驴”又名“三粉驴”，是东阿阿胶股份有限公司投资巨大、耗时多年培育的一种优种毛驴，不仅体型大，而且病疫少。

五

毛驴世界，多多趣闻呢。

驴的前腿内侧，天生存有两个椭圆形的肉团团，类似眼睛，自古以来被称为“夜眼”。但近年来，人们多次做实验，用黑布包住夜眼，可驴仍是善走夜路。于是，有人认为是关节经常弯曲导致。又有人说，这是胎儿时两条前腿长期夹紧头部留下的印痕。

总之，“夜眼”到底是什么，没有定论。

还有，母驴的分娩时间大都在夜间。

母驴产前三天，要多喂小米汤，人喝稠的，驴喝稀的。再添加一些粮食，如玉米粉、豆子等。

其实，母驴非常皮实，生驴时也不用照管，脐带自然扯断。驴的胎衣呈灰白色，像薄纱，小驴会自动蹬开，母驴也会用嘴巴舔开。整个生产过程，只有一刻钟左右。

小驴生下时，约 50 公斤，两个蹄子抱着头，趴在地上，像一个酣睡的婴儿。懵懂一会儿后，睁开眼，试图挣扎着站起来。摇摇晃晃，站一下，摔一下，反复七八下。此谓“八叩八拜”，感恩母亲。而后，站稳，“咩、咩……”地叫两声妈妈，找准乳头，一口含住。

一个新生命的人间旅程，就开始了。

其实，母驴自然选择夜间生产，是为了安全。这是一种特殊的生物学特性，是几百万年野外环境的自然进化形成的。

哺乳动物大多如此。

即使文明如人类，自然分娩，不也多在夜间吗。

只是，驴类更加原始，更加简单。即使冬天，产房零下 20 摄氏度，也不需加温，也母子平安。

哦，真是一个本性纯朴、甘于奉献的伟大种类啊。

一次，邱文君家的母驴要临产了。她熬了一锅小米粥，又准备了剪刀、棉球和白酒等，准备接生。可等到后半夜，也不见异常，便回屋睡觉。

第二天早晨，猛然发现驴棚里蹦蹦跳跳地多出了一头小毛驴，眨着亮晶晶的眼，好奇地看着她……

六

许永章饲养的 5 头青年母驴，其中 3 头当年怀孕，第二年就生下 3 头小驴。

6 个月后，小母驴留下，小公驴出售，每头 5000 元左右。母驴在产后 12 天，即可配种再孕，而小母驴仅需两年，即进入育龄。

2016 年，他出售 3 头小驴，获利 15000 元。

2017 年，出售 8 头，收益 35000 万元。

2018 年，他又主动租赁了 10 头基础母驴。

现在，他家里饲养着大大小小 33 头毛驴。成群结队，蹦蹦跶跶，步调一致奔小康。

外债早就还清了，孩子们也都结婚了。

妻子的病情也趋于稳定，脸上泛动着润红的笑容。

平时，他与驴们特别亲热。驴呢，也是他全家的亲密成员，看到他，咴咴叫，高兴时，欢天喜地，摇头摆尾。还会笑，龇牙咧嘴，做鬼脸，打滚儿撒欢。

许永章开始抽纸烟了，一次买一条。平时，也常常喝几杯小酒，过年过节时，还邀上几个亲友，热热闹闹聚一回。

而他所在的四德堂村，现在有一多半人家养驴。2017 年，全村人均收入已超过 8200 元。

邱文君的家里种了 4 亩玉米、大豆和谷子。这些秸秆，正好用于养驴，不用外购。全家人，虽然多是老弱病残，却正好可以派上用场。

现在，她家里已经育有 5 头基础母驴。

头基础母驴，如果直接出售，价值 10000 元。如果用于生驹，每 13 个月一胎，半年后，小驴可售 5000 元。

这个账，她算得清清楚楚。

她的目标很明确，多多培养基础母驴。因为每一头基础母驴，就是一个小银行呢。

刘和与老伴，没有自己的儿女。他们把所有的爱，都赠给了驴子们。

驴的一日三餐要准时：早 6 点、中午 11 点、晚上 7 点。三遍草，三遍水，半夜再加一次夜草。

3 年来，这 4 头母驴已产下 9 头小驴，给他们老夫妻带来滚滚财源，抹平了一笔又一笔的外债。

目前，又有 3 头母驴怀孕了。

心里有事儿，腿上有劲儿。看着一个个鼓鼓的肚皮，看着一头头可爱的驴驹，想着一沓沓紫红的钞票，他们的病情全都稳定了。

……

石墨与金刚石，价值迥异，但构成它们的化学元素完全相同，只是元素结构排列不同而已。

人，作为一个个社会元素，总有一种排列结构最科学，最给力。

而每个人，一旦进入这种最科学、最给力的结构之中，便可以爆发出惊人的能量。从这个意义上说，人人都是一个核工厂，就看怎么激活。

本文涉及的几个地处偏僻的贫困家庭，因为几头驴的加入，似乎被激活了。

2017 年底，这三个家庭陆续宣布彻底脱贫！

的确，他们十分苦命，却又万分幸运。

这一切，都是毛驴带来的，更是这个时代带来的。

他们，正和这个国家的所有人一样，走进新时代，走进春风里。

他们，从此不再是贫困的“钉子户”，而将成为富裕的“钉子户”！

……

东阿阿胶股份有限公司还在辽宁、新疆、黑龙江、宁夏、甘肃等地的 20 多个偏远贫困乡镇，以自己的优势，进行着特殊形式的“精准扶贫”。

敖汉旗新惠镇小王爷地村青年张亚星，2012 年 7 月毕业于内蒙古科技大学，在城市打工几年后回乡创业。2017 年，他投资 20 万元，正式注册敖汉旗恒都农民养驴专业合作社。他计划用两年时间，养殖规模突破 200 头，实现年纯收入 60 万元的梦想。

和张亚星相隔千里之外的辽宁省铁岭市郊区，有一位海外留学归国的年轻人刘泽，想法更加宏大和惊人。2018 年，刘泽公司已经饲养种驴 2000 余头，带动了周边上千个贫困户。

截至目前，东阿阿胶股份有限公司已累计投入扶贫资金 2.4 亿元，辐射带动投资 55 亿元，惠及全国 1000 多个乡村、20000 多个贫困户。

他们特殊的扶贫故事和扶贫模式，得到国家的高度肯定。2017 年，公司党委书记、总裁秦玉峰被国务院授予“全国脱贫攻坚奖奉献奖”。

这在全国医药和食品行业中，是唯一。

七

为了从根本上改变毛驴的尴尬地位，东阿阿胶股份有限公司一直在不遗余力。

作为全国人大代表，总裁秦玉峰先后提出多达 23 项“为毛驴争待遇”议案。目的只有一个，让毛驴摆脱“小众”化，拥有和猪羊牛鸡同等的权利，惠及全国贫困农村。

在他的不断呼吁下，2015 年，农业部终于出台了《全国草食畜牧业发展规划（2016—2020 年）》，首次将毛驴作为特色禽畜列入国家畜牧业发展规划。

2016 年 12 月 20 日，中国首个线上毛驴交易平台——中国驴交易所在山东东阿县上线。毛驴全产业链大数据库现已成为国家驴产业数据信息权威平台。

2017年8月，国际驴产业技术创新战略联盟在山东省东阿县成立。

据中国驴交易所数据库统计，截至 2018 年 9 月，中国大陆毛驴存栏量已经超过 478 万头，新世纪以来第一次出现止跌回升现象。

驴类危机暂时缓解。

法国诗人耶麦有一首诗：我爱那如此温柔的驴子，它载着穷人们，和满装着燕麦的袋子，走向明天……

驴类的群体，在一天天茂密起来；我们的饭桌，在一天天纯正起来；贫困的人家，在一天天富裕起来……

富裕的基础是稳定，稳定的根本是平衡。

而平衡，需要方方面面，驴产业便是其中一个小小环节。

只有每一个环节都结结实实、严丝合缝，这个国家、这个社会庞大的文明链条，才能圆融地运转、前行、衍生……

《县扶贫办主任》创作谈

2016年，是河北省广平县扶贫攻坚历史上最关键的一年。按照工作进度和安排，20多年的贫困县帽子就要彻底摘除，30余万群众全部脱贫的梦想即将真正实现。可是，当年年底，就在梦想成真的前夕，长期超负荷工作的县扶贫办主任郑贵章却突然脑干大面积出血，倒在工作岗位上……

8年前，郑贵章上任时，广平县的扶贫工作在全省排名倒数第一。几年来，他口衔誓言，拼命苦干，使该项工作发生了翻天覆地的变化：2013年、2014年，连续两年在全省考核中名列榜首；2015年，再次在全省同类县考核中位居第一！与此同时，他们创造的一系列独特、有效的扶贫工作经验和做法，在国家、省、市各级扶贫系统内推广。只是，在最关键的时候，他倒下了。

我的老家与广平县相邻，该县的不少领导干部与我相熟。这个故事发生后，他们与我联系，希望前往采访。我马上动身，走进了这个故事……

县扶贫办主任

（发表于《山东文学》2018 年第 1 期）

2009年10月上旬，刚刚上任的河北省广平县扶贫和农业开发办公室主任郑贵章到省城开会。

会上，公布了全省同行业工作成绩：广平县排名倒数第一！

郑贵章心情十分沉重。会后，他没有吃饭，便匆匆赶回。

回到单位，马上开会。

他当场立下誓言：苦干几年，彻底摘帽！

果然，3年后，广平县的该项工作便发生了翻天覆地的变化：

2013年、2014年，连续两年在全省考核中名列榜首！

2015年，再次在全省同类县考核中位居第一！

在此期间，他们创造的一系列独特、有效的扶贫工作经验和做法，在国家、省、市各级扶贫系统内推广……

2016年，是广平县扶贫攻坚历史上最关键的一年。按照工作进度和安排，20多年的贫困县帽子就要彻底摘除，30余万群众全部脱贫的梦想即将真正实现。

可是，11月16日，就在梦想成真的前夕，长期超负荷工作的郑贵章却突然病倒在工作岗位。脑干大面积出血，两次开颅。一年多来，深度昏迷，不省人事……

一、贫困的儿子

1963年4月，郑贵章出生于广平县一个贫穷的农民家庭。兄弟三人，他是老小。3岁时，父亲去世。在那个特殊贫困的年代，其家境贫寒，可想而知。上学期间，他特别刻苦。高中毕业时，终于考入邯郸市卫生学校。

毕业后，虽然当上医生，家境却并未好转。及至婚龄，尽管他已经长成身高一米七八的帅气小伙，但由于家徒四壁，负债累累，仍是没有中意的姑娘愿意下嫁。没有办法，他只得倒插门入赘女家，甘做养老女婿，任由后代改姓。这在当时当地，极其无奈和羞愧。

特殊的人生经历，使郑贵章对贫困乡亲有着一种天然的亲情。无论在医生岗位，还是调入政府部门工作，他都全身心投入。特别是被组织任命为县扶贫和农业开发办公室主任之后，他更加珍惜，格外倾情。

广平县位于华北平原腹地，地处偏僻，没有一条国道通过，地下无资源，地上无优势，是一个典型的内陆农业小县。全县 4 镇 3 乡 169 个行政村 30 万人口，主要依靠 35 万亩耕地生活。1994 年至 2010 年，被确定为国家级贫困县。2011 年，被确定为省级贫困县。长期以来，广平县的扶贫工作特别艰巨。

但郑贵章决心如山，信念如磐；绞尽脑汁，践行誓言。

二、黄瓜与草莓的合唱

扶贫，主要是精准对象。

甫一上任，郑贵章就改变以往相对粗放的扶贫模式，和县扶贫办、乡镇村工作人员一起走村串户，对全县贫困情况展开拉网式大普查。经过精准识别，分类造册，共筛选出 96 个村 2 万多户共计 9 万余人，作为重点帮扶对象。

胜营镇马宋固村是郑贵章接手的第一批扶贫村之一。2009 年，全村 718 口人，人均收入只有 700 多元，是全县有名的光棍村。

村委会没有办公场所，郑贵章就把群众召集到村中心的一家农户院里开会。他反复讲解“一亩园十亩田”的老道理，启发大家搞蔬菜大棚种植，并承诺提供技术和资金支持。但连续 3 次开会，效果并不明显，任凭他讲得口干舌燥，村民们依旧各自抽烟、说笑、打瞌睡。

郑贵章马上意识到，“与会代表”还需要进一步精准。原来前来参加会议的大都是各家各户的在野派、闲散人。于是，他和村干部一起，挨家挨户地确定既管事又管钱的当家人。

确定对象后，他租用 3 辆大客车，组织这些“当家人”到山东省寿光市等地参观。一路上管吃管住，细细讲解，耐心开导。

生机勃勃的现代高效农业，一点点地激活了传统的、僵化的头脑。

但仍有个别村民迟迟疑疑。

郑贵章主动找上门去，响亮承诺：“只要你按规定程序干，赚钱是你的，赔了，我用工资顶！”

不长时间，村民便建起 30 多座大棚，种植黄瓜等反季节蔬菜。

初冬，一棚棚绿莹莹的黄瓜秧上，开满了金灿灿的花朵，长出了毛茸茸的瓜胎。突然，一场大雪不期而至。天蒙蒙亮，郑贵章就踏着深雪，火急火燎地跑进村里，拍门呼叫村干部，立即组织村民清除大棚上厚厚的积雪，防止压塌顶棚。

春夏之交，雨水淅淅，道路泥泞，外地前来收购蔬菜的车辆难以通行。村民们只好用小推车把一筐筐顶花带刺的黄瓜搬运到 2 公里外的大路上。一番倒腾，不仅累得气喘吁吁，还破损了蔬菜品相，每斤减少收入两三角钱。郑贵章十分心痛，立即协调筹资 30 多万元，当年便修通了一条长约 1900 米的通村水泥路。

3 年过去了，马宋固村不但培养起来一批蔬菜种植户，还出现了一伙头脑灵活的蔬菜经纪人。全村年人均收入近万元，不仅盖起了村委会办公楼，修建了宽大的文化广场，更关键的是，全村 80% 以上的光棍汉，集体脱“光”了。

……

郭强彬是十里铺乡南小刘村的青年农民。

2013 年春节，他发现新鲜草莓虽然价格昂贵，却颇受青睐，便动了心思。

“我想种草莓，可不懂技术，也没有多少本钱，不知道行不行？”

“只要你肯带头，组织大家一起干，资金、技术我们可以支持。”郑贵章说。

有了扶贫资金和技术支撑，郭强彬便联络几户贫困农民，拿出全部家底，很快建起 9 座长 88 米、宽 12 米的大棚，种植美称“甜宝”的优良品种——嫜姬牛奶草莓。

郑贵章看到了小村未来的产业雏形，几乎每天都来查看指导。

11 月中旬，气温骤降。此时，正值草莓开花时节，披着塑料薄膜的大棚在冷风中瑟瑟发抖。如果不能及时穿上保暖“棉大衣”，娇嫩无比的草莓将颗粒无收。

必须马上购置防寒棉毯，刻不容缓！

郭强彬心急如焚，郑贵章马上赶到。联系银行，贷款手续最快也要明天办理。实在没办法，他当即给妻子打电话，让马上把自家的 5 万元定期存款送来。

元旦前，红艳艳的牛奶草莓，鲜美芳香，诱人垂涎，销售火热。此时的郭强彬，多么想把第一篮鲜嫩的草莓奉献给恩人品尝啊。可是，任凭电话联系，平时几乎每天踏访大棚的郑贵章，却再也不肯露面了。

节后，销售日渐冷淡。大棚里满地熟透的草莓，汁液饱满，吹弹即破，却无人问津。郭强彬惊慌失措，一筹莫展。这时，郑贵章又出现了。

他立即协调县电视台，免费组织策划一场草莓采摘活动。一时间，媒体、网络助势，游客满棚，竞相采购。

郭强彬赚钱了，便有些得意和自满。

“年轻人，天地还大着呢，挣少了就迈小步，挣多了就迈大步，却不能原地踏步啊。”郑贵章再一次来到大棚，帮助他策划营销，开辟网上销售主渠道。

郭强彬，一颗乡村致富新星，冉冉升起……

三、穷光蛋的尊严

66 岁的农民高凤彬，是一个典型的“穷光蛋”。

为了给4个儿子娶媳妇，他几乎借遍了所有村民，多年无力偿还。走在村街上，满眼讨债人。贫穷和落后，使原本高高大大的他，常年佝偻着腰，像一团畏畏缩缩的刺猬。

2013 年，高凤彬所在的南阳堡镇后大寨村被列为第三批扶贫对象。

“有生之年再不拼一回，真是无颜见爹娘啊！”在县扶贫办的支持下，高凤彬破釜沉舟，毅然贷款 6.8 万元，建起了两座大棚，栽植反季节葡萄和蔬菜。

4 个儿媳妇冷言冷语，当面指责他“穷折腾”“瞎胡闹”。

大棚终于建好。却万万没有想到，塑料薄膜刚刚撑上几天，一场无名大火从天而降，瞬间将高凤彬数万元的心血化为满地灰烬。

这一下，他的境遇更惨了。村民们都像躲避瘟神一样，老远就绕开他。儿媳妇们也不再往来，不按当地风俗称呼他“爹”了。

高凤彬绝望地大哭，给郑贵章打电话。

郑贵章从小没有父亲，他似乎从高凤彬身上看到了一个贫困无奈却又倔强的父亲形象。于是他一边安慰，一边再次帮助联系贷款。可几家银行出于风险考虑，担心高凤彬没有偿还能力，不肯放贷。最后，还是郑贵章想办法，以自己的公职身份担保，贷来4万元救急金。

苦心人，天不负。第二年春天，反季节葡萄、蔬菜高价上市。高凤彬净收入 10 多万元，不但还清贷款，还略有结余。于是，他扩大生产，又建起两座大棚。

第三年，老高收入 20 万元。

生活宽裕了，家庭也变得和睦起来。4个儿媳妇一起登门谢罪，不但改回了往日的称呼，而且还提升档次，按城镇习惯，亲热地称呼他“爸爸”。

更令人惊讶的是，一向抠门过日子的高凤彬，在还清全部欠款后，竟然拿出1.8万元，购买了两盏大型宫廷式照明灯，高高地安装在门口的街道上。

明晃晃的街灯，照亮了小村的路，也照亮了小村的心。

窝囊大半生的高老汉，终于在这个世界上，直直地挺起了腰杆。

2016年初，高凤彬联合37户村民，注册成立了扶勤合作社。不但种大棚蔬菜，还搞起了箱包、手套等加工业。

……

几年来，广平县的大棚蔬菜和设施农业从零零散散的几十亩，发展到现在的2.9万亩。一年两茬变四茬，亩均增收8000元。

四、清贫扶贫

在郑贵章的办公桌上，永远放置着一个天蓝色文件夹，里面夹着一叠散装打印纸，每页都规规矩矩地写满了一行行文字。

这是郑贵章以周为单位的工作记录。

郑贵章有一个极其良好的工作习惯：每天，他都是第一个到达办公室。周一的时候，他会把自己本周的工作要点清清楚楚地写在白纸上，十几项，或二十几项，放在眼前，时时提醒。

每办结一项，就画横线勾掉。没有办结的，累积到下周，并注明原因。

8年多来，郑贵章每周的工作日志从未遗漏。这600多页日志，装订成册，便是一部完整的广平县扶贫工作大事记。

的确，他是一个有心人。在真情帮扶重点贫困户的同时，他更注重探索和创新工作机制和方法。

为了使全部贫困村齐头并进，集体脱贫，他将工作重心下移，在全县 7 个乡镇设立扶贫工作站，在 37 个贫困村设立扶贫工作室，专人负责，职责分明，形成县、乡（镇）、村三级联动扶贫攻坚模式。这一经验受到国家扶贫办肯定，并在全系统倡导推广。

如何用工业化理念统筹扶贫工作，进一步提升农民素质和工作效率？他设计创新了一种“合同联结、合作联结、股份联结、劳务联结”的产业扶贫新模式，发展大面积订单农业，拉动粮食生产和蔬菜深加工。“四个联结”模式已在河北省扶贫系统广泛推广。

他还积极探索现代农业、旅游、科技、电商、家庭手工业、龙头带动六大新型扶贫模式，培育发展箱包加工、藤椅编织、坐垫加工等手工加工专业村 116 个，发展养殖户 760 家，辐射带动 2.5 万名农民增收 2.6 亿元……

多年来，郑贵章和同事们的笔记本，全是最简易的软抄本，每本不足 2 元。塑料皮外封的硬抄本，每本虽然只需 4 元，他却舍不得购买。

从家里到办公室，足有几公里。即使在国家公车政策改革之前，郑贵章的上下班和业余时间，也极少动用公车。每天清晨，吃过饭后，他早早地从家里出发，步行半小时，第一个赶到办公室。

郑贵章逼仄的办公室里，只有一张办公桌、两组书柜、几把简便椅子，竟然放不下一张可供小憩的床铺。

郑贵章的家，更是罕见的简陋：不足 100 平方米的老式楼房，没有任何装修。昏暗的客厅里，一台普通电视机，一组老式沙发。只有墙角处肃立的一架五彩斑斓的地球仪，骨架傲然，脉络清晰，沉静地彰显着主人的大爱与情怀。

这，俨然一个刚刚解决温饱的清贫之家！

他的妻子赵文华，直到退休，仍是县石油公司的一名普通加油工。

唯一的孙子，应该是郑贵章最疼爱的人了。可是，他总是早出晚归，从来没有闲情含饴弄孙，也没有与孩子建立格外亲密的感情。有一次，孙子突患大脑炎，昏厥过去，极其危险，在邯郸市住院治疗一周。他忙于工作，竟然没有去看望。

还有一次，妻子患腰椎间盘突出，住院治疗多日，他也没有前往陪护。

郑贵章总是对家人说，你们不是贫穷户，不缺少关爱，更不需要扶贫。我要把更多的关心，给他们，给他们……

这些年，郑贵章每年经手的扶贫资金都在数千万元以上。他把所有的经费和心血，都用在了这片贫瘠的土地上！

五、冠军的冲刺

2016 年，是国家决胜小康的开局之年。

河北省庄严承诺：高质量完成 20 个贫困县的摘帽任务。

广平县，位列其中。而对照标准，全县还有 24 个村 8450 户 17608 个贫困人口。

时间紧，任务重。是压力，更是动力。

为此，全县上下将这项工作作为当前最大的机遇、最大的挑战，全力以赴，下定决心，坚决如期脱贫出列，打赢这场硬仗。

他们采取扶贫、开发、农牧、财政、农工委等涉农资金打捆使用的方式，整合资金 5771 万元；同时，设立“农户贷”风险补偿金，即用县财政扶贫款项 600 万元为本金，与中国邮政储蓄银行签订合作协议，使对方放大 10 倍额度，提供信贷资金 6000 万元；构建政府 + 银行 + 企业 + 贫困户 + 保险公司“五位一体”的金融贷款扶贫模式，发放小额信贷资金 1.4 亿元；建成盛融通、广融通等 4 家融资平台和 3 家小额贷款公司，为企业和农户融资 2.2 亿元。

在郑贵章的建议下，全县成立脱贫攻坚会战指挥部，由县委书记任政委、县长为指挥长，下设 12 个分指挥部和 6 个中心，逐一明确工作职责和完成时限。指挥部每天下午 4 点召开碰头会，听取情况汇报，每隔 10 天对进展情况进行排队。层层签字背书，倒逼压死责任，挂图作战，倒排工期。

另外，郑贵章还促成建立“互联网 + 制度”督导机制，在指挥部中心建立一座微信平台，让包括县四套班子领导在内的 500 名党员干部全部加入微信群，即时督导、随时调度。

广平县扶贫工作的最大亮点在于，把贫困村全部按照国家“美丽乡村”高标准推进。这是一个巨大的勇气，更是一个巨大的工程。

24 个贫困村的角角落落，日日夜夜、时时刻刻都在发生着精彩的蝶变！

……

一系列措施和行动，实打实，硬碰硬，细细碎碎，却又轰轰烈烈。

作为牵头部门第一负责人，郑贵章工作之繁忙，不可想象。既要参与全县顶层设计，协调沟通，又要深入现场排查，身体力行。

他把所有的心血，全用在了工作上，独独忽视了自己的身体。

本来，医生出身的他，深谙健康之道，从不抽烟，基本戒酒，多多步行，所以身材适中，身体健壮，多次体检从无异常。但是现在……

……

2016 年 11 月 16 日，市贫困退出督导组前来督导工作。

上午，郑贵章汇报本县工作进展情况。随后，陪同督导组一行到各乡镇和贫困村检查。

其间，他感觉头痛异常。同事劝他回家休息。他说，现在是冲刺阶段，我怎么能撤退呢。

下午，他继续陪同市督导组在各村走访。其间，疼痛加剧，脸色蜡黄。他强打精神，咬牙坚持。

下午5点，市督导组离开。他回到单位，马上开会，制定整改方案。会后，头疼欲裂，他回到自己办公室，关上门，给儿子打电话，命令火速赶来。隔壁房间的同事，正在紧张工作，他不忍打扰啊。

儿子将他背进医院。医生警告：脑血管破裂，严重出血，立即转诊邯郸市中心医院！

当天晚上，左脑开颅手术。随后，右脑开颅手术。郑贵章从此陷入深度昏迷状态。

十天，半月，三个月过去了，他依旧不醒。

的确，他太累了，太累了……

六、誓言永恒

鉴于郑贵章深度昏迷的状况，医生建议家属用患者最熟悉的声音、最牵挂的心事，频频呼唤，以刺激神经，配合治疗。

丈夫最大的心事是什么呢？

妻子思来想去。不是儿子，不是自己，也不是孙子，只是工作，只是扶贫。

于是，每日每夜，妻子就俯在他的耳边，千百次地诵读中央扶贫文件、省市县扶贫快报，或再三呼唤：

“贵章，马宋固村打电话，让你去看大棚！”

“喂，小郭（强彬）来看你了，你还没有尝过他的牛奶味草莓呢。”

“老高（凤彬）的合作社开会，请你参加呢。”

“贵章，贵章，省脱贫验收组来了，你赶紧去汇报工作！”

……

2017 年初，省脱贫检查验收组终于来了。

经过验收组和贫困退出第三方评估组深入细致的调查验收，他们不得不再次为广平县精细入微的扶贫工作而震撼。

2017 年 7 月，从河北省扶贫开发办公室传来消息，广平县的扶贫工作，再次名列全省第一！

这一天，中共广平县委书记董鸣镝再一次来到郑贵章的床头，俯在他耳边，深情地说：“贵章，告诉你一个好消息，咱们县扶贫工作又获得全省第一了，咱们县 23 年的穷帽子终于摘掉了！”

“伙计，醒醒吧，快起来去领奖吧！”

“贵章，你听到了吗？”

说到这里，一向坚强的县委书记，哽咽难鸣。

也许本能使然，也许冥冥感应，几个月来深度昏迷的郑贵章，嘴角竟然略略蠕动一下，眼角颤颤地流下了一行泪水……

誓言永恒，生死与共！

《妮妮下乡》创作谈

我创作《党参沟纪事》之后，与临洮县县长柴生芳交上了朋友。临洮县城是古陇西郡的郡治，是李姓的重要发源地，自古即有“天下李氏出陇西”之说。唐朝开国皇帝李渊、李世民和诗人李白，均以此自称。

但让我万万想不到的是，两年之后，柴生芳县长由于精准扶贫工作的劳累，竟然病亡在办公室。我闻听噩耗，马上写了一篇散文《痛祭柴生芳》，发送给《光明日报》总编辑。他阅后也十分感动，计划在第二天头版头条发表。第二天，因习近平总书记有重要国事活动，这篇文章放在头版下半部发表。发表时，篇名为“过早折断的脊梁”。作品发表后，引起各界反响。后来，柴生芳同志被中宣部授予“时代楷模”称号，成为全国先进典型。

在此之后，我与临洮县委常委、宣传部长王在凯也交上了朋友。他先后两次邀请我前往采风。在这里，我遇到了一位来自甘肃省文联的扶贫女干部——王海妮。她扶贫的小村，正是柴生芳县长的蹲点村。她看似文文静静，却又风风火火，颇有热情。她的出色工作，曾受到中央领导同志的肯定。故事精彩，深深吸引了我。

更出乎意料的是，王海妮悄悄地告诉我，她与柴生芳是同乡、曾相识，而且，还谈过几个月的对象。我大吃一惊，恍然梦中。

思前想后，感叹万千。于是，我随着王海妮，走进了她的扶贫村，深入采访，精心创作。于是，就有了这篇《妮妮下乡》……

妮妮下乡

（发表于《中国作家》2018 年第 6 期）

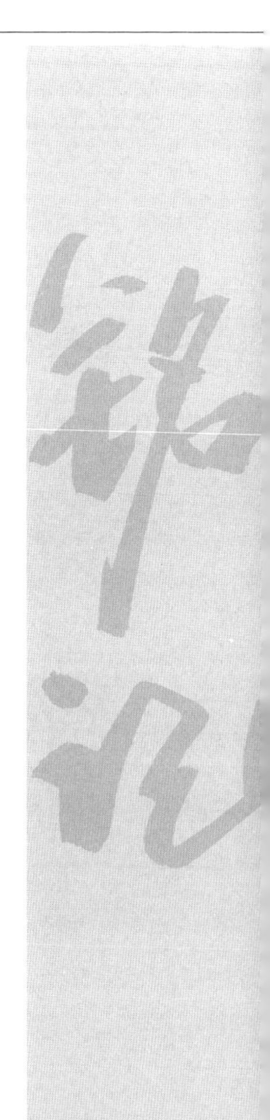

第一章 “关老爷”生气

2015 年 7 月 1 日，是王海妮到临洮县高庙村挂职就任党支部第一书记的日子。

上任之前，亲友们一再叮嘱，山沟里生活贫苦，民风粗暴，需处处小心。

王海妮不以为然。我只办好事，不带私心，老百姓虽然穷困，却也纯朴善良，谁会不识好歹，好心当成驴肝肺？

可是，万万没有想到，上任第一天，就惹出了大事……

1

她上任的见面礼，是名人字画。虽然十分珍贵，可村民们根本不屑一顾。

报到那一天，接待王海妮的是村党支部书记胡建江。

胡支书高高瘦瘦，虽然已过天命之年，可头发依然浓黑茂密，只是长时间没有修剪，挓挓挲挲、蓬蓬乱乱，更兼胡子拉碴、七长八短，像一个大大咧咧的狮子王。

他早就打听过了，来村里挂职的省文联干部王海妮，37 岁，是一位漂亮洋气的女子。

老胡心里闷闷的，这省城的女干部，到偏远的大山里来，到底图啥呢？虽然镇上领导说，王海妮是扶贫干部，是来帮助脱贫致富的，可他摇摇头，根本不相信！文联是一个清水衙门，一窝子穷酸文人，哪有能力帮助别人脱贫呢？

陇中，属于黄土高原区，多山，海拔位于1200米—2400米之间。因为受地形和距海洋较远的影响，降水普遍偏少。地下水资源稀缺，灾害频发，生态环境十分脆弱，历史上就以干旱多灾和贫困瘠苦著称。

史籍上，有关此地“禾麦无收”“民饥”“民大饥”的记载几乎年年皆有。至于“草根树皮掘食净尽”“人相食”“十室九空”“积尸梗道”等记载，也比比皆是。光绪二年(1876年)，时任陕甘总督的左宗棠在写给皇帝的奏折中，发出了“辖境苦瘠甲于天下”的惊叹，希求“各省关协济”，不然“无所措手仰仗”。

而定西市临洮县，更是居于这干旱贫瘠的腹地！

出临洮县城，东北行，跨过一道道苦大仇深的山谷，翻越一座座冥顽不化的大山，蜿蜿蜒蜒约12公里，路尽头，绝高处，便是高庙村。

村前有一座庙，是为高庙，村以庙名。当地百姓苦苦祈求了上千年，但日子依然像脚下的黄土一样，贫瘠干渴。

贫困像窒息的浓霾，将世世代代的村民禁锢在生存的边缘，生命的全部意义，就是活下去、活下去，繁衍后代。

作为一颗生命，生存和繁衍只是最原始的动物性本能。可是，在人类已经步入高度文明的今天，这里的人们依然把活命当作人生的终极目标，拼死追求。为生存而苦苦挣扎的生命，还有什么尊严？

生活在万丈黄尘里的百姓，日子单调而重复，如果合并生活中的同类项，剩下的仅仅是吃饭、劳作、睡觉；生活昏暗且黏滞，假设用滤光镜筛除四季的色彩，日子就变成了迷迷蒙蒙的黑白。长此以往，人们的血液和基因里也划满了黄土枯燥简单的雕痕刻迹，不单有土黄的肤色，就连性格和思想，也如黄土般枯黄、僵硬。

千百年来，人们家家供奉神符，把希望全都寄托在了神灵的身上。日子贫苦，就叹口气说："唉，这都是命啊！"

责任一旦推给命运，自己就穷得心安理得起来。久而久之，世世代代，贫穷便也渐渐成为麻木的神经。

上任之前，作为王海妮的工作单位，省文联组织省里的书画名家，创作了一批中堂字画，准备赠送给村民，以替换神符。

前些天，王海妮就筹划着，早早把这些珍贵的艺术品送给乡亲们，算是见面礼。

赴任的时候，她把自己精心打扮一番，特意穿了一件红上衣，显得格外喜庆，走在村里，像一团热情的火焰。

当天下午，她便在胡支书的陪同下，到村民家中串门，赠送中堂字画。

在五社的一户村民家，海妮送上的是一幅画。

书画作品，陶冶情操，娱悦身心，是高雅的艺术。因为价格不菲，即便在城市里，也是难能可贵的奢侈品。

可是，出乎王海妮意料的是，她送出的第一幅字画，村民竟然兴味索然，根本不屑一顾。

世世代代生活在无边无际的贫困里，家无余粮，每天计算和算计的，就是如何填饱肚子。生存的窘迫，使村民们自然而然地承袭了远祖只讲现实与实用的本能。

他们最需要的是钱、是粮食、是化肥，玄妙高邈的精神食粮，根本点燃不了他们的兴趣。

海妮解释说，这是省里著名书画家的真品，很珍贵。

村民这才极不情愿地接过画，随手放在晾晒荞麦的笸箩里，看也不看一眼。那种冷淡的神气，似乎在说，哼，这玩意儿不当吃不当喝，不如给钱！

胡支书也摇摇头，一副不置可否的表情。

……

又来到一户胡姓村民家里。

男主人光着膀子迎出来，一眼看见王海妮，便转身回屋，披上一件灰不溜秋的褂子。他一边跟胡支书打招呼，一边上上下下地打量王海妮。

他的婆姨去田里干活了。

正说着话，他猛然想起什么似的，慌慌张张地进屋去给客人倒水。屋里一阵稀里哗啦的响，是把什么碰掉在了地上。

一会儿，他用两只饭碗端出水来，水面上漂着星星点点的油花。一碗递给胡支书，另一碗，他吹凉，递给王海妮，并悄悄地俯在她耳边说，放糖了，放糖了。

海妮看看那只碗，边沿上有一个豁口，豁口里敷着一层黑黑的油垢。碗的外边，竟然还粘着一块没洗掉的菜叶。她不由得皱了皱眉，接过碗，说谢谢。

那男人突然羞赧起来，双手搓着衣襟说，喝吧，喝吧，甜的。

胡支书简单介绍了双方，海妮便给他送上一幅字。

告辞出来后，这位兴奋的胡姓村民，仍是送出老远老远……

2

无数羡慕的目光，把她的信心撑得饱饱、幸福填得满满。

王海妮，1978 年出生在甘肃省庆阳市。

那时候，尚处于物资匮乏的计划经济时代，即便在庆阳这样的地区级城市里，也是缺吃少穿，生活物资凭票供应，异常窘迫。

然而，小海妮却一向甘旨无缺，从来不知道穷困的滋味。

父母都在最令人羡慕的供销社部门工作，常常利用出差的机会，为她买来最紧俏、最时兴的礼物。

只要看到两根俏皮的小辫儿，一对灿然欲飞的蝴蝶结，老师和同学准能从一大群吵吵嚷嚷的学生中间，一眼认出王海妮。整所学校，除了她，谁还会这么洋气呢？

同学们的身上，多是哥哥姐姐穿小了淘汰下来的旧衣服，皱皱巴巴，除了窟窿，便是补丁。而小海妮却总是穿着漂亮的套装，鞋子呢，则是最为时髦的小皮鞋，走起路来橐橐响。

无数羡慕的目光，就把她的信心撑得饱饱、幸福填得满满。

那年冬天，爸爸给她买来一套织锦缎的衣服，柔柔的、暖暖的。特别是那一排小盘扣，精致得像一颗颗饱满温润的花蕾。

下了课，和蔼可亲的数学老师总找理由坐到海妮身边来，摸着她的新衣服，啧啧赞叹，爱不释手。

有一次爸爸去上海出差，给她捎回来一个全自动铅笔盒。

手指轻轻地揿下按钮，盒盖便徐徐地打开了。

瘦瘦的铅笔、胖胖的橡皮、伶俐的转笔刀，像一个个熟睡的小娃娃，被唤醒了，一副随时听从小主人调遣的乖顺模样。

最神奇的，当然要数那支粉红色的自动铅笔了。

细细的铅芯儿装进去，从来不用刀削，却总也用不完。只需按一下顶端的按钮，铅芯儿便长了出来，像孙悟空的金箍棒。

哇，太神奇啦！

要知道，那时候的孩子，大多连一个最普通的铅笔盒也买不起。如果谁得到一个装针剂药物的小纸盒，就会如获至宝，自己动手改装成铅笔盒，十分拉风。

小海妮惊艳的全自动铅笔盒、自动铅笔，无疑像一枚枚精巧的石片，在孩子内心素无波澜的湖面上，打出了一串串好奇的水漂。

平日里，果腹尚且困难，更罔谈零食了。夏天里倒是有人卖冰糕，二分钱一块。可孩子们的口袋比脸还干净，往往连一分钱也没有。而家里能换冰糕的酒瓶少之又少，且绝难从母亲明察秋毫的眼皮底下偷出来。

因此，如果哪位同学买了一块冰糕，立刻就会引来一群孩子众星捧月的围观。叽叽喳喳，你一言我一语地套近乎，巴望着能被允许伸出舌尖儿，轻轻地尝上一小口。

而王海妮，往往是同学们围观的焦点，而且她吃的永远是最高级的两毛钱一支的娃娃头雪糕。

同学们都知道，她是家里的公主。

父母宠爱她，家里的吃穿用度，最好的总是留给她。上学出门前，父母往往拉着她的小手嘱咐："宝贝，千万不敢吃二分钱一块的冰糕，不干净，容易吃坏肚子。"因此，海妮只吃香甜软糯的娃娃头雪糕。

那一次，她接连吃了两支"娃娃头"，娇滴滴的肠胃受了凉，便咕咕噜噜地造了反。她哭着不肯上学。一家人顿时如临大敌。母亲又是熬红糖姜水，又是灌热水袋，急得满头是汗。

最后，还是父亲给了 5 元零花钱，她才乖乖地上学去。

那时候的 5 元钱是多少？

足够一户山里人家过一个有滋有味的年。

3

村里纷纷传言，说是她身上的红衣服，冲撞了胡家的关老爷。

高庙村小学与村委会同院，几排砖瓦房虽然低矮、破旧，但仍然不失为村里规模最大、最气派的建筑。

然而，由于地处偏远，条件艰苦，先后有几名老师设法调离。村里的不少年轻人也不堪家乡瘠苦，带着妻儿远走他乡。师资不足，生源流失，导致当初拥有 160 多名学生的学校，萎缩成了一个初级教学点。

如今，整所学校仅剩 2 名学生、1 名老师。

曾经书声琅琅的教室，像一只只空寂的蝉蜕，蹲守在时光的流影里，独数日月。

唉，都是贫穷惹的祸！

贫穷导致了教育的缺失，而教育的缺失，又是致贫的主要原因。两者互为因果，愈演愈烈。恰似一个难以跨越的怪圈，一道无法破解的秘咒，死死地笼罩在黄土高原窒息的头顶。

海妮看着荒寂的校园，心底莫名地涌起一阵惶惑。

……

为了工作方便，村里帮她拾掇出一间教室，作为办公室兼宿舍，而且还装有炉灶，用以烧水做饭。

门前有一口水窖。

海妮打水时，旁边的教室门口，便有两个女娃儿扒着门框，怯生生地看她。

海妮朝她们招招手，两个小娃娃面面相觑，哄然一笑，跑开了。

过了一会儿，其中的一个便试探地走过来，像一只胆怯的小麻雀，定定地看着王海妮。

小娃娃的头发没有梳，挓挲着；脸好像也没有洗，汗渍与灰尘抹成一片，黑黑黄黄。她穿着一件粉红色的小裙子，虽然显旧，倒也干净，只是腰间的两根红系带缝得高低不一。显然，这系带是掉了之后又重新缝上去的。这娃儿的妈妈也真是粗心，白线缝得针脚大且粗糙，又歪歪扭扭，格外碍眼。

海妮问她叫什么名字。

她只是定定地看着海妮，眼神迷离，不知在想什么。

再问，她才嗫嗫嚅嚅地说叫苟玲玉，今年 7 岁，上小学一年级。

海妮后来得知，另一名学生比苟玲玉小一岁，上半年级（相当于幼儿园）。虽然她俩不同年级，却共用一间教室，而且是同桌。

这种情况，海妮做梦也没有想到。

教室，同时又是她们的厨房与餐厅，唯一的老师胡天海兼做厨师。每天中午，用洋芋（土豆）炖莲花白（圆白菜），或者用莲花白炖洋芋。翻来覆去，天天如此。

午休呢，两个小娃娃就趴在课桌上，睡眼迷离，腿酸脚麻。

海妮的女儿与这两个娃娃年龄相仿。别说拿她们与女儿相比，就算与 30 多年前的自己相比，也是天壤之别。

问起荀玲玉的妈妈，小娃娃满脸茫然。她的一双深不见底的大眼睛，忧郁地望向围墙外的重重大山，幽幽地说："妈妈打工挣钱去了。可是，可是我从来没有见过她。"

海妮心里咯噔一下。荀玲玉长这么大，怎么会连自己的妈妈也没见过呢？到哪里去挣钱了，竟然这么多年不回家？

窖里打上来的水冰凉刺骨。海妮试了一下，赶紧把手缩了回来。她可不敢用这么凉的水洗脸，必须兑热水。

山上最稀缺的是水。

以前，村民们平日里最重要的工作，就是下山找水、打水。世世代代、磕磕绊绊，蜿蜿蜒蜒的山路被来来往往的打水人踩得摇摇晃晃，几乎每年都有失足摔落，致死致残的村民。近年来，村民们修建水窖，集蓄雨水，以供日常自给。

村干部怕海妮吃不惯窖里的雨水，便派人用驴车到山下几十里外的河里拉水，存在水窖里，供她随时取用。河水被村民们称为甜水，十分珍贵。

海妮洗完脸，取出随身携带的小镜子，仔细地涂抹防晒霜。

女生爱美，海妮尤甚。

夏天出门，她总是伞不离手，绝不与阳光亲密接触。可是，端坐山顶的高庙村无遮无拦，阳光毒辣，蜇得人浑身灼烫。

她总担心被晒黑，就一遍遍地涂防晒霜。

来高庙之前，她将防晒霜、太阳镜、防晒服、太阳伞、草帽和套袖等防护用品，准备得十分齐全。如果和村民去田里劳作，她就全副武装起来，把自己包个严严实实。

海妮一心守护着自己的美丽，却忽略了一个最现实、最根本的问题——水土不服。

仅仅几天后，她便遭遇了让人有苦难言的便秘！

水窖里储存的虽然是甜水，但冰冷生硬。她从小娇生惯养的肠胃根本无法降伏，饮用后腹胀如鼓。

厕所在后院最隐蔽的角落里，足有几十米远。

废弃的校园，荒草没胫，一张巨大的蜘蛛网从电线织结到房门上，一只鸟卵大小的蜘蛛，蹲守在大网中间，像一个不动声色、居心叵测的蟊贼。

厕所人迹罕至，即便是白天，一个人去那里也会不寒而栗，仿佛走进了荒芜的历史深处。顿时，大脑里便会浮现出种种灵异故事，枝枝蔓蔓，越想越怕。

海妮心里抖成一团，可越是害怕，越是解不出手来。痛苦叠加，冷汗直冒。

喝蜂蜜水、吃香蕉，均可预防和缓解便秘，但在焦渴的大山之巅，到哪里去寻找这些温润的尤物呢？不得已，她只好去村卫生室，买来大黄苏打片，每天服用。

便秘、烈日、风沙、干渴，波波来袭，轮番轰炸，以致海妮夜里常常失眠。

很快，这枝娇美的花朵，便脱水了，满面枯黄。

女儿又常常打电话来，哭喊着要妈妈，撕心裂肺，更让她心乱如麻。每每放下电话，她自己也哭得梨花带雨、花枝乱颤。

生活上的折磨，内心的煎熬，已经让她不堪承受。而工作中，更是步步有坎、处处磨难。

那天傍晚，她正在黯然神伤，突然听见外边有人骂骂咧咧地走过来。疑惑间，骂声已经来到了门前。

一个女人，把门板拍得“哐哐当当”，像一名莽撞的拆迁队员。

她一步跨到海妮面前，啪啪地拍着桌子，声色俱厉地质问：“那天你去我们家，到底跟我家掌柜的（丈夫）说了什么？搅得我们要离婚了！”

女了说着，就呜呜大哭起来。她一回头看见门口黑压压地围满了看客，便招呼大家给评评理。

围观的村民见她捶胸顿足、气愤已极，显然是吃了大亏，于是便将一束束埋怨的目光，投向王海妮。

海妮一时如堕五里雾中，不知何时做错了事、得罪了人。

这女人，就是海妮几天前去送字画的那户胡姓村民的妻子。

原来，这位胡姓村民小时候曾患精神病，后来控制了病情，一直未曾发作。那天，他见到打扮时尚、貌美如花的王海妮，大受刺激。联想到王海妮热情的目光和甜润的问候，心底更是错乱，竟然产生妄想。当天晚上，他声称王海妮对自己有意，便要与婆姨离婚，娶王海妮。

妻子骂他胡思乱想，并阻拦他出门。他竟然拿起菜刀，挥舞砍人。

一连闹了几天，妻子无处撒气，就怨在了海妮身上，于是来找她讨个说法。

谜底解开了，完全是他一厢情愿的臆想。

只要躺着中枪、惨遭名誉损失的王海妮不再追究，事情也就过去了。

然而，恰恰相反！

村里不但没有人安慰王海妮，反而纷纷传言，说是因为那天她穿着火红色衣服，冲撞了胡家的关老爷，是关老爷显灵，以示对王海妮的惩罚。

村民们吵吵嚷嚷，说她是狐狸精，要求她离开高庙，以免再招灾祸！

海妮瞠目结舌，内心冰凉。

她，后悔了。

……

第二章　夜的眼

从高空中往下看，黄土高原恰似一丛灰头土脸的柏枝，沟沟壑壑的枝蔓间，散布着星星点点的寄生虫模样的斑点。

那，正是蜷缩在大山深处的一爿爿小村、一簇簇人家。

可不，人类不正是寄居在这颗蓝色星球上的匆匆过客嘛。

几百万年以来，人类先祖以弱小之躯，从生物链底层，在奔逃、对峙、杀戮中，一次次地拨亮智慧的烛光。经验，在岁月中慢慢沉淀，老幼口口相传，代代延续。用智慧武装了自己的人类，终于一步步登上了生物链的最顶端。

先民们手握粗砺的石块，敲打日月。明明灭灭的火星下，在漫长的、幽深的进化隧道里，摸摸索索，艰难前行，长达二三百万年之久。迈向文明的脚步，何其沉重。是冶陶的火光，照亮了人类的前路，而后便有了青铜、铁器，人类文明终于佩上了亮闪闪的金属徽章。而后，人类发展的脚步蹒蹒跚跚，寻路前行几千年。直到蒸汽机的问世，似乎改变了人类文明的基因，发展从此突飞猛进，一日千里。

仅仅两百多年的时间，就由冰凉的铁器农耕时代，驶过火热的蒸汽机工业时代，如今，更是跨入了无所不能的智能化信息时代。

当世界的脚步已经迈入太空，注目外星系的时候，这里的人们却依然徘徊在面朝黄土背朝天的传统农耕社会里，日出而作、日落而息。在他们的意识里，小村就是世界的中心，目之所及就是世界的全部。

外面的世界早已灯火辉煌、夜夜如昼，而这里的夜晚，仍是黑灯瞎火、冷暗无边。日子，大半栖息在黑暗里，岁月缺斤短两，一潭死水。

曾经外出打工的村民说，要是咱们也能像城里一样，装上路灯就好了。

路灯？

对，路灯！

他那见多识广的神气，使村民们的眼神里浮上了一汪期盼。

5

海妮托着腮帮，看着外面高远的天空，愁雾满头。以前，她可是一只美丽的金丝鸟呢，整天欢快地飞翔在现实与梦想之间……

到高庙只几天时间，海妮便见识了小村的固执与蛮横，后悔自己当初太天真，把农村和农民想得过于单纯了。

报名下乡之初，家人和朋友都劝她不要一时冲动，可她偏不听。现在回过头来看看，果然被大家言中了，真是自讨苦吃。

可是，为了不被人家笑话，她只能倔强地硬着头皮撑下去。

就在她陷入被村民们冷嘲热讽、蓄意驱逐的痛苦中难以自拔的时候，一项艰巨的任务猝然而至——为小村安装路灯！

省文联一位领导的女儿，有位大学同学是江苏扬州人，父亲龙慧斌经营着一家照明公司，多年来致力于慈善事业，大江南北，广结善缘。

于是，两个孩子便牵线搭桥，把东南的光明，引上了西北高原。

龙慧斌决定，为高庙村捐赠80盏太阳能路灯。

省文联把路灯捐赠接洽、安装等任务，全权交代给了王海妮。

说实话，海妮接手这项工作，内心矛盾重重，压力山大。一来因为她是文科生，大学专业是历史，毕业后又一直从事文化工作，对路灯安装工程一窍不通；再者，最主要的问题还是没钱。文联是一家清贫单位，既没有扶贫资金，也无权协调其他单位援助，只能立足自身，设法解决。

经过多方了解得知，将路灯从扬州运到高庙，要花一大笔运费，而且还要加工基础底座和法兰盘。如果再加上安装施工，还有沙子、水泥等材料，需要花钱的地方实在太多。

巧妇难为无米之炊，海妮真真地发愁了。

她托着腮帮，看着外面的天空，愁眉紧锁，就连偶尔飞过的一只麻雀都让她羡慕不已。麻雀虽然长得丑，但是自由自在呀，不用协调装路灯。

以前，海妮可是一只美丽的金丝鸟呢，整天欢快地飞翔在现实与梦想之间，从来没有尝到过发愁的滋味。

本来，对方无偿捐献路灯，已经让人感恩不尽了，怎么能再给人家提要求、添麻烦呢？

可是，海妮实在无计可施。

不得已，她只好硬着头皮，又一次拨通了龙慧斌的电话。

电话是龙慧斌的秘书接听的。

海妮恳求说，麻烦你们好人做到底，送灯上高原。

秘书十分为难。以前曾进行过无数次捐赠，从来没有受赠方要求送货上门的情况。

不得已，海妮又忐忐忑忑地向龙老板电话恳请。

龙慧斌确乎是一个儒商。他听完海妮的哭诉后，不但答应送货上门，而且连加工基础底座和法兰盘所需的费用，也答应一并承担起来，还承诺到时候派专人协助安装。

真是谢天谢地！

海妮长长地舒了一口气，以为后面的工作肯定会水到渠成，如履平地。

可是，她哪里会想到，真正的困难还在后边，而且接二连三！

路灯和基础底座运到村里，还要挖坑，用混凝土打基座。

海妮原本想把这项工程承包出去，省心省力。可是，工程费又没有着落，无人肯干。

她只好动员村民，自己动手。

打基座用的水泥和沙子呢，她请龙小林帮忙解决。

龙小林？没错，就是我的朋友柴生芳县长在世时的县政府办公室主任，前些天刚刚调任高庙村隶属的八里铺镇党委书记。

龙小林答应为高庙村提供所需的水泥和沙子，但同时也提出了要求：从高庙村的 80 盏路灯里，给邻近的沿川村调剂 10 盏。

这无疑是给王海妮出了一道大大的难题。

大山深处的村庄与平原不同，往往由多个自然村组成。

高庙村分为 9 个社，远远近近地分散在山塬沟壑里。相距最远的邻居，足足有 6 公里。每个社就是一个自然村，同时又是一个小小的社会，各种关系、矛盾错综交织，牵一发而动全身。

9 个自然村分 80 盏路灯，僧多粥少，无论如何调配，都难以做到村村满意。

经过村两委多次开会研究，制定的分配原则是：村教学点、村委会、村中主要街道、居住超过 5 户的地方，安装路灯；居住相对分散的村民，则无法雨露均沾。

不患寡，而患不均。千百年来一直没有路灯，村民们也都摸摸索索地生活过来了。可是，现在既然有了，就要平均分配。

于是，住所近旁没有分配到路灯的村民便串联起来，一次次地到村部找王海妮理论，甚至扬言如果不能一碗水端平，谁也别想把路灯立起来。也有人要求海妮再去找龙老板多要一些路灯，以便家家户户都能沾光。

吃一顿饭，海妮往往被打断五六次。

只要有村民找来，她都会放下饭碗，耐心解释，好言相劝。

原本就水土不服，再加上吃饭又凉凉热热，她的肠胃更是频频亮起红灯。

海妮的嗓子都累哑了，路灯分配的风波才渐渐平息。

如果这时候再分出 10 盏路灯给沿川村，无异于火中取栗，一来必然会引起更多村民的不满；再者，村民们对她冲撞关老爷的事件仍然耿耿于怀，分配路灯时就曾有村民旧事重提，以此相胁。

有人给海妮出主意说，何必这么为难自己呢，不给沿川村不就得了？

可龙小林是新上任的镇党委书记，自己的顶头上司，这个面子万万不能驳。

龙小林为什么要提这样的要求呢？

作为镇党委书记，他自有考虑。沿川村是一个中心大村，设有中心小学，周边村的很多孩子都在那里读书。因为没有路灯，夜里一片漆黑，不仅有损大村形象，也让镇上没有面子。而且，沿川村还放出话来，说高庙村的孩子占用了沿川村的教育资源，如果不给路灯，就不让去上学。

高庙村也有话说，中心小学是公共教育资源，附近村的孩子都有权去那里读书。沿川村以此威胁要路灯，是违法的，偏不给他们。

沿川村担心夜长梦多，就一再催促龙小林。

不得已，龙小林只能一次次地给王海妮施压。

两个村互不相让，僵持不下。

王海妮像踏入了危险的泥淖，拔出右腿，又陷进了左脚……

……

7

虽然王海妮替胡支书化解了一场危机，不想反而引起了他的误解，并且被怀恨在心。

是否给沿川村调剂路灯？海妮内心纠结，难以决断！

与沿川村的关系务必搞好，毕竟高庙村的不少孩子在那里读书，激化了矛盾，孩子们书也读不安生。再者，也必须顾及镇上的颜面。没有镇上支持，村里的很多工作都无法开展。

从大局考虑，她也倾向于分几盏路灯给沿川村。

可是，村民们的反对声一浪高过一浪。

经请示省文联领导同意后，她又组织高庙村各社长和村民代表开会，讲明事情的原委，分析各种处理方法的利弊。

海妮将村民们旁逸斜出的不满情绪导入了堤岸，像山间的洮河，虽然泥沙俱下，有阻障、有激荡、有波涛，但最终的方向是黄河、是大海。

慢慢地，各方意见终于达成一致——从高庙村的路灯里，调剂出8盏给沿川村。这样一来，既能安抚沿川村的情绪，也能照顾镇上的面子，而且高庙村也不至于太过为难。

然而，一个疙瘩刚刚解开，另一个难题又接踵而至。

分配路灯基础底座那天，胡支书有事外出，由海妮具体主持。

要说，按照村两委的计划分配，并没有多大难处，可是，总有一些人莫名其妙地说三道四，与海妮为难。

底座分完，已经晌午了。小村炊烟四起，不时飘来炝葱花的香味。

海妮也回到宿舍，准备做饭。

这时候，有几位村民涌进来，忿忿地对她说，路灯分配不公平，六社分少了。

六社是全村人口最多的社，居住集中，只分给 11 盏，而五社却有 25 盏。于是村民纷纷发牢骚说，村支书家在五社，这是他以权谋私哩。

海妮连忙解释，因为教学点、村委会都设在五社，必然会多出一部分。

一位村民说，即使这样，五社也比六社多。这不公平，你们说是不是？

不公平！不公平！

其他村民齐声应和，声震屋瓦。远处几只觅食的小麻雀被吓了一跳，倏忽一下飞走了。

村民们越说越激动，陆陆续续又有附近村民闻声赶来。眼看着如一堆火苗，不断添枝加叶，煽风点火，越烧越旺。

六社村民反映的情况，五社百姓听了心里就不痛快，认为是在抢分到自己盘子里的肉。双方为了各自的利益，你一言我一语地争论，相持不下。

矛盾一触即发！

如果真的引发冲突，必然兵连祸结。住所附近没有分配到路灯的、由于给沿川村调剂路灯有意见的、因为冲撞关老爷事件对海妮怀恨在心的等等各种不满情绪，必将死灰复燃，再度爆发。

海妮看着一张张灰灰黄黄的、胡子拉碴的、忿忿不平的面孔，内心的焦躁与惶恐，便化作冷汗顺着脸颊淌了下来。以前，她是最怕流汗的。因为一流汗，脸上化的妆就花了。现在，她不单不化妆，更是连防晒霜也不涂、色彩艳丽的衣服也不穿了。

为了稳定村民们的情绪，海妮顾不上做饭，立即组织各社社长，先后到五社和六社实地考察。

果然，分给六社的路灯略少。

海妮与社长们商议后，当即决定从五社调剂两盏给六社。

五社村民听说要分两盏路灯给六社，觉得自己的既得利益受到了侵害，纷纷找王海妮理论。

海妮小心地解释说，分给五社的路灯按原计划不变。村委会晚上就我一个人住，路灯多少无关紧要，从村委会调剂两盏给六社吧。

村民们见是这样，提不出别的异议，就各自嘟嘟囔囔地散去了。

海妮身心俱疲，神情黯然地坐在门口发愣。

这时，苟玲玉伸头探脑地走过来，两只小手背在身后。走到海妮身边，她把手伸出来，怯生生地递给海妮，竟然是一枚小小的青苹果。

她静静地看着海妮说，阿姨，你吃吧。

海妮鼻子一酸，差点淌下泪来。

虽然王海妮替胡支书化解了一场危机，不想反而引起了他的误解，并且怀恨在心。

胡支书认为王海妮与各社长趁他不在家，自作主张地从村委会给六社调剂路灯，是有意把他这个村支书架空。如果这样下去，他的威信何在？他的面子何在？

必须让王海妮、让各社长、让全村村民知道，在高庙村，到底谁才是真正的“一把手”！

几天后的一天上午，海妮回省里向文联领导汇报工作。刚刚到单位便接到电话，省扶贫工作组今天下午要到高庙村检查。

她一边给村里打电话让做好迎检准备，一边决定马上回村。本来，她想回家一趟，看看分别已久的孩子，可现在又不行了。不一会儿，村里回电话说，胡支书不让管，说检查谁的工作谁回来准备。

省扶贫工作组检查扶贫工作，而王海妮兼任高庙村扶贫工作队队长，显然，胡支书这是冲她来的。

海妮心里“咯噔”一下，猛地意识到，胡支书又生气了。

其实，在这一段的工作中，他们之间已经产生一些磕磕绊绊。胡支书为了证明自己是“一把手”，常常有意无意、或明或暗地给海妮闹一些难堪。

有一次到镇上开会，会后海妮与胡支书商定，回村后召集各社长和村民代表开会，由海妮传达会议精神。

因为海妮又找龙小林协调装路灯的事情，回村便晚了十多分钟。她到村部时，会议已经开始了。

显然，胡支书不等她回来就开始会议，正是有意向村民和海妮表明，她这个所谓的第一书记，其实就是个摆设，可有可无。

有时候，胡支书还会给海妮挖坑下套，让她在不知不觉中得罪人。

谢小强是一位 80 后小青年，年富力强，精明能干，在担任村主任的同时，还做着自己的生意。有时生意忙，村里的工作难免顾此失彼。因此就有人提意见说，村主任只顾做生意赚钱，根本无心做村里的工作。

而此时，脱贫攻坚政策又正好倡导实施“能人引领”工程，鼓励有才能的人回村任职，带领乡亲们脱贫致富。

高庙村有一位在城里做生意的大老板，胡支书有意将其吸收进村两委班子，替换谢小强出任村主任。

可是，无故换掉谢小强，必然会引起他的不满。

那天，安排完村里的工作后，胡支书与海妮闲聊，就谈到了村主任换届的事情。

胡支书说，谢主任整天忙自己的生意，无心管村里的事务，准备把他换掉。海妮便随口说，有合适的人选吗？胡支书说考察了一个。

本来只是闲聊，海妮也没往心里去。过后几天，她给谢小强安排工作的时候，他听了就很不耐烦，不冷不热地对海妮说，我都快被换掉的人了，还给我安排工作干什么？

这话听起来怪怪的，海妮心壁上悄然渗出一层冷汗。

经过了解才知道，胡支书曾对谢小强说，下一步准备换村主任，省里驻村的第一书记王海妮已经同意。

海妮不明不白地就背上了一口“黑锅”。

从兰州回高庙村的路上，海妮已经明白，肯定是给六社调剂路灯的事，让胡支书误会了。

果然，一回到村委，海妮就见胡支书黑着脸坐在那里，头发蓬蓬，胡子乱乱，苦大仇深。

在一起工作时间长了，海妮便常常提醒他，要定期修剪头发、勤刮胡须，村支书可是代表着整个村子的形象哩。可胡支书不以为意，依然故我。

海妮走过去先跟他打个招呼，然后开玩笑说：“今天可是省里来检查工作哩，胡支书头发也不梳、胡子也不刮，不怕人家说你邋遢呀？”

他眼皮也没抬，冷冷地说：“反正被人家架空了，头梳再亮有啥用？”

海妮见他正在气头上，就没敢多说话。

……

9

路灯把阳光储存起来，送给夜晚，黑暗被远远地推开，村民们的日子，变长了！

安装路灯的时候，龙慧斌派属下陕西分公司的一名佟姓总经理来高庙村现场指导。

佟总是南方人，正宗原版口音，海妮听不太懂，就不断地问，您说什么？

佟总为了让海妮听明白自己的意思，一再提高嗓门。

她是听不懂，不是听不见，嗓门越高反而越不明所以，也就越频繁地问他说什么。

沟通不畅，佟总每每因为说话被累得满头流汗，像吵架似的。海妮呢，怕佟总嫌恶，总是战战兢兢。

海妮虽然已经参加工作十多年了，但她与外界接触甚少，再加之性格纯真率直，天生对人情世故缺乏敏感，因而，待人接物，笑话频出。

有一次陪同领导出差，乘坐的是小轿车。

通常情况下，乘小轿车的时候，领导坐后排，而工作人员则坐在副驾驶的位置。海妮不懂这些规矩，上车时领导还没来，她便想当然地认为，前边视野开阔、前途光明，领导应该坐在那里。于是，她一猫腰，便灵巧地钻进了后排。

领导来了，见海妮坐在后排，只好很不情愿地当了一回副驾驶。

吃一堑长一智，这回海妮长见识了。

过了一段时间，她又陪领导下乡，乘坐的是越野车。

根据上次的经验，海妮自觉地坐在了副驾驶位置上。可是，她哪里知道，乘越野车时，领导要坐前边。

回来之后，呆呆萌萌的王海妮一直感叹，套路太深，不玩了，不玩了！

海妮为人热情、踏实，与佟总接触之初的不快，很快便随着了解的深入烟消云散了。

装完路灯那天，佟总回西安前，高兴地拿出一罐家乡自产的茶叶，送给海妮。

海妮呢，则自费请他吃了一顿正宗的兰州牛肉拉面，算是感谢、送行。

饭间，佟总感慨地说，扶贫工作虽然是好事，但要把好事做好，太难，太难，尤其是女生。

2015 年 9 月 19 日，高庙村有史以来的第一盏路灯亮起来了。

黑暗无边的夜，从此欣欣然张开了眼睛。

路灯把阳光储存起来，送给夜晚，黑暗被远远地推开，村民们的日子，变长了！

海妮在磨砺中，也不断地聚集能量，工作起来更加自如。

忙忙碌碌间，她的肠胃，已然适应了高庙的水土；皮肤，也熟悉了山里的阳光；村民，也终于认可这位皮肤黑黑、衣着朴素的高庙“媳妇”了。

通过一段时间磨合，胡支书终于明白了海妮的苦心，是自己多心了。

从此之后，村民们发现，胡支书的头发每天都梳得整整齐齐，胡子也刮得干干净净，像是要去串亲戚似的。

装完路灯，海妮请大家喝酒。

村里的男人，一年四季劳形苦心，大多偏爱杯中之物，以解烦愁。每逢闲暇，一盘土豆丝，两个酒盅盅，三五好友，酒满心诚，先干为敬，感情深，一口闷……

酒酣耳热，人生几何？!

海妮从兰州带来两瓶好酒：一瓶洋酒，一瓶国产红葡萄酒。她又自掏腰包，请一位社长去镇上买菜，然后自告奋勇，亲自下厨。

村里人喜欢喝白酒，火爆劲爽，力道十足，恰似他们的脾性。

海妮给他们斟满红酒。酒在杯中红红的、亮亮的，雅致、洋气。

村民们端起杯，咕咚喝一口，酸酸的、涩涩的，像馊了的浆水，直撇嘴，趁人不注意，便泼在了地上。

典雅的红酒，敬给了朴拙的黄土，恰似海妮，原本是优雅的省城女人，如今却变成了泼泼辣辣的农村“媳妇”。

为了工作方便，她把自家的小轿车开到了高庙。

山高路窄，蜿蜿蜒蜒。最初，她开车总是胆战心惊，手心里攥着两把汗。经历了一次次险情、一次次惊吓，她的驾驶技术日益精熟起来。

艺高人胆大。各社之间离得远，到村民家中入户了解情况，她载着村干部，开上车就走。不管道路宽窄曲直、山上山下、坡头沟边，都敢去。

常常是坐车的被吓出一身冷汗，她却谈笑风生，一副若无其事的模样。

村民们戏称她的车为“坦克”，远远地看见小车“嘟嘟”地开过来，都笑笑地说：“看，坦克来了啊！”

……

尾章 洮水长流

2016 年 11 月 12 日，我再一次来到高庙村。

苟伯江家的院子里，三间新房主体结构已经完工。新房的西侧，是一间新建的土豆窖。

咦，海妮是怎样做通他的思想工作，决定翻建新房的呢？

原来，2015 年 4 月 15 日，临洮县附近发生 4.5 级地震，苟伯江家的房屋受损，经国家住建部专家鉴定，属于 D 级危房。

于是，王海妮和龙小林，按照相关政策，为苟伯江申请到了 4 万元建房款。

他家的土豆窖，则是由省文联配套 8000 元资金，资助修建的。

……

在临洮县城，我见到了罗玉梅。

她正在这里打工。家里的田地呢，让给别人耕种。

我一直担心她家的房子，问问她，说县里已经出钱给加固维修好了。

当初，她家的房子被评定为 C 级危房。虽然政府补助 1.25 万元，可外债还没还清，她哪敢再借钱建房啊。

然而，像她家这种政府给予补助仍无力建房的贫困户，还有很多。县里的危房改造资金毕竟有限，所有危房全部推倒重建，显然不现实。而且，重建施工周期长，严重影响群众生产生活。

可是，百姓住在危房里，整天人心惶惶，又怎能发展生产、脱贫致富呢？

在困难的逼迫下，临洮县创造性地探索出了 C 级危房维修改造新方式——在原房屋的基础上，利用配筋砂浆带、增设圈梁构造柱、锚固木屋架等方法，进行维修加固。这些方法不但施工简单、质量可靠，而且维修成本低，用政府补助的 1.25 万元，完全能够修固。

房子修好后，王海妮为了增加罗玉梅的收入，帮她办理了妇女小额无息贷款。

罗玉梅清楚地记得，海妮鼓励她贷款，把她吓着了。眼下欠了十几年的外债还没有还清，要是再贷款，这辈子也别想还完了。再说，自己不做生意不做买卖，贷款做什么呢？

海妮告诉她，省里有政策，你贷了款自己不用，可以入股扶贫龙头企业或者农民专业合作组织，到时候享受保底分红。

用银行的钱为自己赚钱？罗玉梅摇摇头，哪有这么好的事情。不信！

海妮拿来文件念给她听，这才信下了。双手颤颤抖抖地在相关手续上写下了自己的名字。

罗玉梅说，现在她与婆婆、儿子三口人都享受二类低保金。另外，儿子每月还有 200 元的残疾补助费。

低保金能保证生活，打工赚下的钱，全部用来还债。

我问罗玉梅还有多少外债没有还清。她如释重负地说:“还有 3600 元，很快就能还完了。”

而且，对于罗玉梅来说，最大的好消息在于，国家最新调整了相关扶贫政策，对于自身无力脱贫的贫困人口，纳入统一管理，将由政府兜底，帮助实现政策性脱贫。这样，当她年满 60 周岁时，她的儿子荀子椿即可享受“五保”政策，或住养老院，由国家买单！

显然，这是她今生最大的忧心和梦想。

是的，罗玉梅家的情况，好比一枚不能发芽的石子。

但是，国家绝不让任何一个人挨饿受冻！绝不把任何一户贫困家庭关在小康社会的大门之外！

即便是石子，也要焐热！

……

2016 年秋季的爱心土豆，已经装车发运了。

带着满满的真诚，补足 2015 年的遗憾；怀揣饱饱的爱心，走向大江南北。

因为山里极度缺水，且短时期内无法解决，高庙村的支柱产业还没有完全形成，但扶贫的效果已经逐步显现。这个小村的市场意识已经被唤醒了，正积极地寻找着最适合自己的发展方向。

哦，金色的土地，金色的道路，金色的希望！

2016 年 6 月底，王海妮为期一年的挂职扶贫工作结束了。

虽然只有短短的一年时间，她已然脱胎换骨，由一名弱不禁风的小女子，蜕变成了一位秀外慧中的女干部，并被提拔为省文联文艺指导与维权处副处长。

离开高庙前，王海妮应村民要求，又穿上了那件压在箱底整整一年的红衣服，与乡亲们道别。

站在村街上，她忽然有一种恍若隔世的感觉。十多年前，她认识了柴生芳，而后又彼此淡出了对方的视线。十多年后，她竟在这个偏远的小山村，接过了他手中的接力棒，开启了小村的希望……

她竭力跑完了属于自己的一棒，画上了圆满的句号，终于可以问心无愧地告慰亡友了。

王海妮暗想，自己与柴生芳的缘分，从此将彻底成为尘封往事。

不想，一切仍在继续！

2017 年 6 月，甘肃省委组织部决定从省直选派一批优秀干部到区县挂职，王海妮再次被选中。而她被派往的地方，竟然又是临洮县。

她被任命为挂职副县长。

更让她惊诧的是，她的办公室，居然就在柴生芳生前办公室的隔壁。

冥冥中，她感觉到，自己与这片贫瘠土地，与这个贫困群体，似乎有一种天然的关系，总有一双忧郁却又期待的眼睛，在默默地注视着自己。

……

站在高庙村的山坡上，看着阳光下的洮河静静流淌。耳边，隐隐约约听到谁在唱花儿——

上去个东山者往下看
临洮城修了个美观
高楼大厦者连成片
活像个锦绣的花园……

四面山塬起伏，好似天地间一方硕大的洮砚。

日月为手，洮水为墨，正在默默地、却是深刻地书写着现实，描画着未来……

《芒果城》创作谈

大家知道，广西的百色市是著名的革命老区，是邓小平同志早年发动领导百色起义的地方。但这个地方，也是一个贫困之地，直到近年，仍是广西最贫困的地区之一。

精准扶贫战略实施以来，这个地区因地制宜，大力发展芒果产业。现在，这里已经成为全国最大的芒果生产基地，面积150万亩左右，产量占全国总产量的三分之一，而当地农民也大都因之而富。百色市内，大街小巷的两侧是芒果树；百色市外，上百万亩的山坡上也是芒果树。芒果树，成了百色的摇钱树。

2020年7月，我应《中国报告文学》杂志邀请，前往采风。我到百色采访，还有一层缘分：时任百色市委书记是我的朋友。2012年，这位朋友曾担任贺州市委书记，当时我们相遇相识。记得那天晚上，他陪着我在贺州市的小巷里散步，相谈甚欢。这一次采访，也是老友重逢。

百色，是红色的，也是绿色的，更是富裕的。

芒果城

（2020年9月9日作于邯郸）

芒果，像什么？

像滴水珠，似鹅卵石，如青橄榄，仿佛翻了十番的蝌蚪，犹如缩小百倍的海豚，圆溜溜、黄澄澄、绿油油、香喷喷。

如果一座城市的街头巷尾、楼前窗后，以及周围的百万亩山坡上，长满着千万株芒果树，树上又挂满了亿万枚青青黄黄的芒果。那么，这座城市是不是可以称为芒果城呢？

当然。

这座城市，就是百色！

百色，位于广西壮族自治区西部的右江两岸，古称田州。境内山高谷深、丘壑纵横、遍布红壤。漫长的历史里，偏僻、落后是她的代名词。时代的脚步已经迈入 21 世纪，贫穷，依然是她深深浅浅的胎记。

千百年来，此地野生着一种本土芒果树，高高大大、蓊蓊郁郁，像榕树，如玉兰，又似香樟。果实鸡蛋大小、青色，虽然甜蜜，却大核，多纤维，只是在本地人的口舌上消遣，从不外销。

20 世纪 80 年代，不知谁发现了一个惊人秘密：处于北纬 23 度左右的右江河谷，竟然是地球上最适合芒果生长的区域之一。是的，这里海拔 200 米左右，地形南北高中间低，地势由西北向东南倾斜，亚热带季风气候，冬无严寒，夏无酷暑，雨水丰沛，阳光充足，是一块天然的芒果园。于是，官方开始培育这个产业，但由于种种客观制约，进展缓慢。

21 世纪之后，科技人员对传统芒果进行高位嫁接，提高质量，种植面积达到了 39 万亩。2014 年，随着国家精准扶贫战略的全面实施，本地政府正式实施了百万亩产业规划。

真是天时地利人和啊。这个时候，整个国家已经进入全面信息化的新时代，交通、水利、电力、电商等等全面联通，穷山沟正在一天天地融入大世界。

这个地域，八山一水一分田，大都是山坡地，不宜种植水稻蔬菜，只能生长天然残次林，几乎没有经济效益。现在，经过改造，全部变成了芒果园。

仅仅几年时间，右江河谷的芒果林，已经扩大到 132 万亩。

全世界有 1000 多种芒果，果重最大可达几公斤，最小只有李子大小，形状有椭圆、正圆、心形、肾形、细长形、丰厚形等等，果皮则有青、绿、黄、红等颜色。

百色呢，当然要筛选最优品种。于是，桂七、金煌、红象牙、台农一号等佼佼者纷纷落地。在栽种和管理上，他们更是彻底改良。原来的树形像大叶榕，遮天蔽日、高达十数米，6 年才能挂果，现在经过矮化处理，树高只有 2 米，每亩种植 50 株，4 年即可盛产。

啊，芒果，且不说味道如何鲜美、含有多少稀有微量元素，单说她的靓丽和风韵，便让人迷恋呢。

芒果树四季生长，有春梢、夏梢、秋梢、冬梢之别，随时抽枝，随时落叶，不知不觉，新陈代谢。新叶为卵圆形、紫红色，毛茸茸，似猕猴的耳朵，如婴儿的嫩手，若少女的睫毛。

2、3 月，芒果开花了，一簇簇、一串串，细碎、浅黄，圆锥形，萼片五裂，呈覆瓦状排列。风来了，满山摇黄，这鲜嫩的新花，这天地的精英，吟唱着、喘息着，直喘得香氛满天、雾岚缭绕。

4 月初，残花落尽，果实初现，如花椒，像豌豆。一个月后，果重增加，似绿枣、若青杏。再而后，幼芒纷纷下垂，直至吊下来，沉甸甸，圆鼓鼓。此时的百色大地，静静默默的果园，浑浑圆圆的山丘，像一个安详的孕妇，笑眯眯、慢悠悠，在悄悄地等待着一个巨婴的降临。

7 月上中旬，果实八成熟，便开始采摘。青青的果子，轻轻地装进纸箱，包裹绵纸，像一个个襁褓里的胖娃娃。而后，这千千万万的果箱，这亿亿万万的仙果，便沿着订单，乘着快递，走向全国各地，走向每个人的口舌和肠胃。

这其中，桂七是当然的主角。

如果说芒果号称热带水果之王，那么桂七就是芒果之王。

成熟的桂七，果重七八两，呈椭圆 S 形，表皮青莹莹、绿油油，果肉金黄、细腻软糯、蜜甜乳香、浓鲜微酸。将透熟的桂七用双手把玩，玩到软融时，可用吸管吸干汁液。

还有一种更有仪式感的食法：用刀沿果核两侧切成两片，再用刀尖在果肉上划出密密的井字格，然后连同果皮翻开。于是，蛋黄般的果肉，便鲜花一样绽放开来。这时候，你可以拿起勺子，一块块地挖起，慢慢送进口里，细细品尝。那种香甜，妙不可言，似初恋，若童年，如羽仙。

金煌芒，秉承了传统芒果的金黄颜色，只是个头硕大，可达 2 公斤重，肉多、香甜。若打成芒果浆，置入冰沙中，或者拌上酸奶，便是消暑之绝品了。

没有成熟的芒果，切成薄片，蘸椒盐，又酸又咸又甜，是女士们逛街和聚会时的最佳点心。

在百色，芒果的吃法太多。芒果西米露、芒果牛奶汁、芒果酱汁、芒果蛋糕、芒果奶昔……

城市中心的百色饭店对面，有一条共和巷。

这就是著名的芒果街。小巷两侧站立着一棵棵粗壮的芒果树，蓬蓬勃勃、浓荫茂盛，结满了土芒。每到芒果季节，城外的果农们戴着草帽，开着三马车，骑着摩托车，驮着一筐筐一篓篓的芒果，在这里摆摊出售，吸引着一群群市民。小巷深深，深深小巷，芒果树下卖芒果。树上的果，树下的果，筐中的果，手中的果，口中的果，皆飘香，香弥小巷，香熏小城。

此时的百色，整个城市，整个右江河谷，都弥漫着浓郁的芒果香，氤氤氲氲，云蒸霞蔚。

的确，试看今日之天下，竟是谁家之芒果？

百色芒果，约占全国总产量的三分之一，实实在在的中国第一。

而曾经贫穷的百色，也因之而富裕了。

据当地权威人士介绍，目前百色市的芒果年产值近 50 亿元。如果加上农资、包装、物流等相关产业，总量接近 70 亿元。在百色，有 12 个县市区的 20 多万贫困人口以此为主业。仅芒果一项，年人均收入超过 4000 元。

百色大地上，晃动着数千万株摇钱树。

哦，百色市的中心广场上，真应该雕塑一个大大的芒果造型。

这里，的的确确是世界上最大的芒果城！

《大山教授》创作谈

说起来，我与本文的主人公李保国教授，无缘却又有缘。

作为一个扶贫战线的时代典型，李保国教授早已闻名全国。2016年初，河北美术出版社一位姓霍的编辑，是我邻村，且与我的好朋友是亲戚，希望我创作这个题材。我看过相关资料，确实感人，便答应了。

但多方联系李保国，他并不答应，总是推说没有时间。

我们再次通过省教育厅和河北农业大学的相关领导联系他，希望采访。他终于答应考虑考虑。但等了一段时间，他回话了，仍是拒绝。我清楚地记得那一天，是4月9日。他说，我不想出名，也没有时间，有这个时间，还不如走几个农户。

的确，这是他的真实想法。

但我当时并不理解。这几年写作有了一些小名气，邀约我创作的各类典型人物太多，我大都拒绝了。我这么主动地请求写一个人物，从未有过。可他却一而再，再而三地拒绝。

说实话，当时我有些气恼，一气之下，把网上搜集到的关于他的资料，全部删除。我想，我与这个李保国，彻底拜拜！

没想到，实在没有想到，第二天早晨，我还没有起床，就接到一个电话，出版社霍编辑说，李保国老师去世了，就在今天凌晨。

我大吃一惊！怎么可能？他才58岁！

那一天，我坐在空空的电脑前，沉思良久，眼前反复闪现着他的面容：黑黑的，粗粗的，唇上一撇农民式的胡子。

第三天，是他的追悼会。

一时间，我下定决心，马上出发，赶往保定！他生前，我无缘相识；现在，即使是遗体，我也要见一面！

那一刻，我下定决心，写写他！

在这之后的一个月时间内，我采访了李保国工作和生活过的多个重要地点，深深体味他当年的热心、苦心与专心。

在这个过程中，我时时感动，时时感叹，时时感悟。

习近平总书记高度评价李保国，称他是新时期共产党员的楷模、知识分子的优秀代表、太行山上的新愚公。

的确，李保国事迹既有鲜明的针对性，又有极强的普遍性。

一名真正的共产党员和知识分子，要有效地、深层地服务社会，实现自身价值，仅有梦想和专业，是远远不够的！

客观地说，城市里学研精深的专家为数不少，但大多只是滞留在书房里、实验室里，而少有像李保国那样，揣着梦想和深情，穿着胶鞋和背心，双脚走进深山，胸膛贴紧大地，与现实结合起来。

现实是什么？是这片依然贫困，却充满勃勃生机的深厚土地；是这个不乏遗憾，却正在全面改善的社会生态。

这，就是我们的国情！

面对现实，我们必须清醒，必须自信，必须主动！

李保国，正是30年如一日地投身太行山，投身到这块广袤的遍布片麻岩的偏酸性土壤里，才使自己的28项科研成果得以推广，才使140万亩穷山变成花果山，才探索了一条科技扶贫、精准扶贫的“太行山道路”，才走出了一条新时期中国知识分子与现实相结合的金光大道和必由之路！

大山教授（节选）

（河北美术出版社 2016 年 6 月出版）

李保国第一次落户前南峪村，是 1983 年 3 月。

当时，河北省委刚刚提出“开发太行山”的号召。

太行山，西倚黄土高原，北连燕山，南牵伏牛山，绵延 800 余里，号称“中华之脊”。它与黄河一阳一阴，一雄一雌，孕育了伟大的中华文明。

太行山，更是共和国诞生的衣胞。抗日战争时期，八路军正是以这里为总部、为基地，得到了根本的发展；解放战争时期，中共中央更是驻扎西柏坡，领导土地改革，指挥三大战役，召开七届二中全会，直到走进北京城，建立新中国！

但是，几千年来，太行山赤贫如洗。大山的褶褶皱皱、沟沟坎坎里，包藏着 39 个贫困县、数万个村庄、数千万山民，饥肠辘辘、面黄肌瘦。20 世纪 80 年代初期，百姓人均年收入仅仅 50 余元。

普罗大众，民族之根、社会之基。国家命运，维系于此！

……

1958 年 2 月，李保国生于太行山东麓武邑县的一个小村里。

李保国，真是一个苦命的人啊。3 岁，母亲去世，又赶上最饥饿的困难岁月。这个没娘的孩子，侥幸活了下来。

生活原本贫困，春夏季节又往往遭遇洪灾。多少个深夜里，小小村庄，满街叹息。

他朦朦胧胧地知道，洪灾的根源，在于水土流失严重的太行山区。

他不知道，那里，将是自己未来的人生！

1978 年，李保国考取河北林业专科学校蚕桑专业。毕业后，留校任教。

一、家住太行山

我是农民的儿子，见不得他们过苦日子！

——李保国语录之一

邢台市前南峪村地处太行深处，全村 900 多人，竟有 100 多个光棍儿，12 户常年在外讨饭。

小村四周的大山，怪石嶙峋，冷冷冰冰；山沟里几百亩河滩地，干干巴巴，愁眉苦脸。

离村七八里的麻峪沟，是小村的几十亩苹果园。果园里一间粗陋的石板房，便是李保国的临时住处。

没有电，没有水，照明靠煤油，饮食靠驴驮。

李保国住在这里，吃力地思考着苹果的命运、大山的命运。

搞小流域综合治理，百姓不支持，一切规划都是废纸一张，一切理想都是白日做梦！

山民们固有的思想，比山上的石头还要坚硬，让他们接受新鲜事物，难似石头开花。必须先让他们尝到甜头，看到科技的力量，才能打开心底的锈锁。

李保国决定从苹果入手。

但是，他在大学里学的是蚕桑专业，虽然兼修果树管理，并没有多少实际经验。

他借阅了大量苹果树管理方面的书籍，日夜研读，深深思考。

被煤油灯映照的昏黄，全印在了心底，吞进了肚里。第二天早晨，吐出来，变成了黑黑的痰。

漫漫长夜，小石屋、煤油灯、黑痰，便是太行山与李保国最深切的生命之缘！

苹果，中国古称“柰”。

有学者认为，全世界栽培的苹果品种，皆出于塞威士苹果，即中国新疆野苹果。考古学证明，早在新石器时代晚期和青铜器时代早期，苹果野生种就由探险家和商人从亚洲带到了欧洲。

我国古代的“柰”，虽“光洁可玩，香闻数步”，但“味甘松，未熟者食如棉絮，过熟又沙烂不堪食”。因此，自从 19 世纪中期欧洲苹果传入后，以其天生丽质，很快便取代了中国的传统苹果。

一个多世纪以来，苹果品种、栽培和管理技术在世界范围内又有了多轮的改良和提升，但作为苹果原产地的我国，却一直停滞不前，如同古老的太行山，面貌依旧。

麻峪沟里的苹果，全是传统品种，虽然结果不多，品质欠佳，却是村民们的摇钱树、米袋子。因此，李保国提出对果园进行科学管理时，村民们怀疑地逼问：“你管理过苹果树吗？”

“正在学习。”

“我们都管了十多年，你还想当师傅？”

“你们的方法不科学。”

“科学？能让石头缝里长出果树来？”

“我管 100 棵试试。”

“试试？不结果子呢，我们喝西北风啊？”

“我拿工资赔！”

空口无凭，李保国当即立下一张字据，大意是：承包 100 棵苹果树，管不好甘愿赔偿所有损失！

此时，他的目标已经明确：研发适合太行山地区的苹果栽培技术！

李保国按照“基部三主枝、疏散分层形”的树形，对苹果树进行修剪，杂乱的徒长枝、结满花蕾的病弱枝都被剪掉了，原来密密匝匝的树冠显得稀稀疏疏。

安贫守旧的小村，顿时炸开了锅。视树如命的村民们，哪能听任一个毛头小子随意毁树呢？

全村男女老少，像雨季的洪水，瞬间涌来，把李保国的小屋包围。

愤怒的目光，气冲冲地逼视着他。

……

千百年来，百姓苦苦求索，在寻找开启大山的密码。然而，血泪流干，求告无门。可谁知道，密码竟然就攥在自己的手心里，那便是观念。

观念一变天地宽！

李保国修剪过的苹果树，叶子浓浓绿绿，虽然挂果稀疏，但个个青青葱葱、水水灵灵。昨天像粒花生米，今天像颗鹌鹑蛋，毛茸茸的小脸蛋儿一天天光滑起来。

8 月里，秋风涂红又涂金，红的是“国光”，黄的是“金冠”。

李保国的苹果树，平均每株结果 95 斤，亩产可达 6000 多斤。而没有经过修剪的苹果树呢，亩产才 2000 多斤，因为品质差，卖的价格也低。

村民们沉默了。

小山村的热情被点燃了。

但是，李保国并不满意。

传统苹果口感不佳，不耐存储，因而价格不及红富士苹果的一半。如果改种红富士，经济效益还能再翻一番。

但是，村里太穷，没钱购买新树苗。再者，果园里的苹果树正值盛果期，要更换新苗，村民们也不可能接受啊。

第二年春天，李保国自己出钱买来 80 棵红富士苹果树苗，栽种在一片自己开垦的空地上。这样，既可以剪取接穗，嫁接培养新苗，又能让村民看到新品种的经济效益。

这片小果园，就是李保国的试验田，就是后来闻名全国的浆水苹果的产床。

也正是从此开始，李保国真正踏入了苹果王国，和苹果恋爱了，爱得死去活来、难以自拔，甚至忘记了远在保定的新婚妻子。

小流域综合治理，需要理论支撑，更需要数据验证。

天光微亮，李保国就起床了，揣几个窝头，拎一壶开水，下沟上坡，用双脚丈量大山。

从来没有一双眼睛，如此深情地、深层地打量古老的太行山！

要破解太行山的生态怪圈，其主角，只能是水土和植被！

第二年春天，小流域综合治理课题组正式进驻前南峪村。

李保国和爱人郭素萍是大学同学，也是课题组主要成员。此时，刚刚结束哺乳期的她，也带着孩子进驻小村。

课题组根据一组组实测数据，反复计算、讨论研究，决定在山坡上顺山势开凿水平沟：宽 1.5 米，深 1 米，沟距 4 米。沟内除汇聚周围浮土外，再从山下运客土回填，形成槽形梯田，可以栽树。这样一来，既可以达到雨季截蓄、旱季保水的目的，又能起到绿化荒山的作用，水土流失的怪圈将逐渐变成良性循环。

村民们已经尝到了科学的甜头，如今个个摩拳擦掌、跃跃欲试。

没有机械设备，全靠人工，锤砸斧凿，镐刨钎撬。

一片片山坡被劈开，一块块石头被掘出。那是盘桓在太行山区百姓日子里的穷根，那是横亘在穷困山民致富路上的绊脚石，如今终于被拔除、被踢开！

也有冥顽不灵的钉子户呢，那就是巨石。撬不动、劈不开、砸不碎，只好求助于炸药。可村里实在太穷，村民们力气有的是，可要出钱，没有。

课题组的经费也不多呀。

只能自己动手炒制炸药。

炒制炸药需要硝铵、煤油、锯末，人人知道。可如何精确配比呢？却个个摇头。

制作炸药不比和面蒸窝头，面多了加水，水多了添面。硝铵、煤油和锯末像三个冒冒失失、莽莽撞撞的毛头小子，独处时安安静静，一旦聚会，脾气顿时乖戾，要么一声不响，要么骤然爆发，稍有不慎，连人带屋，灰飞烟灭。

李保国和老乡们一次次小心试探，蹑手蹑脚，战战兢兢，生死攸关，险象环生。

……

天天都有试验，处处皆须观测，李保国和妻子只能轮流背着儿子上山。

不得已，只得把年迈的岳母接来，帮助照看孩子。

岳母和妻儿借住在老乡家。李保国呢，仍然住在小石屋里。

虽然相距不远，但李保国不但要搞小流域综合治理，还要培育苹果树苗，忙得不可开交，每周才能回“家”一趟。满嘴胡子，像一个猎人。

的确，胡子是男人的象征。

成年男人的胡子，像果树的枝枝叶叶，日日夜夜生长，三五天不打理，便蓬蓬勃勃。

山间缺水，不能洗澡，也不常洗脸，更不便刮胡子。于是，他便在修剪果树之余，照着镜子，用剪树的巨型剪刀修剪一下。平时，总是胡子拉碴的，与山民们在一起，完全无异。

从此，他的形象就这样固定了下来。

直到永远！

李保国嫁接培育的苹果树苗，免费赠予村民，被移栽到新开凿的水平沟里。

慢慢地，小果树们光秃秃的枝丫上钻出了一个个叶芽，像孩童们一双双懵懂的眼睛，打量着陌生的大山。

第二年，苹果树们便开始怀春了，一簇簇大米粒般的花蕾悄悄探出脑袋。渐渐地，大米粒变成了绿豆粒、豌豆粒。忽而一夜春风，豌豆粒们像一颗颗小炸弹，訇然爆发。一簇簇花瓣，像一群群靓丽少女，在树丛中躲躲闪闪，娉娉袅袅，咯咯地笑着，明眸皓齿，翩翩起舞。

苹果花落，树枝上便挂上了一串串毛茸茸的小铃铛，像初生的婴儿，闭着眼睛，嘟着嘴巴，一副幸福模样。

小苹果们的肚腩慢慢鼓胀起来，油光发亮，像一柄柄鼓槌儿，和着开山的炮声，擂响嗵嗵战鼓，向太行山、向旧理念、向千万年来的贫困开战。

秋风中，挂满枝头的红苹果，像一盏盏小灯笼，照亮了山民们的朴素与贫穷；又像一组组密码，把大山亘古紧闭的石门，吱吱呀呀地徐徐推开……

……

13 年过去了，前南峪和浆水镇一带早已是果树满坡。

浆水苹果渐渐走出太行山，走向全中国。而前南峪村更是成为全国闻名的富裕村，被誉为“太行山最绿的地方”。

李保国在这里深深扎根 13 年，把全部青春都融在了这里的每一道山坡、每一片果园！

他把石头，变成了果树，变成了财富！

石头把他，变成了中年，变成了黧黑！

二、最美苹果

农业科技工作者，应当把实验室建在田野里，把论文写在大地上。

——李保国语录之二

1996 年 8 月上旬，太行山区普降百年不遇的特大暴雨，山洪、泥石流暴发，仅河北省就有 1.59 万个村庄、1517 万群众受灾……

然而，大难临头、惊慌失措的太行山区，竟然有一簇小村安然无恙，那就是前南峪。

值此百年大考，前南峪村历时 13 年的小流域治理，无疑得了满分。

洪灾过后，李保国跟随省科技救灾组，来到了内丘县岗底村。

蜷缩在太行深山区的岗底村，距县城 40 公里，山路漫漫，崎岖坎坷，几乎与外界隔绝。

但是，小村有一位倔强的村支书杨双牛。这个退伍返乡的汉子，发誓要让乡亲们吃上饱饭。从 1984 年开始，杨双牛便带领乡亲们治理荒山挖穷根，利用 10 年时间，在山坡上栽上了几千株苹果树。

但是，一场大雨，小村苦心编织的致富梦，大半付诸东流。

见到科技救灾组，杨双牛双手捂脸，双肩抖动，1.8 米的大男人，孩子似的放声大哭。

李保国被这个汉子的哭声震撼了。临别时，他用一张烟盒纸写了一行字："如果需要果树方面的技术，我可以帮忙。"

前南峪村和浆水镇一带的苹果种植技术，已经初步成熟和成功，他要在太行山中重新开创一方试验田，进一步验证和推广。

1996 年 9 月，李保国住进了村委会一间办公室。

在与岗底村全体干部的第一次见面会上，他庄严承诺：不拿小村一分钱，用苹果产业使村民们富起来！

大年初六，李保国就到岗底村上班了。

除了回校授课和外出开会，他的大部分时间都在山里。

他熟悉村里的每一户人家，每一块田地，每一条小路和每一棵果树。

村民们更像亲戚一样善待他。平时，他的生活用品大多是乡亲们送来的。他的门口，总是堆满着一捆捆洗净的蔬菜，一包包新蒸的馒头，一盆盆热乎的炖肉。最热闹的是过节时，邀者盈门，电话不断。为了不违拂乡亲们的盛情，他每天要走十多家，吃七八顿饭。

一天，李保国为村民讲解果树嫁接技术，T 恤衫被树枝剐破了。杨双牛过意不去，马上派人去买新衣。

前者不让，后者执意。

李保国黑着脸说："你要把我变成教授，变成客人啊？在这里，我就是农民！"

妻子专门为他买了一个电动剃须刀，他基本不用。每天要刮，嫌麻烦。而且，山民哪有每天刮胡子的？下巴光光净净，他们看着也不习惯啊。

于是，还像在前南峪时一样，隔几天，用小剪刀对着镜子修剪一下胡子，或干脆就用大剪刀，像修剪果树一样，咔嚓咔嚓，三下五除二，完工。

走在村街上，穿着随意的衣服，留着随意的胡子。李保国，就是一个地道的山民！

果树们怀孕了，一颗颗小苹果挺起了圆鼓鼓的肚子。

李保国告诉村民，苹果树也要实行计划生育呢，必须疏果。

一个花芽上有四五个小苹果，水灵灵的，煞是喜人。好不容易坐下的果子，却要剪掉，从古到今也没有听说过这样的歪理。

村民们怀疑的眼睛，瞪得像鹌鹑蛋。

“不疏果，树体负载量太大。就好比孩子多的家庭，负担重，哪个孩子也培养不好。苹果树也是这样，只有实行计划生育，才能实现优生优育。”

虽然李保国讲得头头是道，但果农们还是心里打鼓。

光棍汉杨钢蛋儿问邻居杨海堂：“你剪不剪？”

“看看再说吧，果子好不容易坐下了，再剪去，不白扔了？”

“你不剪我剪，人家李老师是专家哩。”

杨海堂看看自家树上的果子，个个都是心头肉，左看右看不忍下手。于是就不剪。

……

入秋了，杨海堂的果树上挂满果子，双胞胎，还有三胞胎，成串的苹果，把树枝都累弯了。看着满树红苹果，老汉满是皱纹的脸，笑成一朵菊花。

到杨钢蛋儿的果园里看看，一根树枝上只有几个苹果，只是苹果个头儿比自己的大些，颜色好看一点，并没有特别出色的地方，减产是肯定了。

疏果疏果，疏吧，输了吧？

杨海堂心里美，越看自己的苹果越喜欢。

可是，一个月后，苹果摘下来，杨海堂却不喜了。由于他的苹果个头儿小、品质差，达不到村里的收购要求，只能便宜卖给小贩。而杨钢蛋儿的果园呢，不但没有减产，而且还卖出了2元1斤的好价钱，收入比杨海堂的高一倍。

更让杨海堂始料未及的是，因为他家的果树上年挂果太多，造成树体衰弱，第二年春天果树开花显得萎靡不振，挂果更是稀稀拉拉。

这便是苹果树的“大年儿”与“小年儿”。

仅仅一个秋天，杨海堂家的收入，就被杨钢蛋儿追上了。

岗底村有一批苹果树，由于土壤贫瘠、干旱和多年管理不善等原因，过早进入了衰老期，开始出现虫害多、果品差、产量小等问题。

按照传统办法，只能刨掉老树，新栽小树。

而且，这几年，太行山区苹果树老化现象越来越成为一个普遍问题。

这个问题，必须解决！

这一年，李保国去日本长野县交流学习。

长野是富士苹果的原产地，具有全套成熟的现代化果树管理技术。在这里，李保国惊奇地发现有一批百年以上的老树，依然枝繁叶茂，硕果累累。

马上想到岗底难题，太行山难题！

杨双奎是李保国这几年培养起来的“土专家”，现任岗底村果树管理技术员。李保国临时决定，自己出资，让杨双奎赶到日本，和自己一起学习。

可杨双奎是一个老实巴交的农民，哪里出过国呀。他哭丧着脸说：“李老师，我做梦也没有想过出国，还是别去了。”

“就是因为你没出过国，才让你出来见识一下，现场学习人家的先进管理经验。”

“出国要办什么手续呀？我都不懂。”

“我马上给郭素萍打电话，让她帮你办。”

“可……可是，我也没有坐过飞机呀。”

“我让她帮你办理机票。我在日本这边机场接你。这下可以放心了吧？”

“那……”

李保国的妻子帮杨双奎买了一套西服，又办理了全套出国手续和机票，并一直陪他到机场……

回国后，李保国和杨双奎立即着手试验。

他们把苹果树最底层的老枝在离树干 15 厘米的地方锯掉，经过必要的技术处理，以待来年春天催发新枝。

嫁接后的新枝，第一年便能长成 1 米多长的枝条，然后拉下垂；第二年开花；第三年即可进入结果期。老枝分批更新，每年都能发新枝，每年都有结果枝。几年之后，老树便可整体返老还童。

从此，太行山区的苹果树老化难题被破解了……

为了把苹果做成支柱产业，岗底村为苹果注册了“富岗”商标。

李保国为“富岗”量身打造了 128 道标准化生产工序，进行规模化种植、产业化管理。

苹果套袋技术，便是其中重要的一项。

苹果套上袋，就好比穿上了一层防护服，不但能防治病虫害、减少农药对苹果的直接污染，还能增加果面的光洁度，有利于着色，会大大提高果品质量。

可是，岗底村的果农们从来没听说过苹果还要套袋。苹果套上袋，不见光，还能长吗？

“大家不用怕，给苹果套袋，赔了是我的，赚了是大家的。”李保国给果农们做保证。

他用自己的科研经费买来 16 万个果袋，免费发放。

但是，村民们仍是不情愿，仅仅领去 8 万个。

树枝上挑着一个个灰灰黄黄的纸袋袋，像一个个调皮的小丑，显得滑稽异常；又像一个个魔术师，不知道纸袋里会玩出什么把戏。

整座太行山，都充满了好奇与猜测，急不可待地期盼着揭开谜底……

……

秋风涂金，没有套袋的苹果已经醉红了脸颊。那套袋的苹果呢，肯定会娇艳欲滴吧。

见证奇迹的时刻到了！

然而，李保国却要求不能操之过急。因为藏在果袋里的苹果长期不见光，果皮太嫩，容易被阳光灼伤，必须循序渐进，慢慢适应。

果袋分两层，第一层袋外表面灰黄色，里面是黑色；第二层是涂蜡的红袋。第一步是先把第一层袋小心取下来，第二层红果袋还要留在苹果上，驻留一周时间。

看着满树穿着红衣服的大苹果，村民们纷纷猜想：里边的苹果肯定也这么鲜红吧？

可是，红袋取下来，整个小山村顿时大失所望。哪有什么红苹果？套在袋子里的苹果根本见不到阳光，都长成了白胖子。

苹果惨白惨白，面无血色，像久卧病床、弱不禁风的林黛玉。

这白苹果哪会有人要呢？

大苹果们像一尊尊白白的瓷胎，沐浴在秋阳里。慢慢地，苹果开始变红了，像怀春少女的脸蛋儿，娇娇羞羞。

这时候，李保国又指导果农们摘叶，把苹果周围遮挡光线的树叶一片片摘除，以免光照不匀产生青斑。

苹果朝下的部分呢，照不到光，也不能变红。

不要紧，李保国又指导果农们在苹果树下铺设反光膜，明晃晃的阳光正好反射到苹果底部。

几天以后，苹果树上挂满了“红灯笼”，整个小山村都被照亮了。

果农们急着采摘，李保国又赶紧制止。

还不到火候！

他把苹果翻转过来："看看，苹果的阴面还没有着色。这叫'阴阳脸'，不单外观不好，口感也差。"

果农们疑惑地看着李保国："这怎么办？"

"把苹果转过来，让阴面也晒晒太阳。"

"挨个儿转？"

"必须挨个儿转！"

……

128 道工序，从土地平整到果树栽种，从剪枝到疏果，从病虫害防治到套袋，从翻晒着色到苹果采摘，每一道工序都是为了调动每一方土地的活力，激活苹果树的每一个细胞，使产出的苹果在着色、大小、果形、口感、品质等各项指标上都达到最优化。

每一个苹果都经过精心设计，都像一件艺术品，红里透亮，闪烁着瓷器釉质般柔和温润的光彩。

这是一个苹果，但它已经不单单只是一个苹果了。这是苹果中的极品。它的价格，已经是过去的 3 倍、5 倍了。

古老的太行山，千百年来，何曾产出过如此品质优良的大苹果呢？

富岗苹果一炮走红！

岗底村的命运也由此改变，村民人均年收入从不足 80 元，跃升至 3.1 万元，家家户户住上了楼房，100 多户村民购买了小轿车……

日本、法国、德国等农业专家纷纷到岗底考察学习。联合国教科文组织更声称：岗底创造了中国治山模式！

三、核桃的秘密

我想干事，我更看重如何取得最优效果，形成良性发展机制。

——李保国语录之三

1998 年春天，临城县鼓励承包开发荒山荒丘。

在电信部门工作的高胜福，与同事和朋友集资 300 多万元，创办河北绿岭果业有限公司，承包了 3000 亩荒丘。

这里又名狐子沟，是典型的丘陵地貌，地层中大大小小的卵石夹杂着邦邦硬的黏胶泥，而且，地表以下 70 多厘米有一层白浆石。白浆石极像生石灰，呈强碱性，会对植物根系造成严重灼伤。

这里的地质环境，甚至比太行深山区还要恶劣。

而这，正是李保国最感兴趣的课题！

……

20 多个地层剖面的样土被带回实验室。而后，他又对当地地质地貌、水文条件、气候特点等进行认真研究。

最终，种植目标锁定——核桃！

民谚："桃三杏四梨五年，要吃核桃得九年。"在太行山一带，核桃树大多自然生长在山沟里、岸崖边，从来没有人大规模种植。

因此，当地百姓听说要在荒丘上栽核桃树时，一个个眼睛瞪得比核桃还大。

我国虽然已有不少早实薄皮核桃品种，但大都不尽如人意，有的品质好但不丰产，有的丰产却品质低劣；有的两者兼具，但抗病虫害能力不强。

李保国决心选育早实、薄皮、丰产和抗性强的优质核桃品种！

核桃新品种选育分为有性杂交和无性芽变两种方法。

有性杂交选育过程复杂，选育周期长，甚至几代人都得不到超亲遗传的优质品种。

无性芽变选育，是既有的优质核桃品种，因为受气候、土质、水质、光照等不确定因素影响，发生变异（又称芽变），在向优势变异的植株中选择接穗，进行嫁接繁育。

……

2000 年，李保国从美国加利福尼亚大学引进了 6 个良种核桃和 11 个山核桃品种，又从山东、新疆、河南等地引进了 13 个国内良种。

30 个核桃品种，分别栽种在苗圃里。绿油油的小苗们，像幼儿园里的一群娃娃，在微风中手舞足蹈。

它们不清楚自己的使命，不知道担负着多么伟大的责任。不久的将来，某一棵小苗的后代，或许会出现一个引领核桃产业革命的全新品种。

苹果、核桃树等被子植物的芽尖，真是一个奇妙世界呢。

小小的芽尖里，竟有三个相互区分的细胞层。每一个细胞层，都像一座微小但生产能力惊人的细胞加工厂。果树生长、开花、结果，就是由这三座小工厂生产的细胞累加而成的。

细胞生产主要依靠分裂。

发生芽变的枝条、树叶和果实，形态与生理等方面与同一棵树上的其他枝条、树叶和果实不同。这种因芽变而形成的变异，可以通过嫁接方式遗传给后代，因此被称为无性繁殖。

但是，自然环境的突变引发芽变的概率极小。因此，要想提高芽变发生的概率，必须进行人工干预，人为刺激。

2001 年 3 月初，李保国开始使用秋水仙素对 30 种核桃树进行人工干预试验，促使其发生芽变。

细胞裂变的实际过程万分复杂，各种不确定因素相互制约，变异结果完全不同。只能明察秋毫，细心捕捉每一丝细微的变化。

在上万个进行人工干预的叶芽中，挑选形态差别无几的、可能发生芽变的叶芽，这比在蚁群中找出两只模样不同的蚂蚁还要困难。况且，他想要选育出的品种是以果实为主。就像面对幼儿园里的一群小姑娘，谁能猜出她们哪个将来生出的孩子是美是丑、是聪慧还是愚钝呢？

真是大海捞针啊！

三个月苦苦寻找，李保国终于在上万个人工干预的叶芽中，选出了 153 个发生芽变的枝芽，进行重点培育。

但，这仅仅是一个艰难的开始！

核桃是世界四大干果之一。

国内外学者曾经认为：核桃原产于亚洲西部的中亚一带，我国的核桃，是汉武帝时期张骞出使西域时所引进，故又称为“胡桃”。

但是，1972 年，在位于太行山中段的武安磁山村一带，考古学家发掘了一处震惊世界的古人类遗址。

在这个距今 7300 多年的原始社会遗址中，发现了一系列动植物碳化标本。其中最具典型意义的是粟、家鸡和核桃，彻底改写了世界粟作农业、家鸡驯养和核桃产地的历史。

1988 年，磁山文化遗址被国务院列为全国重点文物保护单位。

核桃，原本就是太行山的儿子！

三年时间里，李保国又进行了数千次培育筛选，终于一步步接近成功。

一个全新的核桃品种，终于诞生了。

这个后来被定名为“绿岭”的核桃新品种，于 2005 年通过河北省林木品种审定委员会认定。

“绿岭”核桃丰产，果面金黄、光滑，像一粒温润的玛瑙；皮薄而均匀，壳厚仅 0.8 毫米，手捏即开；核桃仁淡黄、丰满……

两年后，李保国又选育出一种鲜食核桃，定名为“绿早”，2007 年通过河北省林木品种审定委员会认定。

“绿早”核桃 8 月初即成熟，丰产，皮薄个大，仁肥脆香，最适合鲜食。

这两个优质品种，真正实现了人们像吃花生一样吃核桃的理想。

这两个优质品种，已经在全国范围内大量推广，成为山区核桃种植的优选……

四、根系大地

我保证，我和我的硕士生、博士生，都要研究实用性课题，将来都能直接应用于农业生产！

——李保国语录之四

一天，李保国陪同某农业代表团的十多位教授，在绿岭公司核桃基地参观考察。一位白发苍苍、德高望重的老教授在参观苗圃时，看着他们培育的核桃幼苗，嫩绿青葱，大加赞赏：“哇，多好的香椿啊！”

李保国听了，心底一阵悲哀！

中国高校、科研机构和生产现实脱节的问题，实在是一个普遍现象！

这些年来，李保国先后带出 67 名硕士生、博士生。

他最突出的特点就是“严”。

每名研究生刚入学，他就会发一张读研期间的任务清单：第一学期完成课程学习和开题报告；第二学期开始在实践基地实习一年，完成试验并写出研究报告……每一项任务都有详细的要求和明确时间表，必须完成！

在学校学习期间，一天四次，签名进出，违者扣款，每次 15 元。

一次，一名硕士生因为前期不认真，被要求寒假留在学校写毕业论文。年底将近，学生大都离校回家了，这名学生便悄悄买票，直到上车后才发去信息，造成既定事实。李保国严厉命令："马上回校，完成论文！"

这名学生只得中途下车，返回学校，直到大年三十完成论文，才回家过年。

这些年，不少科研工作者作风浮躁，常常从网络上下载论文，改头换面，变成自己的成果。李保国严厉规定：发现这种现象，论文作废，不许毕业！

他的学生都是真真正正做试验，实实在在写论文。

在果园实习时，要求更严。

学农的研究生中，女生居多。不少女生爱美，即使在实习时也衣着讲究，光光鲜鲜，漂漂亮亮。她们担心把衣服弄脏，更不愿意爬树。

李保国着急了："农业教育非实习不能得真谛，非试验不能探精微。学习理论的目的是指导实践，不经过实际操作训练，将来怎么会运用？"

一个女生小声咕哝："以后又不指望当果农。"

"什么？不当果农？不当果农就可以不学了？是我李保国的学生，就必须学会！上树！必须上树！"

说着，他抽出一根 1 米多长的树枝，高高举过头顶，作抽打状。

这时候，他的脸黑黑的，胡子挓挲着，好像愤怒的张飞。

同学们面面相觑，一个个乖乖地爬上树去。

学习果树嫁接时，他要求必须掌握到位。毒辣辣的太阳下，每个女学生趴在地上，一干就是一个星期，全变成了黑人，变成了农家姑娘。

他说："只有这样，才能真正了解果树，才能理解果农的辛苦，以后才能好好地为他们服务，而不是高高在上。"

但同时，他更像一位慈父啊！

一次，施丽丽做毕业论文，需要搜集资料，便利用星期天前往太行山深处的实习基地。事后，他批评说："深入一线是好事，但出远门要告诉我呀。一个女孩子，在路上出事怎么办？你是我的学生，就是我的女儿！"

同学们实习时，往往在农村连续生活好多天。由于生活条件差，大家都有些嘴馋。这时候，他便出去一趟，到附近的城镇采购。回来时，拎回一袋袋时鲜水果、饮料、汉堡包等。大家围上来，一阵风卷残云，大快朵颐。

所以，每次实习时，大家都盼着他进城，盼着他回来，就像一群嗷嗷待哺的乳燕，盼望着父母归来。

2002 年，笔记本电脑还未普及。为了方便学生顾玉红写论文，他就把自己刚买来的笔记本电脑借给她。而他的儿子也正在上学，他却从不让触摸，儿子总是感到委屈呢。

他整天在试验基地现场，胡子拉碴的。某一年教师节，两个学生凑钱，给他买了一个电动剃须刀作为礼物，花费不到 200 元。

他感动的同时，坚决把 200 元送还："你们还是学生，怎么能破费呢？"

……

十多年来，这些研究生们分散在全国各地，大都成了单位骨干。

他记得每一名学生的电话号码和家庭住址，了解每一名学生的工作和生活近况。有时候看天气预报，哪名学生所在的城市出现恶劣情况，他总要发短信提醒……

当年的严厉，今天的福报！走向社会的同学们，更加感念师恩。

同学们相约，老师 60 大寿时，大家一起回来，为老师祝寿！

还有两年时间，孩子们都要回来和他团聚了。

那，将是一次多么欢乐的盛宴啊！

五、山中有个宝葫芦

做产业才能解决根本问题。它不是只让一个人富起来、一个村富起来，而是能让一个地区富起来，一个国家富起来。

——李保国语录之五

平山县葫芦峪，是太行山区千千万万个山村中的一个，因其状如葫芦而得名。

这颗自古以来大而无用的葫芦里，装着一簇簇安贫守旧的小山村。

“种一葫芦打一瓢”，有时候，庄稼的收成还不及投入的种粮多呢。

2007 年，本土出生的农民企业家刘海涛返回故里，创办了葫芦峪农业开发公司。最初的设想，是建立一个小型农场。

然而，一两年过去，山坡上新修造的梯田里，果树越长越瘦；投入的大量资金，像洇进石缝的雨水，了无痕迹。

刘海涛心急如焚。

2009 年冬天，他遇到了李保国……

整整一年时间，李保国踏遍了这里的坡坡岭岭、沟沟谷谷，寻找打开闷葫芦的金钥匙。

随后，一张集山、水、林、田、路综合治理的蓝图，在眼前徐徐展开……

首先是流转荒山和荒坡地。

在规划园区内，农户可以用自己的责任田入股。公司有收益前，每年比照当地最好的耕地收入标准，以赔产方式保障收益。公司有收益后，自流转开始，前十年按农户与公司 3∶7 分成，十年后按 5∶5 分成。分红收入低于赔产收入的，公司仍按赔产标准予以补齐。

若是农户不愿意入股和出租土地，也可以进行土地置换。公司在园区外租赁地质更好的、方便农户耕种的农田，用以换取农户处于园区内的土地。

这几种灵活的土地流转方式，既保障了农户收益，又实现了高效流转，优化了园区发展的空间格局。

荒山和荒坡地流转到公司之后，便依据科学规划，先修筑盘山道，以便造地施工。而后，按高标准造地。

坡度较大的地方，采用隔坡开沟的方式，开凿沟状梯田；坡度徐缓的山坡，则自下而上，逐层推平，筑造“小平原”。

沟状梯田深挖 80 厘米，坡面原有的片麻岩母土土质回填，然后再覆盖 50 厘米厚的客土。“小平原”筑造也要保证土层厚度不少于 80 厘米，客土层厚度不少于 50 厘米。按照每亩 2000 斤的标准，混施有机肥。

为了减少水分流失，新造地地表修成外高里低的倾斜面。地表倾斜度和梯田面积，都经过仔细测量、精确计算。

新造地外坡面种植苜蓿，并顺坡埋置“U”形水泥槽，导流暴雨形成的径流，以防对坡面造成冲刷破坏。

新造地完成后，先播种油菜、小麦等作物，进行为期一年的熟化和沉实，第二年再栽植核桃、苹果或樱桃。

……

遇到旱季，山上的果树怎么浇水呢？

李保国设计在各山谷的低洼处修筑塘坝，截蓄雨季的雨水。各个山坡上都建有蓄水池，利用高压水泵，将人工湖水提到蓄水池。预埋铺设的小管出流节水灌溉管网，将池水送到每一棵果树的根部。

“中雨不出地，大雨不出山，暴雨不毁田”，这是一整套节水灌溉体系，形成了一个禁闭式的循环。

2011 年中秋节的前一天晚上。

葫芦峪农业开发公司技术总监聂建英刚刚休假回家，就接到李保国的电话：“我明天上午 10 点到公司，你也过来吧。”

聂建英苦着脸说：“李老师，明天是中秋节，我正休假呢。”

“那你看着办吧！”

第二天上午，聂建英不得不赶回公司，陪着李保国检查工程质量，整整转了一天。

刘书国是工程部主管，主要负责土地平整。

一次在施工现场，李保国拿着一根自制的检测工具，在刚刚平整好的田里反复插入，测试深度。

他根据太行山片麻岩母土土质特点，制定了一套技术标准，并形成了口诀：挖得深（80 厘米以上），覆土厚（50 厘米以上），施肥多（每亩有机肥 2000 斤以上），高田埂，固护坡，畅排水。

最后，他把那个工具送给刘书国，嘱咐他要严格按照标准施工，不得马虎。

几年时间里，葫芦峪先后修建了 36 座小型水库、96 座蓄水池。

……

李保国说，太行山区的年降雨量在 400 ~ 500 毫米之间，只要我们合理规划，做好工程，收集雨水，完全可以实现水量自给，旱田变水田，荒山变成花果山！

经过科学规划后，太行山再不是荒山、秃山，而是有了心，有了眼，有了神经。

大葫芦里的一座座山冈，被一层层地削平了。一方方梯田，像体育场上的看台，一级级、一层层，累次升高。核桃、苹果、樱桃的小苗们，被安顿在看台上，像一个个中规中矩的小学生，沉沉稳稳、安安静静地凝望大山，思考大山，助力大山。

山坡下，一条条塘坝已经建成蓄水，一个个大大小小的湖面，倒映着大山浓绿欲滴的倩影。

红红白白的花开了，调皮的小松鼠来了，欢乐的小鸟也来了。亘古沉默的闷葫芦，顿时变成了热热闹闹的欢乐谷……

“葫芦峪模式”，正是李保国 30 年治山经验的结晶。

河北省内的太行山、燕山浅山丘陵地区，有三分之二的农民人均收入在贫困线以下。在这一区域中，有 2000 多万亩荒坡。每亩荒坡可以开垦出 4 分良田，因此可以增加 800 多万亩高效经济林地。荒山开发后按照每亩增收 4000 元计算，每年可为农民增收 320 多亿元……

这，正是“太行山道路”的终极目标！

六、红树莓之恋

老百姓需要什么，我们就研究什么。

——李保国语录之六

李保国与红树莓，是何时结缘的呢？

在对苹果、核桃种植技术研究基本成熟的同时，他一直在寻找着

一种更适合太行山丘陵地带和平原地区的见效更快、效益更高、管理更简的经济品种。

红树莓，又名覆盆子，自古以来在我国长江南北、太行东西广为分布。其果状如桑葚，赤红，酸酸甜甜。入药，补肝益肾，固精明目。传说长期服用，小便时可将尿盆打翻，因此被称为覆盆子。

树莓按其果实特点，可分为红莓和黑莓两大系列，是当今风靡世界的第三代水果中的佼佼者。

其实，我国古人早就了解红树莓的特殊价值，之所以没有像其他果树一样形成规模化种植，其原因主要是成熟采摘后，6 个小时之内必须冷冻储存，否则全部腐烂。再者，由于果小娇嫩，无法机械采摘；且成熟期集中，需要大量用工。这也是欧美国家不能大规模生产的主要原因。

多年来，我国的红树莓生产，主要由一些零散农户小面积种植。因为没有冷库及时储存，所以收获后只能便宜出售，效益不高。

红树莓偏爱微酸性土壤，耐干旱贫瘠，其根系发达，具有固土固坡、防止水土流失的作用。

太行山区是片麻岩母土土质，呈微酸性，十分适合种植红树莓；而且红树莓当年种植便可结果，见效快，收益高。

红树莓管理、采摘，技术含量不高，一般的农村妇女、留守老人均可胜任。

必须以企业为龙头，才可能把这个产业做大做强。

2014 年初，从事旅游产业的企业家周岱燕转型投资农业项目，并在邢台市南和贾宋镇流转 2700 亩土地，开始试种红树莓。

共同的视野，共同的事业，使两个男子汉走到了一起！

李保国再次承诺：不取一分利，不占一份股，只为重新探索一条太行山区的致富路！

对于 56 岁的李保国来说，这是一个全新课题。

南和地势平坦，没有整地造田的任务，但环境是否适应、栽培注意事项、市场发展潜力等等，这一切都是零。

李保国带着几个研究生，走遍了东北三省的红树莓种植基地，搜集和掌握第一手调查资料。

2014 年 3 月，从东北购买的 20 万株红树莓苗木栽种入土，面积达到 300 亩，以根蘖苗为主。

苗子落地，田间管理就是重头戏。以李保国的经验，问题马上就要到来。

果不其然，短暂的缓苗期后，许多苗子没有发芽，开始萎蔫。

马上抢救！

即使如此，第一批苗木的成活率仍不到 10%。

怎么办？

他经过仔细对比苗木原产地和当地的气候条件，提出环境的地域差异是大面积死亡的主因。于是，他决定放弃根蘖苗，尝试栽植组培苗。

果然，补种的组培苗成活率大大提高。

但新问题又来了。购买的组培苗是瓶苗，长途运输，损失不少。而且，瓶苗要经过 2 个月左右的大棚炼苗，之后才能向大田移栽，地域差异使得炼苗过程中也多有损伤。成本飙升啊。

李保国突发奇想：为什么不建立自己的组培实验室呢？这样不仅能解决地域差别带来的损苗问题，成功之后还可以向本地输出苗木。

2015 年 2 月，经过 4 个多月精心筹备，投资 3000 万元建起的国内最大的树莓组培室正式投入使用。

细胞组培繁殖种苗，更是李保国从未涉足的全新领域。

已近花甲之年的李保国，又变成了小学生。他带领自己的5名研究生，向着这个神秘的领域发起了进攻……

全新难题，层出不穷。

第一批栽种的苗子，陆续出现黄叶。

技术员检查了各个环节，发现既不缺水，也不缺肥。这是怎么回事呢？

李保国初步判断是缺乏某种微量元素，于是采摘叶片，回到河北农业大学进行检测。结果显示：缺乏铁元素。

立即喷施硫酸亚铁！

黄苗问题解决了。

几天后，又有一片苗木不明原因地抽梢、枯死。

技术员苦思许久，无计可施。

李保国判断是虫害。

技术员心底纳闷儿，因为丝毫不见害虫的踪迹。

这时候，李保国掰开枯死的病枝，尺蠖的幼虫就藏在茎秆里。没有经验的技术员根本看不出来。

……

经过一年反复试验，李保国攻关小组终于实现重大突破！

在李保国的心底，有一个规划：五年之内，在河北境内推广红树莓10万亩，使农民年增收5亿元以上。

2016年4月9日晚上，在与周岱燕通电话时，李保国十分兴奋：“我们很快就能用上自己的产品了，哈哈！”

……

七、永远的李保国

活着干，死了算！

——李保国语录之八

李保国的病情，是十多年前发现的。

先是重度糖尿病，需要注射胰岛素维持；2007 年，又被诊断为重度疲劳性冠心病，心血管 75% 弥漫性堵塞。由于病情特殊，医生告诫已无法实施常规支架手术，只能保守治疗，多多休息。

平时，在妻子的监督下，他每天吃药、打针。

如果照此下去，注意休息，也不会有什么危险。

但是，他的工作节奏太快了，太快了。

……

且让我们看一看他最后两个月的行程：

2016 年 2 月 7 日，农历腊月二十九。

李保国和妻子从阜平县顾家台村匆匆忙忙赶回保定时，已是下午 4 点。

夫妻俩在路上商量，先办年货，明天除夕夜，一家人好好吃顿团圆饭。

可回到市里，发现大大小小的店铺都已经关门歇业。原来，今年腊月没三十，二十九就是除夕。

回到家里，清锅冷灶。只得与亲家联系，凑到一起过年。

2016 年 2 月 12 日，农历正月初五。

李保国赶到张家口市赤城县，对果农进行苹果树花前修剪培训。

而后，他直奔岗底村，继而又在平山、邢台、阜平、临城、行唐以及沧州、廊坊、秦皇岛之间奔走。一连十几天，辗转穿梭在太行山和燕山山区的沟沟壑壑之间。

……

从 3 月 9 日开始，连续一周时间，他在滦平县和承德县进行苹果产业园建设规划。

每次上山时，他总是不时地停下来擦汗，嘴唇乌青，气喘吁吁："你们先走吧，我慢一点。"

李保国是犟脾气，一辈子不服软。这一次，却在人前示弱了。

3 月 31 日，他再次赶到绿岭集团。

绿岭集团技术总监陈利英很是吃惊："您这几天怎么瘦得这样厉害？脸又黑又瘦。"

李保国笑笑说："整天在外边跑，晒的。再说，本色黑。"

中午，陈利英准备安排他休息。

他说："不用了，以后我再也不会发困了。我终于发现了一个好东西！嘿，这东西真提神。"

说着，李保国像变戏法似的从衣兜里掏出一个小袋子，高兴得像个孩子，向着陈利英摇晃。

陈利英接过来看看，却是一小包普通的速溶咖啡。

一刹那，陈利英再也压抑不住，眼泪一下子涌上来。

堂堂的博士生导师、大学教授，已近花甲才刚刚发现：原来咖啡是可以提神的。

4 月 8 日上午，李保国从顺平赶回保定。

没有回家，直接召集课题组成员进行讨论，为第二天在石家庄召开的"河北省山区苹果产业技术创新与示范体系建设""河北省山区核桃产业技术创新与示范体系建设"和"河北省山区特色杂果产业技术创新与示范体系建设"三个项目验收会做最后的准备。

中午没有休息。妻子一手拿药，一手端水，催他服用。

他嫌麻烦，让妻子把药放在桌上。

直到下午 3 点钟开完会，他也没有服药。而后，开车直奔石家庄。

到石家庄后，连夜准备会议事宜。

其间，他不停地擦汗，嘴唇乌青。一丛十几天没有修剪的胡须，更显得杂乱……

4 月 9 日，上午主持项目验收会，下午又到省农科学院，参加果树节水灌溉研讨会。

会议结束，立即返回保定。

到家时，天已经黑透了。晚饭，一碗小米粥。

在这一顿最简单的、最后的晚餐过程中，他接听了 5 个电话。电话多数是果农打来的，咨询技术，约他现场指导。

晚上 9 点多，李保国与周岱燕通电话，商议红树莓系列产品上市事宜。最后，他十分兴奋地说："我们很快就能用上自己的产品了，哈哈！"

……

4 月 10 日凌晨 2 点，他挚爱的妻子，突然被异常的呼吸声吵醒。

马上打电话！

救护车呼啸着，将他送往就近医院。

但是，一切为时已晚！

李保国，就这么悄悄地离开了。这么突然，这么匆忙！

……

入殓时，学生们说，老师一辈子风尘仆仆，土头土脑，一副农民形象。可他是教授啊，是高级知识分子啊，就给他穿一件像样的衣服吧。

可他的妻子，那个最懂他的女人，却说："不！保国的本色不是教授，是农民！还是让他穿着那一身农民衣服，穿着那一双登山鞋，上路吧。”

至于他那一丛特殊的胡子，妻子更不让刮掉。

这些年，随着年龄增大，他的胡子已经花白。每每出席重要会议或重要场合，他就刮刮胡子，打上领带，穿上皮鞋。这时候，打开电脑，侃侃而谈，他是学识渊博的教授，是业界公认的专家。

但大多数时候，他仍是不舍得把亲爱的胡子们全部刮光啊。他总说，刮光胡子，似乎就不接地气了，感觉和乡亲们说话也不亲热了。

于是，他便仍沿用大半生的老习惯，用小剪刀或大剪刀修剪，只是更加精心了。

那是他的标志，那是他的通行证。还是让他以这样的形象，走进黄土地，走向他最热爱的父老乡亲，走进他最亲爱的太行山吧。

于是，他的妻子，用修剪果树的剪刀，最后帮他修剪了一下胡子。

……

那一天，他的 60 多个研究生，全部从全国各地赶来，齐齐地跪倒在他的灵前，以这种最庄严、最虔诚的仪式，送别他们的恩师！

不唯学生，太行深山里，邢台前南峪村、内丘岗底村、平山葫芦峪、临城绿岭广场、阜平烈士陵园，百姓们自发地为李保国设办分灵堂。

他的遗像前，摆满了他亲手培育出来的最好的苹果和核桃。

数千名果农，化纸焚香，齐齐地跪向北方。

那是保定的方向，那是北京的方向，那是李保国的方向！

参加追悼会之后，我专程赶往河北农业大学，拜谒了他的家。

他的手机，仍旧放在枕头旁，开着机，闪闪烁烁。

那是他的眼睛，他的耳朵，仍然在谛听着大山的声音、大地的声音、农民的声音……

《金银滩》创作谈

通过创作《金银滩》，的确收获很多。

过去我对“坝上”这一名词没有概念，只认为是一个高原或高处。这次，为了写德胜村，我认真研究了地理。这里处于蒙古高原向平原的过渡带上。打一个比方，好比炕面和地面的关系，这里处于炕面的边沿。农村炕面的边沿，一般要高，且在这个边沿上又放了一个枕头。而张北坝上地区就处于这个枕头之上。这里虽然离北京很近，但海拔相差太多，北京市海拔43米，张北则是1600米；两地气温相差也悬殊，张北的冬天，气温可达零下35摄氏度。

说到冷，感受酷寒，也是我的一个收获。人生50多年，身在北方，却从没有在隆冬季节去过东北，从未体验过零下20多摄氏度的酷寒天气。为了创作本文，我第一次前往德胜村。本来想着多住几天，可根本待不住。那一天，气温零下29摄氏度，太冷了，深入骨髓的冷，冷得让人绝望。但我还是在那里住了三天。

因为冷，历史以来，这一带农民太苦了。过去只能种土豆和莜麦，连蔬菜也不能种植，因为长不熟。

就是这么一个自然条件极端恶劣的小村，这几年在驻村工作队和党支部的带领下，通过种植优质土豆，大搞光伏产业，农民全部脱贫。其中很多故事，简直就是整个中国农村告别贫困的缩影。

在写作时，我也煞费苦心。

小村很大，故事很多，选什么？写什么？经过考虑，我选择了一户特殊人家，写他几十年来的脱贫奋斗史，写他这些年在经济上和精神深处的变化。

这户人家，其实就是总书记走访的那一户。

但我在写作之时，却故意避开这一点。因为，强调总书记的到来，强调总书记给小村带来的福分，就失去了普遍意义。

徐海成，是一个最普通的中国农民。他不是党员，也不是干部，连一个小组长也不是。他文化程度不高、眼界相对狭窄、家境异常困窘、心态陷入失望。精准扶贫政策实施以来，他参加了现代农民培训，开始学习种植优质土豆，并将土地流转出来，架起了一片片银光闪闪的光伏板。命运，在不知不觉中发生着细细碎碎却又轰轰烈烈的改变。一颗颗饱满的土豆，金光闪闪、丰丰盈盈；一片片明亮的光伏板，银光烁烁、财源滚滚。

我要通过这一户农民几十年的人生经历，洞穿中国农村，洞穿中国农民的脱贫史。

这个小村还有一个特点，就是与丁玲当年创作《太阳照在桑干河上》的暖水屯村相距不远。丁玲当年的背景是土改——农民分田分地，即农民把地主的土地平均出来；而这次的背景也是土改——新土改，即把分散在农民手中的土地集中流转起来，进行大户经营。这种新型大户即新地主，却是新时代的先锋人物。

书中，我对这些都进行了不动声色的描写，虽然不作评论，却是在悄悄地书写新时代的变迁。

这部作品除了思想意义之外，我在艺术上也力求创新。

我专注于徐海成和他一家人，细密且深层地描写他为了摆脱贫困的几十年奋斗历程。虽然表面是写他一家人，其实是写一个地域。所以，为了突出效果，我对张北县的地域文化，从地理、气候、风俗上进行了深入研究，并对下煤窑、打土墙、做豆腐、开汽车、种甜菜等生活场景，也进行了模拟学习，描写时尽量做到生动形象，鲜活逼人。

同时，我设计了小切口、大主题两条线。一条是徐海成的农民奋斗史，另一条是人类和全世界的脱贫史。两条线相互映衬，写出了徐海成的成功是新时代的成功，是大环境的胜利。

另外，我还试图写出自己的各种感觉：冷的感觉、饥饿的感觉、大风吹打的感觉、太阳暴晒的感觉、风车转动的声音、光伏板随太阳转动的声音、土豆成长的声音……这些，在书中都有着看似平平静静却又是别有用心的叙述。

总之，我就是要通过描写这位农民及一家人内心世界的痛苦与坚定、犹豫与自信、失望与新生，写出新时代中国农民的变化，中国农村的变化，中国社会的变化，为这场空前绝后的伟大的精准扶贫战略留下一部具有史志意义的真实、生动、震撼的纪实文学力作！

金银滩

（百花文艺出版社 2020 年 11 月出版）

一

老人言：煤黑子好，煤黑子坏，缺胳膊断腿小菜菜。

徐海成与工友一前一后走在地下 1500 米的煤层巷道里，突然“哐当”一声巨响，脸上霎时一片辣热。

走在前面的工友，被砸倒在地。

原来，一辆满载的煤斗在升井过程中，牵引机钢丝绳意外断裂，煤斗瞬间滑落。

工友们七手八脚地抬开煤斗。这名来自南方的工友，被拦腰斩断，惊恐地张着嘴，瞪着眼。

徐海成刚到煤窑打工时间不长，虽然知道时常发生伤亡事故，但眼睁睁地看着工友被活活砸死，还是第一次。

他内心突突，瘫软在地。脸上，溅满鲜血和碎肉。

收拾遇难者尸骨。徐海成默默扛起一条腿，战战兢兢地回到地面……

1965 年 9 月，徐海成生于河北省张北县小二台乡德胜村。

这里位于内蒙古高原南缘的坝上地区，夏天烈日，冬季酷寒，常年大风，干旱少雨，到处是粗砺贫瘠的荒滩，连最普通的萝卜和白菜也不能种植。勉强存活的农作物只是莜麦、亚麻和土豆等少数几种。

生活在这里的人类啊，不啻是苦难的代名词。

母亲育有 6 个子女，长子和次女先后因贫病交加而夭折。徐海成和哥哥、弟弟、妹妹磕磕绊绊，勉强成人。

两间摇摇欲坠的土坯房，一盘敦敦实实的大土炕，是一家人的主要财产。

一天只做两顿饭，柴禾金贵，不舍得多烧，因此土炕温温吞吞，到了半夜，彻底冰凉。清晨睁开眼，屋里的墙壁上结了一层冰壳，水缸、尿盆，全都冻成了冰疙瘩。

做早饭的时候，屋里有了薄薄的温热。墙上的冰壳融化了，淋淋漓漓地淌下来，像孩子们擦不净的鼻涕。

徐海成四五岁之前，所有的见识只在小村之内。直到 8 岁那年上小学，他对外面的世界仍然知之甚少，所以对课本上的知识，理解起来困难重重，因而接连蹲班，直到 18 岁才初中毕业。

1983 年，他初中毕业后，独自到邻省的私营小煤窑打工。他暗暗发誓，再也不回这片寒冷饥饿的荒滩！

……

夜里，徐海成时常被噩梦惊醒，血腥恐怖的场面，总在他眼前晃来晃去。

他多次下决心离开煤窑，回家。可是，一想到家乡的饥饿和贫穷，肠胃便条件反射般地痉挛，不得不硬着头皮干下去。

贫穷面前，金钱是第一选择，甚至不惧死亡！

二

癞蛤蟆想吃天鹅肉，肚皮朝天瞎思慕。

到了成家的年龄，徐海成也常常心怀相思。然而，由于家里贫困，对漂亮女孩的向往，只是妄想。

果然，亲朋好友先后为他介绍了几个女孩，都是因为他家贫穷，拒绝了。

1987 年春节前，徐海成放假回家。表姐为他介绍了邻村一个名唤裴秀平的姑娘。

双方相看后，裴姑娘倒是表示同意，只是她家条件更是艰难，哥哥患有白血病，需终年买药治疗。

徐海成与父母反复商量，最终还是应下了这门亲事。

当时本地定亲，彩礼普遍是 480 元钱加三大件——自行车、手表和缝纫机。

裴秀平却向徐海成索要 680 元钱和六大件——两辆自行车、两块手表、两台缝纫机。

为什么要双份呢？

裴秀平多要出一份，原本是想当作哥哥定亲时的彩礼。后来哥哥病情越发严重，她便把这些彩礼全部卖掉，为哥哥治病。

……

徐海成不敢讨价还价，只能按照女方要求，一一置办。

1987 年农历十月十九，徐海成结婚成家。

婚后第三天，父母便与他分家。8 亩薄田、2 间土坯房、4 双筷子、3 只碗和 5 碗莜麦面，便是这个小家最原始的启动资本。

眼看到了年底，虽然徐海成也贪恋新婚的甜蜜与幸福，也渴望潇洒和浪漫，但过日子需要钱啊。因此，婚后第七天，他便匆匆返回打工的煤窑。

年前两个多月，他挣了 200 多元钱。

回家之前，他为妻子买了一瓶雪花膏。这是妻子有生以来第一次使用如此奢侈的化妆品，欢喜得无以复加。

第二年腊月，妻子生下一个女儿。他早早回家过年，伺候月子。在家待了一个多月，他吐出来的仍然是浓浓的黑痰。

的确，煤窑里的环境太恶劣了。而且，伤亡事故仍然频频发生，他先后抬过、背过、扛过 10 多位遇难工友的尸体。

虽然他对此已经见多不怪，但还是经常噩梦连连。于是下定决心，另谋生路。

三

1993 年夏天，徐海成回到家乡。

本地一家水泥瓦厂正在招工，但由于又脏又累，应者寥寥。徐海成上前探问，对方欣然录用，被安排做拖瓦工。实行计件工资，拖一片瓦，挣 1 分钱。

工友一天拖 230 片，他拖 300 片。

水泥瓦只能夏季生产，霜期一到，立即停工。

停工以后，他又开始学做豆腐。而且，还买来牛羊猪鸡饲养。虽然只是零散养殖，但多多少少，总有收入。

1994 年秋天，他买了一台拖拉机，在为自家耕种的同时，也为乡邻们打工。

日子黑黑白白，生活匆匆忙忙。

1997 年 10 月，他们的二女儿徐亚茹出生了。

由于太忙，妻子早早为女儿断奶。她无暇给孩子们梳头扎辫子，因此两个女儿全被剪成了小子头，一直到读初中，才允许留长发。

女儿们对此一直耿耿于怀，嫌妈妈没有审美细胞。

的确，妈妈向来朴朴素素。特别是农忙时节，衣服上满是泥土，有时还粘着柴草枝叶。头发也乱蓬蓬的，总是一副风风火火的模样。

……

沙砾遍布的田地里，孱弱枯黄的莜麦和亚麻，收成可怜巴巴。土豆呢，已经种植了几百年，由于品种老化，加之缺肥少水，结出来的果实又小又丑。

夫妻俩奋斗打拼 10 余年，仅仅温饱而已。

靠传统模式种田发家，痴心妄想！

2004 年，徐海成借遍亲朋好友，凑足 3 万元，买了一台二手农用汽车，准备跑运输赚钱。

四

徐海成往来北京与张北两地，贩运水果和蔬菜。

几年前，河北农业大学专家在坝上地区试种蔬菜获得成功。贫瘠的荒滩上，终于长出了萝卜和白菜。

他把本地蔬菜运往北京新发地农产品批发市场，返程时运回水果。有时候，两地之间有客户运送货物，也可以赚取运费。

有一次，他帮一家客户运防盗门回张北。汽车是六轮双轴，核载两吨。为了多赚钱，他装了 7 吨货。

刚驶入北京五环路不久，“嘭”的一声，汽车右后内侧轮胎爆胎了。

换好备胎，行驶不足 10 公里，后轴的两只轮胎也先后爆破。

在前不着村、后不着店的高速公路上，徐海成顿时心凉如冰。

这台车故障层出不穷，徐海成先后为其换过 4 根传动轴、大修过发动机、磨过曲轴、换过 20 多只轮胎。仅修车费用，累计投入 3 万多元。

每次修车，徐海成为了省钱，只是将就了事。车况不佳，又严重超载，因而更是导致故障频发。

他没有机动车驾驶证，先是雇用司机，后来因为费用太高，辞退了。随后花费 4800 元，托人在外省办了一个驾驶证。

2005 年 3 月的一天，他从沽源县闪电河蔬菜批发市场装载 6 吨菜花，运往张北县一家冷库。

近来，由于汽车发动机润滑系统密封件损坏，机油频频渗入发动机燃烧室。这种现象，就是通常所说的“烧机油”。

“烧机油”会造成发动机燃烧室积灰等不良影响，进而引发整个发动机系统损坏。虽然知道隐患严重，但为了省钱，也为了赚钱，徐海成就一直拖延时间，没有维修。

那天行驶途中，“烧机油”的状况猛然加重。由于润滑系统油压降低，供油量减少，发动机传动部件得不到应有的润滑效果，摩擦力大增，发动机温度急剧升高，随时都有可以发生“拉缸”“粘缸”，甚至“抱轴”等严重事故。

徐海成立即降低车速，缓慢前行。

他一边开车，一边拿出手机，打电话联系修车师傅。

由于注意力分散，汽车突然驶向路边的深沟。

虽然车速低，但因为严重超载，车身强大的惯性导致刹车系统未能起到应有的制动作用，所以连人带车扎进水沟，撞破冰层，钻入冰窟。

……

汽车彻底报废了，所幸冰层起到了一定的缓冲作用，司乘人员只是皮肉受伤，并无生命危险。

徐海成没有购买车辆保险，所有损失完全由自己承担。

倾家荡产！

他高价购买的汽车驾驶证，也被吊销了。

五

从下煤窑开始，徐海成左冲右突打拼 20 多年，受尽磨难，苦水尝遍，最后还是以惨败告终。

经过多年的闯荡与磨砺，虽然没有赚到钱，但他的眼界开阔了、思想活泛了，从农田中看到了新的机遇。于是决心重返土地，靠科学种田发家致富。

他家有 24 亩责任田，又租了 80 多亩地，种植白萝卜、甜菜和土豆等经济作物。

不同品种的萝卜对气温、光照和土质要求各异。

徐海成仔细选择最适合坝上环境的萝卜品种，而且对萝卜播种、苗期管理、定植要求、成长期水肥施用等，也进行了认真系统的学习。

这一年，他种植的萝卜品种是“汉白玉”，长势喜人。到了收获季节，行情也很可观——收购价是3毛钱一斤。

那天傍晚，徐海成得到消息，说第二天是外地客商在小二台乡收购萝卜的最后一天。于是，他与妻子连夜来到大田里，抢收最后一批萝卜。

5亩大萝卜，总产量至少5万斤，能卖15000多元呢。

徐海成与妻子开玩笑说，以前真是捧着聚宝盆讨饭，早知道种菜能赚钱，又何必拼死累活地去跑运输呢？

夫妻俩一边干活一边算账，越算越欢喜，越算干劲儿越足，凌晨时分，5亩萝卜竟然快拔完了。

萝卜出售之前，必须洗净泥土。

妻子负责清洗，徐海成装袋装车。

坝上的深秋时节已是寒冷异常，小河结冰了。妻子把冰砸开，在冰水里洗萝卜。

河水冰凉刺骨，不大一会儿，手就被冻得麻木了，手指不能伸缩。她把手伸进衣服里，放在腹部暖一暖，等有了知觉再洗。如此反反复复，冰得胃疼痛难忍。

虽然双手冰冷，可她的内心里却有一团火热。洗出来的萝卜白净光洁、晶莹剔透，真像汉白玉呢。可不嘛，那就是“玉”、就是钱啊。

……

装满一车了，徐海成兴冲冲地运往小二台乡收购点。

路上他暗自盘算，这车萝卜有4000多斤，能卖1200多块钱……

然而，到了收购点，他火热的内心，顿时冰凉。

由于天冷，萝卜结冰了，冻成了废品，冻成了垃圾。

收购商拒收，只能白白扔掉！

徐海成像梦游一样，迷迷茫茫地开着拖拉机，回到田里。

妻子得知消息，颓然坐在河边的泥水中，双手捂着脸，久久不语……

市场风大浪急，零散种植户时常“翻船”“呛水”。

种植甜菜呢，不仅异常辛苦，而收成也是不尽如人意。

几百年来，坝上人种植土豆，都是自留薯种。品种原本不佳，又经过反复重茬种植，因而退化严重，不仅产量低，而且品质差。

科技进步了，新的土豆品种不断被培育出来。徐海成根据本地气候和土质特点，精心选种，科学种植。虽然收成喜人，但收益并不理想。

他了解到，种植种薯，收益率较高，特别是微型薯，赶上好行情，能够发家致富。

微型薯，是第一代种薯，被称为商品土豆的“爷爷”。微型薯再次种植，收获的是第二代种薯。第二代种薯的“儿子”，便是我们日常食用的商品土豆。

可是，种植第一代微型薯，需要建大棚，投资甚巨。而且，其管理复杂，没有技术人员现场指导，难以掌握。加之市场行情起起伏伏，风险多多，徐海成不敢贸然尝试，只是唏嘘感叹。

第二代种薯是大田种植，管理相对简单，收益率也高于商品土豆。于是，徐海成试种第二代种薯。

他像一个颇有心机的彩民，不停地猜测着下一期的中奖号码。他的大脑，像一台飞转的雷达，时刻不停地注视着市场的风吹草动。

可市场是一个脾气怪诞的家伙，哪是他一个小老百姓能够轻易猜透的？

六

2008 年，徐海成的大女儿考取青岛滨海学院，每年的学杂费和生活费，需要 3 万余元。

他家养有 5 头牛、20 多只羊，只能每年卖牛卖羊，补贴女儿读书。

虽然他试种第二代种薯获得成功，但单枪匹马，抗风险能力薄弱，赔赔赚赚，仍是在贫困线上挣扎。因此，女儿大学毕业的时候，家里的牛和羊全都卖完了，还欠下了 2 万多元的外债。

他时常痛恨，恨自己流年不利。

由于种田太多，整天起早贪黑，风餐露宿，加之徐海成的妻子洗萝卜时总在腹部暖手，肠胃反复受凉，因此落下病灶。

阴险的黑色毒菌像蚂蚁、像蜜蜂，在她的胃部结巢钻营，攻城略地，繁衍扩张，悄然间侵占了整副胃囊。

胃部时时隐痛，但由于家庭困难，她不敢声张，只是默默承受。时日长久，她像入秋后的荒滩，形容枯槁，虽然只有 40 多岁，但满脸褶皱，看上去比实际年龄至少衰老 10 岁。

拖延至 2015 年春天，已是形销骨立，弱不禁风，甚至一度无法起床。万不得已，她才去医院做检查。

医生根据她的胃部造影诊断：糜烂性胃炎。胃黏膜脱落，胃壁损伤严重，随时都有穿孔危险。

胃壁一旦穿孔，消化液进入腹腔，将引起腹腔化学性感染，严重情况下会出现感染中毒性休克，万一抢救不及时，性命不保。

她吓坏了，以为自己必死无疑。两个女儿虽然都已经长大，但还没有成家。特别是小女儿，还在读高中。自己撒手西去，心有不甘。

没钱治病，她的姐姐借给 1 万元。

这些钱如果住院治疗，几天就花完了。于是，她自作主张，买中药，回家调理。

医生叮嘱，平日里要吃一些容易消化的食物，而且要经常喝鱼汤、鸡汤或排骨汤之类，增加营养。

可是，她连鸡蛋也吃不起，何况鸡鸭鱼肉呢？

2016 年夏天，小女儿考取邢台市医学高等专科学校，学费与吃喝穿用，每年需要 2 万多元。家庭负担，再次加重。

徐海成虽然愁苦，却也欣慰，毕竟女儿如他所愿，走出了农村，脱离了这片土地。

七

最早的巨变，来自风。

大约是 2014 年春天，村里来了一个施工队，说是要建风力发电站。张北县境内常年平均风速 6 米 / 秒，而且光照时间长，每年达 3000 多个小时，适合发展风电和光伏产业。

随后，一座粗粗壮壮的铁塔竖起来了，巨大的风车叶片缓缓地转起来了。

村民们瞪着惊奇的、大大小小的眼睛。咦，这令人讨厌的西北风也能发电，也能赚钱？

忽如一夜之间，坝上地区的山山岭岭、沟沟坎坎，全都疏疏密密地竖起了风力发电机组。

风力发电机组集阵，像一尊尊威武的巨人，吞云吐雾。风车叶片搅动蓝天白云翻滚，扭转了这方土地的乾坤，显然也转动了当地百姓的大脑！

看着村头的风力发电机，徐海成朦朦胧胧地觉得，一个新的时代到来了。

2015年，来自河北省工信厅的扶贫工作队进驻德胜村。

全县所有被精准识别为贫困村的村庄，也全都驻进了来自省、市机关单位和大型企业的扶贫工作队。

2016年秋天，驻村扶贫工作队在村委会的院子里，开始试建100千瓦扶贫光伏电站。

当年初冬，这座神奇的光伏电站建成，随即并网发电，效益喜人。

2017年初，亿利集团应当地政府邀请，进驻德胜村，投资4.5亿元，流转草地和荒滩2640亩，投建5万千瓦集中式农光互补扶贫电站。

电站光伏板下的土地可以二次利用——光伏板下为高3米、行间距5米的钢结构支架。支架下不仅不影响农作物生长，而且常规农业机械也可以正常使用。这样一来，大大提高了土地利用效率，能够实现多产业优势融合。

电站流转的旱地每亩年租金450元，水浇地550元，比种庄稼收成还高，而且旱涝保收。因此，光伏电站被村民们称为铁杆庄稼。

徐海成家其中的18亩地流转给了电站，年租金7500元。

光伏电板，像一张张银光闪闪的笑脸，追逐着阳光、追逐着希望。被坝上人诅咒了上千年的烈日，不仅为村民们带来了财富，还为小村、为城市带来了光明和温暖。

在电视画面上看着北京、上海夜里璀璨的灯光，听着大小工厂的机器轰鸣，想着疾驰的地铁和动车，徐海成忽而觉得，远方城市的用电，说不定就产于自家田地里的光伏板。

嘿，这个小村，也是世界的中心呢。

八

德胜村的胆子大了起来。

他们在扶贫工作队的支持下，争取扶贫项目资金，在村南的土地上建起了280个温室大棚。贫困户优先承包，每个大棚年租金2100元。

徐海成顿时热血沸腾，自己渴盼已久的机会终于到来了。于是承包了6个大棚，全部用来种植微型薯。他之前摸索的科学种田经验，也全都派上了用场。

此时，他进一步见识了土豆的神奇。

浩瀚宇宙，大千世界，幽暗密室，亿亿万万。时代的大手，不断叩问，一个个密室，被訇然打开。谁能想到，在贫瘠荒滩上倔强生长了几百年的土豆，竟然也包藏着一个奇妙的世界呢。

科研人员从土豆枝叶上剥取细胞，进行脱毒，并对细胞结构实施人工改良，然后将其培养成单独植株，一个个全新的、品质优良的薯种就诞生了。

细胞培植在玻璃瓶中的营养基里，两周左右，便可生长为成品薯苗，被称为瓶苗。

瓶苗移植到大棚之前，先进行炼苗，以便小苗适应大棚里的生长环境。

植入大棚的小苗，像初生的婴儿，必须小心呵护，稍有不慎，就可能前功尽弃。

薯苗生长很快，由童年到少年，再到成年，不过短短几周时间。

长到第四周，小苗就开始怀胎了，根部结出了细细密密的“金豆子”。到了成熟期，拔出一棵来，下面就挂满了枣子大小的土豆。

可千万别小瞧这些土头土脑的小家伙儿，都是十足的金蛋蛋呢。

通常情况下，一粒20克左右的小土豆，能卖3毛钱。一个大棚约产13万粒，除去本钱，纯利润2万余元。

因此，虽然一个大棚仅仅6分地，但收入水平却远远超过传统种植的6亩地，甚至60亩、100亩。

……

微型薯收获以后，徐海成在本地一家正规驾校报考机动车驾驶证，学费2580元。

考科目一之前，他在手机上下载学习软件，认真学习。

虽然他有多年的驾驶经验，但对交通法律法规却知之甚少。

通过学习，他不断刷新着自己的认知，纠正着自己的观点。

最初模拟考试时，他总是出错，后来逐步提升，每次答题竟然均能得95分以上。

考取驾驶证之后，他又找出微型薯种植培训手册，仔细翻阅。而且，他还在手机上下载第二代种薯、商品土豆和甜菜种植技术等文章，遇有闲暇，精心研读。

这个粗枝大叶的坝上汉子，正在悄悄地、却又迅速地转变着，逐步走向规范，走向文明……

然而，2018年春天，由于市场行情不佳，微型薯滞销。

按照以往的经验，遇到此类情况，多半会血本无归。

然而，种植户们在政府的帮助下，不仅寻到了买主，而且还获得了不错的收益。徐海成的6个大棚，获利近4万元。

九

2018年春天的种薯滞销风波以后，德胜村村民们种植微型薯的热情骤然降低。

徐海成的信心也委顿下来。

微型薯最适合在高海拔、高纬度地区种植，经过再次种植生产出合格的第二代薯种之后，在全国各地进行大田种植，生产商品马铃薯。

位于坝上地区的德胜村，无疑是种植种薯的理想之地。而且，种植微型薯，也的确是一项理想的富民项目，只要行情稳定，种植户在短时期内就可以脱贫致富。

可是，种植户们各自为战，零散经营，市场上的任何不良波动，都有可能将他们打得人仰马翻。

就在村民们苦恼的同时，驻村扶贫工作队和村党支部一起，以最快速度引进了一家专门从事研发和培植微型薯薯苗的薯种公司，还有一家经营成品种薯的种业公司，并修建了一座占地 80 亩、储藏能力高达 3.6 万吨的种薯恒温储存窖，搭建了覆盖全国的种薯销售网络，形成了集微型薯研发、种植、储存、销售于一体的完整的产业链条。

当年，德胜村的微型薯年产销量约占全国的五分之一。

而且，德胜村的商品马铃薯还注册了“御富德胜”商标，并成功通过了国家绿色认证，德胜村入选第八批全国“一村一品”示范村。

徐海成再也不用担心市场风险了，于是准备放手一搏，大干一场。

他与两位朋友共同投资，在邻村建起了 22 个大棚，种植微型薯。

2018 年和 2019 年，徐海成的收入更是节节攀升，几年前的贫困户，已然阔步迈进小康生活。

他花 3 万余元，买了一台 454 型拖拉机；花 5.8 万元，买了一辆长安欧尚牌七座越野轿车；在张北县城，买了一套小户型的商品房……

终于在城市里拥有了自己的房子，实现了多年来的梦想。可他，已经离不开这片土地了。而且，小女儿徐亚茹大学毕业后，也被他动员回乡，供职于德胜旅游产业发展有限公司。

2020 年春天，徐海成与朋友共建的 22 个大棚，交由朋友种植蔬菜。而他自己，则在村里承包了 8 个大棚，种植优质微型薯。另外，他还在大田里种植了 20 亩商品土豆、20 亩第二代种薯、30 亩甜菜……

遇有闲暇，他便开着越野车，带上妻子和小女儿到县城逛商场、看电影、下馆子。

由于生活条件不断改善，加之平时注意饮食和康养，妻子的胃病已经悄然好转。她的脸蛋儿，越来越饱满，越来越红润。

那天，徐海成专门陪妻子到市里的影楼，补拍了婚纱照。

他说，要把当年结婚时欠妻子的浪漫补回来。他还说，年底要为妻子买一副 8000 块钱以上的金手镯……

仔细回想，他上一次为妻子买的礼物，竟然是结婚当年的一瓶雪花膏，距今已经 32 年。

亚茹与已在青岛成家的姐姐微信聊天时，发去了爸爸妈妈的婚纱照。

姐姐一再惊呼，原来妈妈也爱美，而且这么美。

姐妹俩的眼眶里，顿时浸满了泪花……

曾经贫困、灰头土脸的德胜村，如今已经脱胎换骨。

一座座低矮逼仄、摇摇欲坠的旧房子，变成了一栋栋宽敞明亮、时尚别致的新别墅。

村民原来的宅基地拆迁折现后，换购新民居，多退少补。

徐海成家的房子虽然破旧，但院落占地面积较大，估价 32 万元。新建别墅楼呢，造价 28.8 万元。因此，他不仅拥有了一套两层共计 150 平方米的别墅楼，还获得了 3.2 万元的补贴金。

……

千百年来贫瘠的荒滩，种上了铁杆庄稼，村民衣食无忧；勉强生长庄稼的薄田，建成了温室大棚，种植微型薯，足以发家致富。

大棚像太空舱，像试验室，试种土豆良种，探索着中国农业和农村的未来……

徐海成突然明白，自己先前之所以屡试屡败，是因为时机未至。就像一粒冰封在土地里的种子，无论如何努力，都不可能生根发芽，只能等到春天到来。

显然，徐海成的春天来了。而这春天，不仅属于徐海成，不仅属于德胜村，也属于坝上，更属于全中国。

坝上高原，曾经一望无垠的贫瘠荒滩，在新时代的风抚雨润下，变成了流金淌银的、名副其实的金银滩。

放眼全国，一个个曾经荒僻的小村，也已经脱去厚重的冬衣，正在一路高歌地走进明媚的春天……

《初心》创作谈

全国优秀县委书记和时代楷模廖俊波，可算是精准扶贫战线上的一个典型人物。

2017 年 3 月，廖俊波去世，很快在全国引起巨大反响。当时，我参加中组部、中宣部联合组成的采访小组，赶赴福建南平，深入调查采访。

多年来，我曾采访过许多典型模范人物，但廖俊波给我的感觉更为特殊和震撼：干净、干事、专业、担当，而且极具人情味儿。他，正是我们这个时代最需要的党员领导干部！

的确，在这个开放、多元且相对复杂、浮躁的社会里，他实在是一个不折不扣的实干家，完全凭借自己的实干和实绩，一步步走上领导岗位；他对党、对国家、对父老乡亲充满真情，所以时时有干劲、有激情、有梦想；他善于学习、科学决策，具备厚实的专业素养，是一位学者型干部，因此在信息化时代里如鱼得水、游刃有余；他真正地做到了廉洁自律、清正无私、勤勉担当，是一位让党放心的好干部。唯其如此，他才能在各个岗位上都能做到雷厉风行、无所畏惧，从而立竿见影、旗开得胜，做出显著成绩；他才能在短短几年时间内，使一个位于全省之末的贫困县发生了翻天覆地的变化，开创了一个全新局面！

廖俊波的成长和成功，也从另一个角度说明了德才兼备是青年干部成长的通途。他出身于农村，天资一般，学历不高，原本只是一名乡村教师，应该说是一个完全的“草根”。只是依靠自己的勤奋与美德、才华加实干，他才进入了组织的视野，通过干部程序的自然优选，从而一步步成长和成熟，走向更高一级的平台，成为受到中共中央隆重表彰的全国优秀县委书记。

正是带着这些思考和激情，我创作了短篇报告文学《初心》。

这篇作品发表于《人民日报》2017年9月27日。让我没有想到的是，在发表的前一天，中央电视台《新闻联播》节目里，对这篇作品发表的消息进行了预告，不少朋友打来电话，表示惊奇。

的确，这种现象，应该是极其罕见的。

初　心

（发表于《人民日报》2017 年 9 月 27 日副刊）

一、乡村教师

其实，在24岁之前，廖俊波并没有什么政治理想。他的愿望，只是当一名合格的乡村教师。

1968年7月，他出生于南平市浦城县一个偏僻农村，父亲是一名公社办事员，母亲是一位民办教师。家境呢，虽比赤贫略好，只是聊以温饱。

他的天资，似乎并不突出。中学期间留过一级，首次高考又名落孙山；而且复读一年，也只是考取一所普通高校——南平师专物理系。

或许因为年龄大，成熟早，表现好，他被推选为系学生会主席。正当校方看好，准备培养他担任校学生会负责人时，他却有了新的目标，那就是同班女同学。他热烈地追求，颇有爱美人不爱江山的决心。学校并不提倡恋爱，尤其是他这么一位引人注目的学生会干部。奉劝再三，情志依然。于是，组织上叹息着，放弃了对他的进一步培养，只是任命他为校学生会保卫部部长。

大学毕业，他毅然背井离乡，投奔女友的家乡——邵武市。

没有任何背景，不懂社会，更不会走关系。当年，这对情侣竟然没有分配在一起：女方到城外60公里的一所最偏僻中学，而他落脚的乡中，距离邵武也有30公里。

对于热恋中的他们，这是最糟糕的分配结果。但他十分知足。

执教之初，他便担任初二年级班主任。

他备课有一个习惯，喜用红笔和黑笔。黑笔用来写正稿和主体，是关键点和知识链；红笔用来修改和补充，是延展和花絮。黑红相间，工工整整，既有枝有干，又有叶有蔓。上课呢，除了严正的讲授，多采用快乐教学法和激励教学法。整个课堂，时而蓝天丽日，时而杏雨霏霏，时而鱼翔浅底，时而鹰击长空；春园芳草，日日见长；秋蚕食桑，夜夜育肥。

校长姓刘，特别喜欢这个勤奋而又阳光的年轻人，却又发现他生活的困局：每个周末，都要骑自行车去探望女友，太远了，太累了。于是，刘校长悄悄地、主动地向教育局申请调入。

很快，一对情侣终于团聚。

内心的挚爱，组织的关怀，使他的热情之火愈加白亮。

学校有 500 多名寄宿生，生活管理极其烦琐。廖俊波却主动要求担任宿管老师。每天早晨 5 点开始，组织跑操、晨读和早餐；中午监督午餐和午休；晚上最需操心：夜自习严禁外出，闭灯睡觉更要保证准时和安静。琐琐碎碎，凌凌乱乱。他却乐此不疲，津津有味。

教室通往宿舍的小路上，碎石堆积，野草丛生，偶有毒蛇出没。他发动学生，义务劳动，搬走石块，铲除杂草。半个月后，一条整洁平坦的甬道出现了。

两年后，毕业考试，他的班居然名列片区第一！

刘校长看着这个外地小伙子，煞是惊奇。他身上，确乎有着一种特殊的魅力。

恰在这时，乡政府请刘校长推荐一名文笔好、品行优的年轻语文老师，调去工作，培养担任办公室主任。

刘校长陷入苦恼，选谁去呢？

有几位年轻语文老师，虽然文笔不错，但颇为懒惰：早晨赖床，常常耽误早操和晨读，甚至上午第一节课，也需要自己拍门催促，总是牵肠挂肚。这样的素质和作风，怎么能干好政府工作呢。

综合考虑，还是选定廖俊波。虽然他是物理老师，文笔略差，但综合素养高，可塑性强。

这天夜里，刘校长严肃地找他谈话，并以长辈的口吻，真诚相告：以他的潜质，应该选择一个更宽大的舞台，更适合的岗位。

青涩涩的廖俊波，热恋中的廖俊波，若有所悟。他感激地看着校长，看着组织……

二、一镇之长

拿口镇，是廖俊波主政的第一块试验田。

1998 年 9 月，他被任命为镇党委副书记、镇长。

拿口镇位于城东 36 公里，当时刚刚遭受一场百年不遇的水灾，房屋倒塌严重，894 户 3843 人无家可归。

大灾过后，当务之急是建房。红砖紧俏，当地个体户借机抬价，砖价比过去高出两倍。面对歪风汹汹，他通过组织，马上联系，用火车从外地调运红砖数 10 车皮。

外来红砖入赘，骤然稳定市场！

他，第一次感受到党和政府正能量调控的巨大优势。

短短时间，建造楼房 102 栋。春节之前，全部灾民迁入新居。

农民收入偏低。他深层调整农产结构，推广种植烟叶，倡导多养鳗鱼。两年之内，烟叶种植面积由 1000 亩扩大至 6000 亩，鳗鱼养殖水面达到 1000 亩，使全镇农民年收入平均提升近千元。

小镇财政寡淡。他充分调研后，果断改革财税体制，对镇属电站和集体竹山进行重新竞争承包，使镇财政每年增收 70 余万元。

在此期间，廖俊波最大的贡献，是创建工业园。

乡镇建造工业园，整个南平市前所未有。但他经过反复考察，决定打破这个先例！

首先规划 600 亩的园区平台，总体设计，分批开发。针对具有当地资源优势的竹木加工、工艺品、竹炭、矿产加工等行业，进行重点招商。

经过几年深情呵护，热情服务，这个工业园竟然迅速发展起来。

他离任之时，已经落户企业 27 家，工业税收达到 260 万元。

正是这个工业园，使拿口镇一跃成为邵武市名列前茅的经济强镇！

在拿口镇，谈起廖俊波，人们总要说到一条路。

拿口镇是由两个乡镇合并而成。由于原朱坊乡的 20 多个村庄地处偏僻，没有一条硬化公路，致使 1.3 万名村民苦不堪言。但通村公路不在国家计划之列，没有政策资金补助。

一条路，关乎一方土地的未来，更关系到两个片区群众的和谐。廖俊波经过综合考虑，决定修筑这条民心路。

但问题接踵而至：修柏油路，还是水泥路？

全路总长19.6公里、宽7米，柏油路需要400万元，但寿命较短；而水泥路，则需要 600 万，如果质量有保证，可使用 20 年。

他果断选择后者！

困难，困难，党委解困，政府克难！

除了镇政府自筹和贷款，资金还有不小缺口。他捐出一个月工资，动员全乡干部和教师捐款，并游说当地企业家赞助，然后又四处奔波，苦苦化缘。

终于，筑路资金基本凑足。

他日夜值守现场，协调监督施工质量。

铺路的石子大多从河中捞出，粘满泥沙。他主张对石子统一“洗澡”。

现场工程师嘲笑他多此一举。

他是物理老师出身，明白在混凝土硬化过程中，凝结物之间的杂质容易产生裂缝。这些微裂纹，虽然肉眼难辨，却是质量隐患。

于是，在他的严正坚持下，工人用高压水枪对全部石料进行仔细冲洗。

2000 年 12 月 26 日，公路终于通车。

当天上午，数百名群众自发地涌向乡政府，敲锣打鼓，点鞭放炮。最引人注目的是几十位白发苍苍的老翁和老婆婆，从家里拿出铁锅和脸盆，用铁勺拼命地敲击着，高喊着，脸上全是笑容和泪水。

霎时间，他泪流满面。

对于共产党的干部，什么是为人民服务？什么是信仰？什么是动力？什么是目标？

这就是目标！这就是动力！

难道，我们还需要别的什么动力吗？

多年过去了，这条公路至今未曾损坏，仍然在坦坦荡荡、扎扎实实、日日夜夜地为这片土地服役……

三、共享荣华

独骑勇闯荣华山，是廖俊波生命中的又一段传奇！

拿口镇工作 5 年，年年考核全市第一。2004 年 2 月，他被选举为邵武市副市长。在这个岗位上，他率先提出建设专业化产业平台，并主持创建占地 26 平方公里的省级循环经济园区和南平市最大的化工基地——金塘工业园，使全市规模工业产值三年几乎翻番。2006 年 5 月，他调任南平市政府副秘书长，协调工业和城建系统。

此时，南平市为了突破发展瓶颈，决定在闽浙赣交界浦城县仙阳镇的荣华山一带，上马一个工业园区。

2007 年 10 月，廖俊波被任命为荣华山产业组团管委会主任。

从地理位置上看，荣华山位于福建最北端，紧邻浙江和江西，位于长三角、珠三角和海西三个经济圈的叠合部，的确是一块天然的聚财和吸金宝地。

但当时，它却是一片荒山，没有平地，没有规划，没有人员。

更重要的是，市委、市政府授权他的启动条件，只有一个人、一部车和 2000 万元包干经费。

所需人员，只能从当地政府机关借用。而办公场所，只好租用附近农村的五间小房。

真是白手起家，平地创业啊。

不，没有平地，因为每一寸平地，也都需要开辟！

实在难以想象，4 年时间，廖俊波投注了多少智慧和心血。

一组数字为证：

铲平山头 13 个，新造平地 3732 亩，完成征地 7000 余亩。

签约项目 51 个，开工项目 23 个，前期投资 28.03 亿元。

……

最苦最累的，是他的汽车，4 年时间，行程 36 万公里，平均每天竟然要跑 250 公里！

一部崭新的汽车，跑成了老旧，而一个年产值近百亿元的产业组团，已经无中生有，蔚为大观，成为南平市实体经济的重要支撑！

他把荒山，变成了金山，变成了财富！

荒山把他，变成了中年，变成了黧黑！

四、“省尾书记”

毋庸讳言，廖俊波人生的最辉煌，是在政和县。

政和县位于闽北、浙南交界处，全境山地丘陵面积约占 93% 以上，其余为河谷盆地。由于地处偏僻，自然条件恶劣，历史上曾用名关隶县。

关隶，顾名思义，就是关押奴隶罪犯之地。

但，荒蛮之地有特产，尤以白茶最优。

北宋政和五年（公元 1115 年），颇有雅趣的宋徽宗品尝到这种稀世佳茗，惊叹之余，竟以本朝年号相赐。政和县，由此而来。

这在历史上，绝无仅有。

但是千百年来，这里却没有富庶祥和。直到廖俊波就任县委书记时的 2011 年 6 月，只有两条省道过境，没有国道，更没有高速公路。全县年财政收入只有 1.6 亿元，位居全省倒数第一。

最让人惊奇的是，整个县城，没有一盏红绿灯，没有一条斑马线，没有一根独杆路灯，没有一家规模超市。高压电缆和弱电线路布满天空，密如蛛网。居民用水，时时瘫痪。

这样落后的县城，在中东部地区，也是绝无仅有。

……

时任政和县城乡发展规划局局长卓成庆告诉我，廖俊波第一次和他见面，就向他索要一张全县等高线地图。

“什么？等高线地图？”他疑惑地问。

“是的！”

卓成庆心内震撼。过去历任领导，谁曾询问过这样的专业地图呢。

又过半个月，廖俊波再次找上门，严肃地说，准备给他划拨 1000 万元，作为全面改造、提升城乡功能的设计费。

“1000 万？”卓成庆大惊失色。几十年来，全部的城乡规划设计费相加，也不过几十万元啊。

廖俊波说，政和要发展，必须要建设一个具有现代化功能的县城。道路、桥梁、超市、电路、管网、文化场所、绿化等等，都要进行全盘的科学规划和设计。缺少这些，何谈归属感，何谈吸引力。我们要穷尽这代人的全部智慧，力争不留遗憾！

年近 50 的卓成庆，汪然出涕，热血沸腾。

谁都清楚，县域经济发展必须依靠规模化的实体经济。

而政和，是南平市唯一没有工业区的县。

为什么没有工业区呢？一是因为政和县交通闭塞，经济落后，招商引资特别困难。更主要的是，在这里创建工业区，周期长，见效慢，最少需要五六年时间，而哪个县委书记有此耐心呢。

但是，为了政和县的长远发展，廖俊波下定决心。

经过再三踏寻，终于在县城西部 6 公里外的丘陵地带，寻找到一片合适场地，可以最大限度地节省土地。

下一个难题，就是征地。

如何才能调动大家积极性，共同克难呢？他想起了县人大、县政协的领导们。他们都是当地人，在民间颇有威望，只是这些年的落后使大家信心不足。

县人大副主任许绍卫曾任开发区所在地的镇党委书记，现在临近退休。他摸着自己的满头白发，对廖俊波说："我老了，还是让年轻人冲锋陷阵吧。"

廖俊波说："老将出马，一个顶仨。这种事，还是老同志。"

劝说再三，老许仍是不愿出山。

一天晚上，廖俊波再次登门拜访。当许绍卫再度说到自己的白发时，他从口袋里掏出一盒染发剂："老兄啊，这是我专门给你买的，保证绿色产品，保证立马年轻！哈哈……"

老许再也坐不住了，站起来，一把握住书记的手。

……

五、政通人和

"小张，能不能帮我网购一双皮鞋？我的手机没有开通支付宝。"

"当然可以！多少码？"

“42码，黑色，内增高5厘米，价格300至400元之间。”

上网搜索，即刻锁定，定价368元。

第三天，鞋到了。当天晚上，他向廖俊波办公室走去。

张斌，男，1982年生，政和县黄垱村人，初中毕业到上海打工，后来从事电商业务，主销手表。近几年，在县委、县政府的召唤下，他回乡创业。不仅如此，他根据市场行情，设计开发自家品牌手表，在广东生产，在政和销售。

2014年，政和县成立电商协会，散落全国各地的政和籍电商终于有了自己的组织，而张斌也与廖俊波成了无话不谈的朋友。

此时，全县工商登记注册的电商类企业达到460家，注册网店总数超过2500人，直接间接从业人员达到4800多人。

据阿里巴巴发布的中国县域电商发展指数排行榜显示：全国2700多个县市，政和电商赫然排名第73位；而在手表销售单项中，位居全国第一！

这个成绩，让人惊叹！

……

2015年6月上旬的这天晚上，廖俊波试穿皮鞋后，特别满意。

他悄悄地却是兴奋地告诉张斌，这是他平生最昂贵的一双鞋。因为，近日要去北京参加一个重要会议，习近平总书记亲自接见。

说着，他拿出一个信封——368元，不多不少。

小张满脸窘色。这几年，在县委、县政府的鼓励支持下，自己成了千万富翁，而且他们又是好朋友，一双不足400元的皮鞋，竟然……

廖俊波温和却又坚定地说：“小张，咱们是君子之交。亲兄弟，明算账！”

张斌仍是尴尬不已。

“你如果过意不去的话，就考虑一下我的建议。我希望你把手表生产地从广东迁回政和，带动家乡发展……”

廖俊波常说，招商引资，要有跪地求婚的真诚和勇气。

一天，他正在福州开会，晚餐时偶然听说一位国内知名机电企业董事长正在福安市。这位董事长曾来政和考察，而后没有回音。

马上电话，恳请见面。

但这位老板公务繁忙，第二天一早就要赶往厦门，飞往美国。

廖俊波恳求:“我现在赶过去，您方便吗？”

老板大惊。从福州到福安，开车需要 3 个多小时，而且是夜行。正在他犹豫之时，廖俊波已经动身了。

当晚 10 点，双方见面。

1 个小时后，廖俊波返回福州。

3 个月后，这个投资 3 亿元的项目落户政和！

国内某著名大型养殖企业，原料直供肯德基、麦当劳等企业。

他通过中间人联络多次，对方拒不见面。正常情况下，别人早就知难而退。可廖俊波说，双方没有见面，没有沟通，希望犹在，一切皆有可能！

2013 年 3 月，廖俊波终于见到对方董事长。谁知刚进门，对方就毫不客气地说，他知道政和，那是一个兔子也不拉屎的地方，他怎么能往那里投资呢？

现场气氛，立时冰雕。

片刻，廖俊波高兴地说，兔子不拉屎的地方，正是投资创业的好地方。您想想，过去兔子不拉屎，是因为偏僻，现在高速公路开通，这个问题已经解决；兔子不拉屎，说明这个地方广阔而且生态好，正是养殖的首选；再者，兔子不拉屎的地方，地价肯定便宜。总之，希望您去看一看。

事态的发展，果如廖俊波所言。

在董事长从政和考察回来的路上，一个全新的构想诞生了。

双方签约后，廖俊波内心仍然不甚满足：这个项目虽然富民，却没有税收。

此时，他又得到信息：一家以熟食加工业务为主的美国著名公司正在寻找合作伙伴。

猛然，一个更加高新的构想再次升空！

于是，他又开始了新一轮的奔波和游说。

2013 年 10 月，一家全新的集养殖加工于一体的中外合资企业在政和呱呱落地！

如今，这家投资 15 亿元的大型合资企业，已在全县闲置千年的山沟里发展养殖场 44 家，日屠宰量达到 12 万只，用工 3000 余人。500 多辆冷链运输车，每天日夜不停地奔跑在这片曾经贫穷和寂寞的大地上。

天生天养的鸡鸭，源源不断地进入世界的肠胃；花花绿绿的现钞，滔滔不绝地回归小县的财政……

短短 4 年，天翻地覆！

2012 年，县域经济发展指数提升 35 位，上升幅度全省第一；2013 至 2014 年，蝉联全省“县域经济发展十佳县”；2016 年，财政收入由 2011 年的 1.6 亿元猛增到 4.9 亿元。

廖俊波离任之时，一座现代化的县城已经悄然崛起了：改造 5 条大道；打通 9 条断头路；新增 3 家大型超市；设置 4 个红绿灯和 1500 盏路灯；建造高标准的市民广场和文化中心；电缆和弱电线路全部地埋；供水管网统统改造。特别是县城周围，高速公路通车，两条国道过境，8 座大桥竣工……

更让政和人欣慰的是，经过几年培育，政和白茶再度崛起，一座投资 2 亿元的中国白茶博物馆已经奠基，“白茶银行”正在全国形成网络……

春节到了，外出的乡亲和学子纷纷回家过年。

走下高速，是宽阔的迎宾大道，两侧站立着一排排璀璨的中华灯，高挂着一枚枚喜庆的中国结，是父亲的迎迓，像母亲的微笑。看着这亮堂堂、红彤彤、热辣辣的场景，看着这全新的故乡，不少人瞠目结舌，热泪横流……

政和政和，政通人和！

一个千年梦想，终于实现！

最关键的是，政和蝶变，不仅把经济搞上去了，还把人心搞上去了。

他，不仅是县委书记的形象，更是共产党的形象！

六、我爱武夷山

南平，俗称闽北。这里，真是一块特殊的风水宝地啊：三溪汇流，闽江之起首；武夷巍峨，福建最高峰。然而，令人尴尬的是，其经济发展水平，却位于全省之尾。

这些年，南平人一直在试图突围。

毋庸置疑，南平的发展存在着巨大瓶颈。首先，市中心所在地延平区是一片狭窄山地，四周无处延展，而且处于市境的掎角地带。这些年来，为了寻找一方舞台，省市层面的领导和专家费尽心思，终于选定了一个好地方，那就是版图中心区域邻近武夷山的建阳市市郊。如果依托现有城市基础，再创建一个武夷新区，作为主城区，岂不是凤凰涅槃！于是，经过多年论证，在省委和中央的支持下，整套计划已经通过。

2013 年，新区整体规划完成，进入建设时期。

2016 年，市党代会明确提出：2018 年启动搬迁，2020 年结束。

不仅要尽早建造一座武夷新区，还要搬迁一座地级城市，这是一项多么巨大的工程！

这项任务，又历史性地落在了廖俊波肩上。

2016 年 8 月，身为南平市委常委、副市长的廖俊波，兼任武夷新区党工委书记。

市政府，他是常务负责人；武夷新区，他更是第一负责人。

武夷新区距离南平市委、市政府所在地 130 公里。于是，穿插于两地之间，便成了他的常态，日日夜夜，风风雨雨。

工作之忙，压力之大，可想而知。

什么叫殚精竭虑？什么叫绞尽脑汁？什么叫夙兴夜寐？什么叫披肝沥胆？都是此时的廖俊波！

进入 2017 年之后，廖俊波的工作重心是软件园招商。

是啊，新区，新区，新在哪里？信息时代，怎么可以缺少软件产业？

但南平是一个偏僻之地，落后之隅，谁来落户呢。

一个多月时间，廖俊波马不停蹄，联系和拜访了国内 IT 业内多家规模企业，其中十多家已经签订协议并陆续入驻。特别是在福州，他与浪潮集团福建公司总经理孙庆弟已达成初步协议。

3 月 15 日中午，他飞到北京，正好下午空闲。工作人员提醒廖俊波说，您父母住在北京。是的，父母在妹妹家已经住了两三年，自己还没有登门看望，只是春节期间在老家见一面。作为儿子，他常常心有愧疚。

转念一想，软件园工作太紧急。即刻通过孙庆弟，联系浪潮集团总部。正好，对方执行总裁答应会面。

他马上拿出西服，整正领带，梳理头发，擦亮皮鞋，像谈恋爱一样，雀跃而去。

这一次，终于取得实质性进展。双方相约，3 月 21 日，南平见！

3 月 16 日，回到南平时，已是半夜。他兴奋地对大家说，这几天行程太紧，太累，大家明天休息一下吧，晚一个小时上班。

第二天 8 点 30 分，大家仍是正常到岗。可他呢，已参加过一个早上 8 点的开工仪式，又赶往南平市开会去了……

3 月 17 日下午，纪检部门在武夷新区调研，他全程陪同。

3 月 18 日上午，市长主持会议，协调研究武夷新区生活区搬迁等问题，直到 12 点 30 分结束……

午饭后，他睡得深沉。

妻子不情愿唤醒。可他早就设定了手机闹钟：14 点 30 分。

闹钟响了。他睁开眼，又闭上，对妻子说："我再睡一会儿，36 分喊我，盯紧啊。"

时间到了。妻子犹豫一下，还是推醒他。

下午 3 点，他主持会议，研究上午会议内容的具体落实。

会议下午 5 点半结束。他又与市国土局局长等人会面，商议武夷山国家公园事宜。

下午 6 点，回家吃饭。饭后还要赶到 130 公里之外的武夷新区，主持当天晚上 8 点开始的协调会。多项工作当务之急，迫在眉睫啊。

妻子静静地看着他。

这个匆匆忙忙的男人啊，真是她今生注定的眷侣。结婚 25 年了，他仍是像新婚一样宠爱着自己。几乎每天，他都要为自己送一束花——微信玫瑰！只是，他常常不在身边。每次想他了，就打电话，可总是不接。有时候，回一个字：忙。有一次，他抱歉地说，以后退休了，买菜、做饭、拖地、养花，他全包了！她什么也不用干，只需坐在沙发上，双手指挥，哈哈……

那一刻，他兴奋得像一个孩子。而她，幸福得宛若初恋。

可他，毕竟心累啊。离开政和时，他还是一个精壮的中年人，而两年来，头发全部灰白，几乎脱落一半，脸上和手上，竟然长出了一片片老人斑……

想到这里，她一阵心酸。

他埋头喝粥。

这时，天色骤然阴沉，大雨将至。

忽然想起还有长长的山路，妻子试着说："今天是星期天，你休息一下，也让大家休息一下吧。"

他没有吭声。

她又说了一遍。

他沉默一下，略有嗔怪地说："你是老师，下雨天，就可以不去上课吗？"

妻子愣怔，无语。

这是多少年来，他们第一次交锋，第一次红脸。

于是，他微驼背，弓身，点点头，笑一笑，走出门……

40 分钟后，车祸发生！

七、雨别

3 月 21 日，遗体告别日。

不啻说，这是闽江流域和武夷山区有史以来最大规模的吊唁了。

南平各界人士，纷纷要求现场祭奠，当面告别。限于安全、交通等方面原因，官方真诚劝阻。但执意前来者，仍数千人，敬献花圈达 1500 枚；而网上吊唁人群，超过 40 万！

一位在南平做生意的政和籍商人，深感故乡巨变，却从来没有见过廖俊波。这天一大早，他特意赶到灵堂，像拜祭长者那样，双膝跪下，而他的年龄，比廖俊波还年长 3 岁。

许绍卫俯坐于地，泣不成声。昨天晚上，他再一次把满头霜雪，染成一顶黑发。

张斌赶到南平时才发现，全市宾馆爆满。他只得借住朋友家。去年以来，他遵从廖俊波的愿望，高薪聘请 16 名广东工匠，在本村创办手表制造厂，并对本地青年进行培训。大山深处的原始村落，竟然可以生产精密手表了！

浪潮集团执行总裁和福建公司总经理孙庆弟也来了。在廖俊波遗体和遗像前，他们噙着眼泪，用最简短、最低沉的语言告知，集团已经决定：在武夷新区投资 50 亿，建造一个高标准的软件基地。

……

那一天，南平再降大雨。

天上雨，人间雨！

南平是一座山城。

采访结束时，我专门拜访廖俊波的办公室。他的桌上，放着一个笔记本和两支红黑水笔，仿佛是教师的教案，好像是学生的作业。

窗外，是九峰山。苍苍翠翠的群山之间，两条清清的溪水——建溪和沙溪，在南平市中心相约，合二为一，形成一个大大的“丫”字。

这，就是闽江。

一江清水，向南流去。流向大海，汇入中国潮流，汇入世界潮流……

《告慰方志敏》创作谈

方志敏烈士的故事，大家都知道；方志敏烈士的梦想，大家都知道。

作为革命家兼文学家的方志敏，在他就义前所作的名篇《可爱的中国》中，对未来中国进行了理想化的描绘。只是他或许没有想到，他的美丽理想在他去世 80 多年后，已经基本实现了。

近年来，习近平总书记曾多次谈到方志敏烈士，对他进行高度肯定。

我也一直在想，什么时候去方志敏的老家拜访，尤其当精准扶贫战略即将全面实施的时候，当小康社会正在全面来临的时候。

2019 年春天，在时任《中国作家》主编王山的介绍和陪同下，我赶赴江西省上饶市，拜谒了方志敏烈士的故居，也全面感受了一遍烈士故乡今日的美丽。

感慨万千，遂作《告慰方志敏》。

告慰方志敏

（发表于《人民日报》2019 年 12 月 8 日）

曾应朋友之邀，去上饶市的三清山访游。

不愧是名山，处处皆美景。瘦瘦弱弱的山路，白白胖胖的迷雾，精精灵灵的岩石，香香甜甜的野风。

我正在美景中欢畅地游走，同行的友人指着对面不远处的一片青山，说：那里就是方志敏被俘的地方。

我的心“哐当”一下，瞬间石化，意念里立时呈现出一幅悲壮的油彩画，响震起一串幽闷的脚镣声。

对于方志敏，相信许多人与我一样，怀有一种特殊的景仰。的确，他不仅是一位杰出的政治家、军事家，还是一位出色的思想家、文学家。36 岁的生命虽然短暂，却迸发出奇异的光芒。他的忠诚担当，他的清贫精神，均震撼后人。更加辉映历史的，便是他对未来中国的美丽设想。

旋即，我的耳畔，似乎又响起了他在散文《可爱的中国》中的名句：“朋友，我相信，到那时，到处都是活跃的创造，到处都是日新月异的进步，欢歌将代替了悲叹，笑脸将代替了哭脸，富裕将代替了贫穷，康健将代替了疾病，智慧将代替了愚昧，友爱将代替了仇杀，生之快乐将代替了死之悲哀，明媚的花园将代替了凄凉的荒地！”

哦，这里，就是方志敏出生、战斗的地方？！

说到上饶，我总是习惯性地想到：上饶集中营。还会想起另一个名词：饶恕。

其实，“上饶”之名得于古语“山郁珍奇，上乘富饶”。“饶”字的基本含义是丰富、富裕。

富饶，是这片土地自古以来最强烈的梦想！

的确，上饶市位于闽浙皖赣四省交界地带，山高路远，七山一水两分田。千百年来，数万个参参差差、扁扁圆圆的小村，隐藏在大山皱褶里，饥肠辘辘，愁眉苦脸，虽然也曾诞生过朱熹、洪迈、詹天佑等名士俊彦，但贫困总是如影随形。第二次国内革命战争时期，方志敏等人在这里创建闽浙赣革命根据地，一呼百应，纵横五十县，人口数百万，极大地支持了中央苏区，被誉为“模范根据地”。

1949 年之后，在方志敏的战友即中国共产党执政后第一代领导人的指引下，这里开始向贫困发起了一轮轮进攻，取得了一个个阶段性成果。改革开放后，特别是进入新时代以来，随着中央各项普惠政策的落实和精准扶贫战略的实施，全国范围的脱贫攻坚战即将取得胜利。而这里，也正在彻底告别贫穷。

铅山县葛仙山镇，是传说中亦道亦仙的葛洪炼丹处，距离县城 60 多公里，山高路远，石多土少，是有名的贫困片区。但这里位于武夷山区深处，原生态的山水和果蔬是山外人的憧憬。近几年，当地政府把扶贫与果蔬产业、旅游产业结合起来，联合打造，耐心激活。其中两个村，绝大多数居民是北宋著名文学家欧阳修的后裔。他们又把文化元素结合进来，梳理欧阳氏血脉，修建欧阳修文学馆。仅仅几年时间，这片土地全面发酵，顾客盈门。目前，居民年人均收入已突破 13000 元。

当年方志敏领导的闽浙赣革命根据地的首府设在横峰县。不用说，这里也是贫困的代名词，几十年来始终扎根于国家级贫困县之列。2017 年，横峰县终于向全世界正式宣布脱贫。2018 年，这个只有 23 万人口的偏远小县，财政收入超过了 12 亿元。

方志敏的故乡，是弋阳县漆工镇湖塘村。小村只有 104 户，438 人，全部为方姓。这个红色小村里，处处是精致洋气的小楼，鲜花盛开的庭院。

如今的湖塘村，已经基本城镇化，居民生活垃圾分类处理，并且全部使用水冲式厕所。中青年男女或打理自家店铺，或在附近企业和农业合作社上班。老年人呢，更是自觉地组成志愿者服务队，义务为小村的绿道、广场洗脸美容。富裕，从院内走到了户外；文明，从表面渗透到了内里。

一条梅溪河绕村而流，一架小桥横跨两岸。周边是一棵棵沧桑的苦槠树，似乎都是原始模样。当年，方志敏就是从这里出发，走向进步，走向文明。

桥头，镌刻着方志敏早年的一篇小说《狗儿的死》的片段。在作品里，他尖锐且深刻地思考着贫困问题，并提出了“如何使大富者小康，使赤贫者不贫”的设想。

而今，这一切正在变成现实！

走在上饶农村，溪水潺潺，翠竹环绕，菜花粉蝶，白墙黛瓦。欢乐的广场上飘摇着五彩的音乐，幽静的小径里摇曳着浪漫的街灯……

著名的上饶集中营位于信州区。在这里，我见到了有关负责人。

他介绍，过去的信州区虽然属于城市中心，但由于基础薄弱，城市功能严重滞后。最明显的观感，到处是棚户区。

城市要发展，必须要棚改。2015 年下半年，市政府相关部门经过测算后，下达给信州区的拆迁任务为 300 万平方米。

城市要拆迁，天下第一难！

如何破解这个难题？

其实，难题的核心还在于政府和群众在利益上的博弈。

认识到这一点之后，他们公开亮明观点，对选择附近安置的群众，保证用黄金地段为大家建造新家园。

黄金地段？不是预留给房地产开发商吗？

不长时间，区政府作出决定：把两块商业价值最高的 100 亩地作为安置地，建造一座春天新苑，并在周围规划配套学校、医院、菜市场等。而最初的规划，是在 1 公里之外的次中心地段。

当整体规划图公布的时候，群众沉默了。

是啊，这里寸土寸金，每亩价值 450 万元，100 亩就是 4.5 亿元。政府没有卖给开发商，而是交还老百姓。

春天新苑，真正温暖了老百姓的心！

政府真心实意为人民服务，群众实意真心为政府着想。

于是，拆迁工作异常顺畅。3 年时间里，原定拆迁 300 万平方米，实际拆迁超过 700 万平方米。

由于棚户区改造的顺利推进，为城市的美丽蝶变提供了广阔舞台。

3 年之内，上饶市主城区内，新筑城市干道 40 条，总长超过 150 公里；新建（改扩建）医院 6 座，增加床位 1200 多张；新建（改扩建）学校 25 所，增加学位 3.1 万个；新增停车位 6 万多个。另外，博物馆、规划馆、档案馆、群艺馆、美术馆、老年人综合活动中心、青少年活动中心、职工活动中心、妇女儿童中心等一批公共场馆纷纷开工上马、投入使用。

香樟依依，宛若女人的裙裾；杜鹃彤彤，犹如男人的雄心。

上饶，时尚而丰饶！

在上饶期间，我曾数次听到一碗粉的故事。

故事的原型是上饶人招商引资，虽然政策优惠、服务周全、地热人亲，但由于自然条件所限，仍是门庭冷落。一个国内知名企业的董事长考察之后，总是犹犹豫豫，难以决断。一天，他乘坐火车到福建办事，路过上饶。本地负责人听说后，专门赶到站台，走进车厢，送上一碗他最喜欢的上饶烫粉。

上饶烫粉，米粉经煨烫后加入特制汤料，集鲜、香、辣于一体，是上饶极有代表性的地方小吃。

一碗热粉，项目落地。

在老区人民的特殊热情中，外地客商纷纷前来。短短几年，这里便形成了一个新型的产业集群。他们乘势而为，着力打造世界光伏城、中国光学城和江西汽车城。

他们还精准发展大数据产业、呼叫产业、游戏产业、大健康产业、航空产业等新经济，成功引进华为、滴滴、贪玩、阿里云等一大批项目。

这一个个大型化、高科技、新能源项目，代表着未来，代表着财富，为这片英雄的土地补钙、积金、蓄元气……

多年的贫穷落后，漫长的坎坷山路，虽然部分地阻碍了现代化的步履，却也意外且幸运地保留了原生态的青山绿水。

上饶东北部的三清山，展示了地球上已知花岗岩地貌中分布最密集、形态最多样的峰林，2373 种高等植物、1728 种野生动物，构成了东亚最具生物多样性的优美环境。

在这里，处处是形态各异的石林，是鹰，是兔，像神龟安眠，似将军跃马，如纤夫怒吼，若书生静思，粗犷巨蟒冲天而去，美艳女神俯首浅笑，有的仿佛怀春少女羞涩地等待情郎，有的宛若坐窝母鸡耐心地孵化小鸡……

世界遗产大会认为：三清山在一个相对较小的区域内展示了独特的花岗岩石柱与山峰，丰富的花岗岩造型石与多种植被、远近变化的景观及震撼人心的气候奇观相结合，创造了世界上独一无二的景观美学效果。

由此，三清山已经正式被列入《世界遗产名录》。

中国第一大淡水湖——鄱阳湖则位于上饶西部。浩浩渺渺，一碧万顷，吞吐日月，雄视宇宙。它的众多支流，更是织就了周围地区密密麻麻的水网，直通每一座城市，每一簇村镇，每一条街道，每一户家庭，乃至每一个人的肠胃和血脉。

上饶的北部，便是婺源。

婺源之美，妙不可言。恬静的田园风光和典雅的传统村落，点缀在绿水青山之中，被海内外公认为“中国最美乡村”。

在这里，每一个村，每一条溪，每一棵树，每一座房，都是美的主角。甚至，每一个村名，皆芳香四溢：溪头、秋口、清华、江湾、太白、富春、晓起、菊径、诗村、歌村、赋村、词村等。我惊异，这些都是为了旅游而重新命名？当地人摇头曰否，都是千百年的老字号喽。

哦，先人的美好想象。

篁岭，是婺源最近开发的一个景点。这是一个悬挂在山壁上的小村落，一条条歪歪斜斜的石板街，一座座亦竹亦木的吊脚楼。粉墙黛瓦马头墙，飞檐翘角美人靠，高高低低，隐隐约约。

正是晚上七八点钟，夜幕四合，街灯璀璨。女人们永远是夜市的主角，一个个粉面妖娆，裙裾翩翩，手擎甜食，款款而行。两侧的杂货店铺，各自敞开门扉，花花绿绿、鲜鲜艳艳，仿佛扒开胸膛，把五脏六腑都掏了出来。一家茶馆的门内，静若禅院，两个古装女子，在袅袅琴声中，对弈黑白。灯光雪亮，纤毫毕现，十指尖尖，宛若玉雕。

弯弯曲曲的青石路面，昏昏黄黄，恍恍惚惚，仿佛通向明朝，通向宋朝……

青山不墨千秋画，绿水无弦万年琴。

在上饶期间，我还听到许多朴朴实实却有筋有骨的故事。

他们除了坚决打好中央部署的三大攻坚战之外，还结合本地实际，轰轰烈烈地开展了 17 场战役。

殡葬改革，是中国农村现代化进程中的一大瓶颈，虽是大势所趋，却又难以推进。2018 年 11 月，上饶在全省第一个实现火化率百分之百。同时，他们依法依规整治乱埋乱葬坟墓 13.2 万多座，建成公益性墓地 2900 个、安息堂 75 个。这项“破千年旧俗，树一代新风”

的重大社会性改革，终于艰难完成。

农村宅基地改革，是家庭联产承包责任制改革之后农村土地工作的又一场具有划时代意义的重大改革。过去，多圈多占浪费严重，建房建楼矛盾多多。近几年，他们在法律的框架内进行宅改，退出面积1900多万平方米。同时，针对农户建房相互攀比的现象，市人大制定出台了《上饶市农村居民住房建设管理条例》。这是全国第一部关于规范农民建房的地方性法规。

过去，各地畜禽养殖虽然划分了禁养区、限养区和可养区，但无法执行到位。近年来，他们坚决拆除禁养区和限养区内养殖场917家，真正改善了水源、土壤和空气质量。

多年以来，乡村河塘电鱼现象较为普遍，屡禁不止。电鱼，是一种绝户捕捞，大鱼被电晕，小鱼被电死，更会对螺蛳、贝类、小蝌蚪等造成毁灭性屠杀。近年来，他们迎难而上，重拳出击，依法整治，共查处相关案件1100多起，收缴非法电渔具1.35万套。现在，上饶城乡的沟沟渠渠里，水流清澈，鱼虾肥美，翩翩起舞，共唱美好新时代。

农村垃圾如何处理，又是一个巨大难题。最早是村边倾倒，后来是集中填埋，现在是统一处理。如何彻底解决？他们把城市垃圾处理模式延伸到农村，实行政府购买服务。同时，投巨资在全市规划建造了7座垃圾焚烧发电厂。2020年，他们率先在全省和全国实现全市城乡生活垃圾焚烧发电全覆盖。

……

这些工作，没有硬性考核，却涉及这片土地的根本利益和长远发展。

这一切，都体现了当地干部的工作作风。

这是一群像大山一样沉默而朴素的人，他们默默地忠诚，默默地担当，颇有方志敏遗风。

的确，说起方志敏，他们更是亲如家人，敬若圣贤。

可以看出，方志敏的精神，在他们心底早已落地生根、绿树成荫。

其实，这些默默担当的背后，更是一种清贫精神。因为这些非表面政绩的基石工程，需要大量的财力投入，而这些经费大多来自于地方政府的精准谋划和勤俭节约。我在上饶期间，走访了不少基层干部。他们均是来去匆匆，任务满身。没有小灶菜，全是工作餐；不见半盏酒，只有满杯茶。

满杯清茶，满怀清贫！

对于清贫，方志敏说："清贫洁白朴素的生活，正是我们革命者战胜困难的地方。"

清贫，并非贫困，而是一种精神、一种作风。清贫的敌人，是奢侈。所以，在当下的新时代，在未来的任何时期，即使身居高位，即使物质富裕，也要持守清贫，用一种谦虚、节俭、精准的作风，去生活，去工作，去创业。只有这样，才能与最大多数人民群众站在一起，才能永远保持一种进取向上的态势！

正像习近平同志深情所言："我多次读方志敏烈士在狱中写下的《清贫》。那里面表达了老一辈共产党人的爱和憎，回答了什么是真正的穷和富，什么是人生最大的快乐，什么是革命者的伟大信仰，人到底怎样活着才有价值。"

天下富裕，我自清贫。清贫财富，富足精神。

这，就是清贫的真正意义！

秀美上饶，且秀且美，且上且饶。

千座青山昂首，那是方志敏的身躯；万亩绿水涟漪，那是方志敏的微笑。

在方志敏的注视中，这里城乡联手，正在全面地走出贫穷，走出落后，走进富裕，走进文明，走进新时代，走进中国梦……

在上饶期间，我采集到一组权威数字：2018 年，全市主要河流地表水监测断面水质达标率 96.85%，饮用水水源达标率 100%，空气质量优良率 91.8%，工业增长率 9%，均明显高于全国标准或全国平均水平。全市共有 21373 个自然村，2019 年底全部提升为秀美乡村，并如期脱贫！

《可爱的中国》中设想的“八个代替”，已经基本实现。

谨以这份初步的成绩单，敬献可爱的新时代，告慰伟大的方志敏！

《太行梦》创作谈

贫困是方方面面的，有物质和精神之分。物质层面许许多多，精神层面也有文化、教育等之分。的确，无论对于一个家庭还是对于一个国家，教育虽然是长效工作，也是迫在眉睫的任务。

2018 年 3 月，我在北京出差，与团中央一个中学生刊物的主编在一起吃饭聊天。这位老兄是河南省濮阳人，曾在当地报社担任总编辑，与我有着共同的新闻工作经历。他从新闻的视角分析着扶贫，谈到农村的青少年教育问题。说到这里，他认真地向我推荐石家庄外国语学校，并向我讲述了几个故事。我心底一震。

石家庄外国语学校前身是石家庄市第 43 中学，创建于 1994 年，位于石家庄郊外，规模很小，招生范围只是城乡接合部的农家子弟，其教育水平位于全市末流水平。但是，经过十多年的创新发展，竟然成为全省最优秀的重点中学之一，无论教学质量还是经济收入，都位于全省前列，成为国内一个奇特的教育现象。

精准扶贫战略实施以来，作为一所中学，他们也在思考着如何参与。于是，他们在太行山深处的 8 个贫困县里选择了 16 所初中和小学，进行一对一的全方位帮扶。几年过去了，这 16 所学校都发生了脱胎换骨的变化，千千万万名农村苦孩子的命运改变了。

在这位老兄的介绍下，我走进了石家庄外国语学校。在他们的帮助下，我走进了太行山深处的一个贫困家庭，认识了一位爱学习的小姑娘……

太行梦

（发表于《人民日报》2020年8月26日作品版）

2020年8月，我在河北省平山县采风。

这里，位于太行山深处，是中国革命圣地，却又是著名的贫困山区。截至2015年底，全县仍有建档立卡贫困村260个、贫困人口40126人。近几年来，随着精准脱贫工作的全面深入推进，这一切都冰消雪化了。特别是山里人的精气神，也真正挺立起来了。

在河北平山实验中学，我见到一位名叫赵敏的高一学生。这个16岁的女孩子，腼腆却热情，拘谨又阳光，小脸红润润、胖嘟嘟，溢满了幸福的微笑。

班主任老师悄悄地告诉我，这个孩子，有故事……

赵敏刚刚出生两个月，妈妈就不见了。

对于妈妈，她没有一丝印象，因为妈妈竟然没有留下一张照片，甚至没有留下一个完整的名字。所以，她对于妈妈的想象，只是天上的白云，是小河的水面，是夜晚的月亮。

说起她的身世，连山上的大树小树都摇头叹息……

一

太行山，是黄土高原与华北平原的分界线，号称天下之脊。

漫长的历史中，太行山承载了太多的苦难、荣耀和期望。

近代以来，它更是一座负荷国运沉浮的大山。抗日战争时期，八路军总司令部就设在这里，下属三个师更是以此为基地，发展壮大，遍布全国，最终取得抗战胜利；解放战争后期，中共中央总部就驻扎在平山县西柏坡村。正是在这里，党中央指挥了扭转乾坤的三大战役，并从这里出发，进驻北京、开国奠基。

但是，太行山啊，又是一座贫穷的山。

发生在这里的最早的脱贫故事，便是那个著名的古典神话“愚公移山”。

可见，摆脱贫困，是中国农民自古以来最强烈的梦想。可惜，由于政治、经济、科技水平等方方面面的原因，人类在这条漫长的道路上攀爬了几千年，直到如今的新时代。

新中国成立以来，为了中国农民脱贫，中国共产党做出了巨大努力，进行了诸多探索。其中规模最大的行动就是轰轰烈烈的农业学大寨运动。而大寨村，同样位于太行山深处。

改革开放之后，随着党的各项农业农村政策的全面落实，太行山在慢慢地热起来、绿起来、富起来。但是，这座山毕竟太大了，贫困人口太多了，遍布角角落落。比如赵敏的家乡——这个名叫前嘴的小村。

这里有多偏僻呢？

这样说吧，这里距离县城 80 公里，而且大多是弯弯曲曲、高高低低的悬崖峭壁上的山路。已经跨入 21 世纪了，但村里有一半人还没有去过县城。

这里有多贫穷呢？

截至 2008 年，这里还没有通电，没有硬化路面，没有自来水，更没有学校、卫生室、商铺，哪怕一爿小小的商品销售点。

这里，只有一座座横亘着的山、山、山，只有一张张饥饿的嘴、嘴、嘴。

世世代代的人们，在这里默默地生活着，像山上的树，像树下的石，像石旁的水……

二

赵敏的父亲名叫赵光光。为什么叫光光呢？

小时候，村里没有电，家里只有一盏煤油灯，灯头如豆半炕明。

光明，成了山沟人最大的奢侈和向往。而且，他是独生子，也是全家的未来之光。

父母没有文化，便希望儿子上学，为家族争光。学校在邻村，路远，山高沟深，风霜冰雪，时有危险，还要交学费，而且老师不安心，学生都灰心。因为几十年来，这所小学从来没有学生能够考入县城中学，更别说考上大学了。读到小学三年级，光光实在看不到希望之光，就辍学回家了。是的，上学有什么用呢，反正也考不上大学，反正也找不上工作，不仅白白交学费，还要耽误做农活。

于是，告别课本的光光，就在山坡上干农活。

这一带，是太行山最深处，也是最高处，海拔超过 2000 米，夏天不热，冬天奇冷。家里只有 3 亩地，只能种土豆、玉米、黄豆、荞麦。由于全是望天收，只能填充肚子。

这里不仅偏、高，还光。

这个光，不是光亮亮的光，而是光秃秃的光。的确，小村周围的山，大都是和尚头，不仅无树，也无草，全是白花花的石头、黄乎乎的土。为什么深山区也如此荒芜呢？原来，千百年来，村人以砍柴和放羊为生。小树初长成，就被砍烧了，小草刚发芽，就被羊啃了。

最可笑的是，赵光光，竟然不知道自己的生日。

的确，他不仅不知道自己是哪一天出生，甚至也不知道是哪一年出生，因为他的父母从来没有为他庆祝过生日。这一家人，就这样懵懵懂懂地过日子。

光光已经年过三十，还是一条光棍儿，成了名副其实的光光。

后来，他不得不像许多村民一样，踩着弯弯的山路，外出打工。比较近的大城市，就是太原了。

他没有别的本事，只有浑身力气，搬砖、扫马路、运垃圾。由于没有身份证，是黑户口，工资低廉。

出去 3 年，终有收获。2003 年 2 月，大约 38 岁的赵光光，终于

“脱光”了。

女方姓彭，山西省运城市农村人，也属于太行山区。和光光一样，只读过小学三年级。

他们简单地结婚了，没有结婚照，也没有结婚证。光光的结婚礼服，只是一件粗糙的西服上衣，花费呢，仅仅 20 元。

彭女子虽然没有文化，模样一般，却朴实、健康，会过日子，还通情达理，孝敬老人。这个破败的家，终于有了笑容。

但好景不长，大难临头。2004 年 2 月，彭女子难产。乡卫生所只有止痛药，只能输液，而去县城，又太远了。

乡卫生所的病床上，彭女子在生下一个女婴的 2 个月后，无奈而亡。她的遗物，全部化为一堆火烬。所以，她确切的名字，也随之烟消云散了。

这个女婴，就是本文主人公赵敏。

这个可怜的女婴啊，就这样在孤苦中长大。

赵敏 6 岁时，只能到邻村上学，还是父亲早年的那所学校。

光光多少次想让女儿辍学，但这个性格内向、胆小怯弱的小女孩啊，却是喜爱学习呢。

常常地，赵敏问父亲，妈妈到哪儿去了？父亲总说在外地打工，过年就回来了。

过年时，女儿再问。父亲撒谎说路太远，车票太贵。等你长大，妈妈就回来了。

于是，稚弱的她，就盼着长大。

三

石家庄外国语学校（简称石外），前身是石家庄市第 43 中学。

这原本是一所普通中学，建于 1994 年，校址在郊区农村，只有一个30多亩的院落和一栋楼房，负责招收周围的乡村学生。开学第一个学期，由于条件实在简陋，新招学生流失近三分之一。

首任校长强新志，易县人。易县，位于太行山深处，正是荆轲刺秦王之前吟诵“风萧萧兮易水寒，壮士一去兮不复还”的地方。这个太行山娃子，有一股难以置信的壮士精神。几年时间，便把一所无人问津的新建中学，跃升为全市领先。1997年，该校增挂“石家庄外国语学校”校牌，扩大规模。又经过10年发展，到2007年，石家庄外国语学校已成为全国教育系统先进集体，不仅升学率位居全省前茅，而且在素质教育方面更是突出，从而引起全国关注。

2014年，国家精准扶贫战略开始全面实施。

近年来，为了彻底改变太行山的教育状况，当地政府投巨资在山区腹地的平山、赞皇、元氏、灵寿、井陉、行唐6个县建造了56所中学和小学，专门免费招收农村贫困孩子，并配备了优质教师力量。但由于这些学校大都位于深山，硬件设施虽然优良，但软件普遍落后，更主要的是教学办法陈旧。过去，教育部门也曾多次进行帮扶，每年派驻教师，但来去匆匆，不能扎根，效果不明显。

如何从根本上帮扶？

强校长经过深深思考，制定了一个“精准教育扶贫，十年帮扶工程”，决心利用10年时间，义务扶持其中12所学校（每县中小学各1所），将其全面提升，成为样板，进而带动太行山区的全部中小学校。

四

2016年9月，赵敏进入平山县第二中学。

这所中学，位于县城郊区，正是石家庄外国语学校的帮扶对象。

父亲来送她。这是他们父女两人平生第一次走进县城。

看着眼前的繁华，父女俩哭了。

小姑娘 12 岁了，已经有了自己的心事和思考。是啊，这个可怜孩子，还从来没有见过母亲，更没有感受过母爱呢。她看到别的孩子大都是父母一起前来送行，便第一次严肃地问父亲，妈妈到底在哪儿？

她的眼睛，衔着泪花，瞪得好大好大，死死地逼视着父亲。

父亲摇摇头，闭上眼，不得不说出真情。

赵敏默默地流着泪，看着天上的云，看着太行山。这个结果，她早就有预感，竟然是事实。

从此之后，她沉默了，像太行山的石头。

同学们都是山区孩子，基础差。由于国家投资，免收学费，免收书本费和住宿费，吃饭有补助。

全年级共 12 个班，800 多名学生。赵敏的入校成绩，是 402 名。

石家庄外国语学校的帮扶，全面而深入。

首先是校长。除了对被帮扶学校的校长和副校长进行集中培训之外，更让他们与石家庄外国语学校的校长和副校长结对子，随时联系，随时交流，形成师带徒关系。

其次是教师。从石家庄外国语学校精选 100 名优秀任课老师，与被帮扶学校教师一对一地交朋友。每月抽出一周时间，石家庄外国语学校的教师必须到现场，与山区教师一同备课，一同上课，并进行同课异构。什么是同课异构呢，就是备课后，你先讲一遍，我再讲一遍，从中找出差距。山区的老师们每月也要拿出一周时间进入石家庄外国语学校，进行观摩学习。平时，双方虽然身处城里城外、山里山外，却可以随时微信交流。

最主要的是学生。参照石家庄外国语学校的校本课程，山区学校开设了各种素质教育课程：舞蹈、美术、体育、航模等等，还有各种各样的特色活动：读书会、运动会、夏令营等等。

13 所学校的联合运动会开幕了。过去，山区孩子只会列队，喊

“一二一”，现在，也穿上整齐的校服，进行各种各样的体育运动，排球、篮球、足球、健美操，等等。

大家的笑声融汇在一起，形成一片片五彩缤纷的祥云。

石家庄外国语学校的许多外教，也多次走进山区学校，与孩子们一起现场交流。山区的孩子们，哪里见过这阵势呢。刚开始，都不敢说话，皱着眉，躲得远远的，像刺猬，像含羞草。老师们鼓励他们上前说话，孩子们还是不敢对话，只是写纸条，递上去。

……

学校的饭菜真好吃啊。有一次，食堂出售苦瓜炒肉，赵敏从未见过，就要了一份。

别的同学吃得津津有味，只有她，感到苦涩难耐。她张大嘴，呸呸呸，全吐掉了。

老师问她为什么。

她说：“好苦啊，难吃死了。”

同学们看着她，掩口而笑。

老师叹一口气：“苦孩子，竟然吃不得苦。”

是啊，她是太行山里的苦孩子，平时最能吃苦，现在却怎么最吃不得苦呢。

五

当地人常说，我们早就是富裕生活了，早饭是“蛋”，午饭是“鱼”，晚饭是“羊”。

是的，一日三餐“蛋”“鱼”“羊”，不是早就脱贫了吗？

非也。

如果告诉你，“蛋”是山药蛋的蛋，“鱼”是洋芋的芋，“羊”是洋芋的洋，你会怎么想？你会猛然反胃，吐出一口酸水来。

几百年的山药蛋生活，此地的山民似乎都变成了憨憨的山药蛋，变成了呆呆的黄泥块，木讷无言，只会吃苦。

妻子去世后，光光的日子仍是蹒蹒跚跚。

父亲和母亲先后生病，一个胃癌，一个肺癌，陆续去世。

为了给父母治病，光光借了 2 万多元。

不得已，只得把 3 亩地租给别人，外出打工。由于身心乏力，又没有身份证，每年只能挣下几千元，除去各种消耗，所剩无几。

这些年，山里的世界在细细碎碎却又轰轰烈烈地变化着。

2009 年，山沟里通电了，每家每户的夜，亮堂堂。电视、洗衣机、冰箱、电脑等，都来了。

2011 年，村里通上了自来水，拧开水龙头，泉水哗哗哗。

2013 年，光光到乡派出所，正式办下了一个身份证。这个信息时代，没有身份证，寸步难行啊。在办理身份证时，他也在长辈和伙伴们的回忆中，正式确定了自己的出生年月日，即 1969 年 1 月 9 日。

2015 年，他被村里确定为贫困户，每年可以得到相应的补助，过年过节时还会发放生活用品。

2016 年，孩子到县城上中学，一切都不用花钱。

老人走了，孩子上学了，他也有了身份证。于是，便外出打工。现在的他，挣钱也多了，是过去的两倍。

2017 年，光光第一次为自己过生日。那一天夜里，他破例走进一家饭馆，点了两个菜，喝了几杯酒。看着天上的繁星闪闪，闻着桌上的酒菜飘香，他第一次感到，生活和生命，如此美好呢！

这年春节时，他又为自己买了一件西服，200 元。

……

与光光的家境一样，小村周边的生态环境也彻底改变了。这些年，我们这个国家，正在全面调整精准发展理念，越来越注重生态建设，绿水青山才是真正的金山银山！

过去光秃秃的山头，长满了郁郁葱葱的绿茵茵。山羊、野兔、山鸡等人类的伙伴，纷纷回归了。

最苦恼的是，秋天里，野猪常常糟蹋土豆和玉米。于是，村干部组织村民，昼夜值守，像抗日战争和解放战争期间抓坏人、抓奸细一样。

六

春季开学后，石家庄外国语学校 100 多名被保送进入名牌大学的优秀高三学生，由于不用参加高考，便开始进行社会实践。

他们的实践基地，就是被帮扶学校。

这些天才学生在山区的讲台，与赵敏们进行着良好的现场交流，讲学习方法，谈人生理想，说生活故事。十多天时间，与赵敏们建立了良好关系。

离别的时候，赵敏和同学们都哭了。她们几个同学凑钱，给小老师送了一个耳机。小老师也送她们每人一个日记本，扉页上写一句话：亲爱的小学妹，北京见！

暑假时，石家庄外国语学校挑选了 50 名深山区学生，入住石家庄市内的学生家，进行一周的生活体验。

赵敏住在一位彭姓女同学家里。她与这位新伙伴，一起看电影，一起游泳，一起听音乐会，一起看球赛，一起洗澡，一起做饭，一起打扫卫生。她在快速地熟悉城市生活。

夏令营开始了。那位优雅的女外教用英语与大家交流，并希望同学们用英语写一个小短文。

不一会儿，赵敏便第一个交卷了，并主动上前，进行口语交流。

“你好，爱丽丝老师。”

“你来自哪里？”

“我来自太行山区的前嘴村。”

“前嘴？”

“是的，那里是一条山沟的出口处，是一个开放的地方。”

“开放？哈哈哈……”

大家都笑了起来。

赵敏也笑了起来。

她突然想起，自己已经一年多没有这样开心地笑过了。

在学校里，赵敏也交上了最好的朋友。这个朋友，居然也姓彭，正好是母亲的姓氏。

她和班里另外 10 名同学被确定为特殊贫困生，待遇是用餐全免费，食堂里的所有饭菜，看上什么吃什么。

她不仅喜欢吃苦瓜炒肉，还喜欢吃鸡腿、焖大虾、烧带鱼。

不知不觉中，她长高了。学习成绩呢，也悄悄地长高了，由全年级 402 名，提高为 106 名。

……

过年时，回家。看着漂亮、秀气且开朗的女儿，光光似乎不认识了。

七

山里人的习惯，过春节拜年时，晚辈要给长辈磕头。

往年，赵敏给父亲磕头，光光总是给 10 元或 5 元压岁钱。可 2018 年的春节，光光破例给了女儿 500 元。

女儿长大了，正是爱美的季节，虽然在学校学习生活一切全免费，但还是要让她自己买饮料喝，买衣服穿，喜欢什么买什么。

这几年，光光在外打工，每年能挣下 2 万多元，不仅把外债全部还清了，还存下 3 万元。

2019 年以来，随着年岁增大，光光决定不出远门打工了，只在村周围打零工。村里发展乡村旅游，种植高山作物，照样可以赚钱。

山上生长着各种各样的野树和灌木，蓊蓊郁郁，覆盖着整个夏天和秋天。秋黄的时候，一夜白霜袭来，满山的柿树上和酸枣树上便挂满了一盏盏晕红的小灯笼，把整个山乡映照得红彤彤。光光就在这一盏盏小灯笼的光亮下，开始了金黄色的秋收，金黄色的玉茭、金黄色的柿子、金黄色的核桃、金黄色的土豆……

世代贫穷的太行山，富了，更美了。

是的，现在的太行山深处，绿浪如波。山坡上，一排排、一层层楼房，也像波浪；大路上，一列列、一行行汽车，更像波浪，涌动着、前行着……

太行山群峰，又像一个个舞台，站立着无数的演员，在唱、在笑、在呐喊，向世界呐喊。

……

几度春秋，石家庄外国语学校对太行山区的教育帮扶，也大见成效。

2016 年开始，他们帮扶的完全由山区贫困学生组成的 12 所中小学校，已经陆续在各县的中考中夺取状元，其整体教育水平，已基本与城区重点中小学持平。

2019 年 9 月，赵敏考入河北平山实验中学，读高中。入学时，成绩是全班第 17 名。

我采访的时候，班主任老师告诉我，这姑娘优秀呢，最近一次考试，已是全班第 7 名。

说着，老师鼓励赵敏接受我的采访。

赵敏落落大方地坐下来，以纯正的普通话，向我讲述了以上故事。

《在万分之一的国土上》创作谈

在我们这个广袤的国土上，有东西部之分，有南北方差别，有贫困地区，也有富裕之乡。贫困地区当然需要精准扶贫，而那些已经脱离贫穷的富裕地区呢？

当然，他们也有“贫困”，也有更需要补强的地方。

特别是精神文明方面。

江苏省张家港市，是中国最富裕的地方之一。这里也是全国精神文明建设最先进的地方之一，不唯先进，而且先行。

2019 年 7 月，应张家港市方面的邀请，我赶到这里，对这里的“精神文明”进行了一番细致的感受和采风……

在万分之一的国土上

（发表于《中国作家》杂志2019年第12期）

5 月的一天，我去江苏省张家港市开会。从苏州高铁站出来后，乘出租车前往。

初夏的江南，已是溽热。我来自北方，依然身裹春服，不知不觉中，脸上珠汗涔涔。

那位年轻的司机师傅，拿出一瓶矿泉水，微笑着递给我。看到我有些犹豫，他用劲把瓶盖拧开，往自己杯子里倾倒一半，把剩下的半瓶水塞到我手中，并碰了一下，笑哈哈地说:“干杯！”说完，一饮而尽。

我有些不好意思，旋即接过来，仰首痛饮。

顿时，浑身凉爽爽，心底热辣辣。

再看窗外的张家港市，每一栋楼房都像一张张笑脸，每一位行人都像一个个朋友。街头站立着一株株香樟树，蓊蓊郁郁，滴青流翠；空气中，飘舞着一股迷人的清香……

一、沙洲上的张家港

这是一片古老的土地。春秋时属吴国，秦时归会稽郡，汉高祖五年（前 202 年）建暨阳乡。唐代高僧鉴真最后一次东渡日本，即从这里出发。

这是一片偏僻的土地。位于长江下游南岸，是江尾海头的一块边角地。江岸上是粗粗糙糙的滩涂，滩涂边是粗粗糙糙的土屋，土屋里是粗粗糙糙的穷人。飘浮在穷人心头的，是粗粗糙糙的梦想。

这是一片年轻的土地。1949 年新中国成立后，这里仍然分属常熟和江阴。1962 年，两地各自划出部分区域，建立沙洲县。

为什么命名沙洲县呢？可想而知。

巧合的是，沙洲县面积 986 平方公里，几乎是国土面积的万分之一。

1986 年 9 月，经国务院批准，沙洲县易名张家港市。

当时的张家港市，在苏州市下辖各县市中经济倒数第一，号称苏南的“北大荒”。

说起张家港市的腾飞，不得不提到一个人。

1992 年 4 月，伴随着邓小平南方谈话的春风，刚刚走马上任市委书记的秦振华主持召开第一次常委会议就语惊四座：“工业超常熟，外贸超吴江，城市建设超昆山。各项工作争第一！”

“三超一争”，犹如石破天惊。常熟当时在苏州各县市中经济总量第一，吴江是江苏外贸“九连冠”，昆山是国务院批准的城市开发示范县。还有“各项工作争第一”，有可能吗？

但，这就是张家港人的勇气！

从此以后，这块热土上不断传出一个个“爆炸性新闻”。全国第一家内河港型保税区；全国第一条县级市高等级公路；全国第一条县级市步行街；以港口和保税区为龙头，以高等级公路和沿江公路为骨干框架，带动省级经济开发区、沿江经济开发区、204 国道沿线经济开发区、南城经济开发区，以及多个乡镇工业小区……

短短两年时间，张家港“抢”来 28 个“全国第一”，另有 34 项工作获得全国先进称号，37 项工作获得全省先进称号。

年轻的张家港，胸前挂满金牌！

但他们并不满足。秦振华说，这些都是单打冠军，有没有一个综合荣誉呢？

当时，国家还没有设立对一座城市的综合性荣誉称号。

怎么办？

那就先行先试。经过反复考虑，他们把这项模拟的荣誉称号初步命名为“全国文明城市”。

标准是什么？他们把所有获得国家单项荣誉标准的最上限集中起来，初步制定了一个目标参数。

第一步，从整治脏乱差开始。

当时的全国大部分城市，环境卫生是一个普遍性的突出问题！

于是，80 万把笤帚，扫出一个卫生城。

接着，进行垃圾分类袋装化，集中处理；禁止摩托车进城；城区禁放烟花爆竹；搬迁城区污染企业；农村严禁河边倾倒垃圾……

城乡面貌，焕然一新！

1995 年 10 月 18 日，中宣部和国务院办公厅在张家港市召开全国精神文明建设经验交流会。

1997 年 4 月 21 日，中共中央发出《关于成立中央精神文明建设指导委员会的通知》。《通知》指出，根据党的十四届六中全会通过的《中共中央关于加强社会主义精神文明建设若干重要问题的决议》，中央决定成立中央精神文明建设指导委员会。

2005 年，“全国文明城市”正式开评，三年一届。

而张家港，从始至今，从无缺席。

……

在这个过程中，张家港市的经济发展和文明建设，如车之双轮、鸟之两翅，共同发力，比翼齐飞，创造了举世瞩目的辉煌……

二、消失的农民

永联村，几乎就是张家港的缩影。

1970 年之前，这里还是长江边的一片滩涂。围垦之后，只有 800 亩土地，从附近迁居 254 户 700 多人，村名暂定为“七零圩”。显然，这是一个临时且粗糙的名字。

由于地势低洼，十年九涝，小村连续更换四届党支部班子，都没有走出贫困的泥淖，是全县最穷、最乱的一个村。1978 年 7 月，邻村的退伍军人吴栋材，被组织委派担任该村第五任党支部书记。

这一年，正是中国改革开放元年。

第一步是挖塘养鱼。养鱼得利后，瞄准正在致富的农民们的需要，创办七家小型企业：预制板厂、花砖厂、浴缸厂、沙发厂等。小村蒸蒸日上，渐渐红火。

1983 年，正式确定村名。

烟雾腾腾中，大家讨论一夜，最后确定为“永联”。大家从各地来，要永远联合，共同富裕。

1984 年，永联村瞄准全国城乡大建设良机，果断关掉以前的七个小厂，集中财力和精力，创办轧钢厂。

从轧钢出发，再创办炼钢，逐渐成龙配套、提档升级。

2012 年，永钢产量已达 800 万吨，成为全国赫赫有名的大型钢铁企业。

……

永钢规模一步步扩大，先后向四周征用土地 6000 亩。在群众的呼声中，永联村与周围六个村合并成一个党总支，变成一个拥有 19800 名居民的社区。昔日老宅全部拆除，楼房林立，翠绿密布。

重新规划后的永联社区，4000 亩园林，环绕钢厂；3000 亩粮食基地，只需 12 个人耕种；另有 500 亩休闲农业、400 亩果蔬基地、100 亩水产养殖。

小镇水乡，花园工厂，城市风情，现代农庄，构成一幅中国当代农村的美丽画卷。

可是，农民变居民，需要一个艰难而又微妙的过程。

刚开始，住进楼房的村民们还保留着传统的生活习惯，在绿化带中种蔬菜，去景观河里洗拖把，到公共卫生间里杀鱼宰鸡。老支书吴栋材教育大家，艰苦朴素的精神不能丢，但这种做法不可取；“苦皮肉”的日子已经过去，我们要过一种文明的幸福生活。

集体场所的洗手池安装感应式水龙头，群众煞是好奇，反复伸手试探。时间不长，水龙头坏掉一半。管理人员抱怨说农民落后，建议换回传统式水龙头。吴栋材说，不是乡亲们落后，而是少见多怪。于是，村党支部组织全体居民分批到上海、杭州等地观光，开眼界。

乡亲们文化程度低，习惯了存款单和存折，不情愿统一使用银行卡。

于是，他们专门设计一卡通、一机通和一网通。用密码进入后，所有信息全在里面，方便、环保又安全。

但总有一些老年人不愿意配合。于是，党支部再想办法，进行精准培训，并规定：凡考试过关者，奖励 1000 元。这一下，老头老太太们的学习劲头上来了，让儿孙们手把手地教。三天时间，全部过关。

永联村的人们啊，真是幸福一族，人均年收入 5.3 万元，享受着比城里人更优越的福利和社保待遇。

金塘社区距离城区 7 公里，是一个纯农民拆迁安置社区，共 90 多栋楼，居住着 3600 多户 8900 多人，涉及 7 个村 100 多个村民小组。

老邻居、老兄弟、老姐妹，想见见面。过去庭院大，可以在家里设宴，现在地方没有了。怎么办？

一种新形式出现了：睦邻宴，AA 制。

大家都在微信群里，招呼着，相聚在社区专门设立的便民餐厅，包粽子、捏馄饨、煮团子……过去以村民小组为单位，现在以楼栋为单元，组成新的集体。

但是，总有一些摩擦和纠纷。

比如农作物晾晒。毕竟是农民，总喜欢把黄豆、芝麻、豆角等，晾晒在马路边、广场上、舞台上、球场上。

还有，上下楼晾衣服的滴水问题，老物件堆放楼道问题，随地吐痰、扔垃圾问题，等等。

面对这些，一种全新的管理模式又出现了：居民代表议事会制度。每栋楼选出 2 名代表，再从中海选出 9 名议事会成员。由这 9 名成员对所有问题进行充分讨论，形成决议。

以前的管理方式是自上而下，现在呢，正好相反：自下而上。

比如棋牌室抽烟问题。棋牌室是老年人的好去处，可个别人喜欢抽烟，大部分人又拒绝烟味。双方意见相左，矛盾重重，争吵不断。怎么办？移交给居民议事会解决。

最后，尊重大多数人意见，形成一个公约。公约的核心就是惩治方案，即发现有人抽烟，工作人员可以关门歇业。这项规定，增加了居民之前的相互监督和制约，最大限度地平息了管理纠纷。

从此，棋牌室里，只见笑语喧喧，不见烟雾腾腾，温热的乡情、清新的气息在悄悄弥漫。

……

马克思说过：“农民怎样生产，就怎样生活。”

如今张家港市的数十个大型农民社区已经基本城市化。中青年男女或打理自家店铺，或在企业上班。周末和晚上，他们或在街头参加公益活动，或在社区进行技能培训。老年人呢，更是自觉地组成志愿者服务队，义务为社区的绿道、广场洗脸美容。

在他们身上，私德变成了公德，文明从院内走到了户外。

张家港的农民，正在大面积消失，正在经历着和完成着各自脱胎换骨的嬗变……

三、遍地志愿者

张家港常住人口 121 万，其中外来人口 71 万。

在这个万分之一的国土上，诞生了太多的奇迹：从镇办企业起家的沙钢，是江苏省第一个销售超过 2000 亿元的特大型企业，其实力，已跻身中国规模最大的三大钢铁航母之列，连续十年挺进“世界五百强”。

在这里，还有 37 家世界五百强企业投资建设的 67 个企业、21 家上市公司、1000 多家外资企业……

这里，是一个经济丛林，更是一个文明世界！

“张闻明”是谁？

这曾是本市的头号悬念。

“张闻明，远方的孩子想见您！”2003 年 9 月 10 日，《张家港日报》刊发了一篇来自湖北省五峰土家族自治县三坪希望小学的“寻亲”报道，希望寻找多次寄钱寄物给他们的好心人——张家港“张闻明”。

后来查证，“张闻明”是张家港市移动通信公司团支部的一群年轻人。

从此，争做“张闻明”，进一步点燃了这座城市的“爱心之火”。

17 岁的少女作家郭秦，8 年间捐出稿费 12 万元，资助 80 多名贫困生，成为知名的“老慈善家”；徐俊，张家港市无偿献血状元，先后献血 4 万多毫升，相当于周身血液的 10 倍；林荣，在小岛从教 30 年，从风华正茂到两鬓染霜……

企业家也纷纷扛起社会责任。沙钢集团在汶川大地震之后第二天就率先捐款 1 亿元，骏马集团在全国援建 10 所希望小学……

不要薪酬，不要场地。无须号召，无须鼓励。帮助别人，快乐自己。

这是志愿者们的追求，也是他们的宣言。

石小蛟是一位摄影爱好者。2014 年的一天，他突发奇想，如此美丽的城市，背后是深厚的蕴意和绵长的根系，而那些见证岁月成长的百岁老人们，是最立体、最真实的呈现。于是，他约请 50 位摄影界志愿者，对全市 106 位百岁老人进行了详细的摄影跟踪。的确，每一位百岁老人，都是张家港的历史见证，都是张家港的“百年笑容”。

年过四十的钱雪英是一家企业的部门主管。2010 年她开始参加志愿服务，定期在学校接送小学生，到医院陪伴绝症病人，一对一帮助贫困家庭。目前，她主要担任“美湖使者志愿服务团”团长。

什么是美湖使者呢？

张家港城内城外，到处是湖泊，是当地人锻炼身体和放牧心灵的好去处。但由于人多为患，湖畔的草坪上经常出现垃圾杂物。

每个周末，别人休息了，却正是他们上岗的时候。钱雪英和志愿者们一起，一边游湖赏景，一边默默地拾捡垃圾。不一会儿，大家手里的袋子鼓鼓囊囊、沉沉重重。而他们身后的草坪，慢慢地绽开了欣慰的笑靥。

看到几个人坐在草地上野餐，就上前赠送一句：“祝你们玩得开心啊，送你们一个垃圾袋。”

“好嘞，我们会把垃圾带走的。谢谢您！”

大家相视一笑，各自温暖。

久而久之，美湖使者志愿团已经扩大到 2500 多人。

除了湖泊，他们还去攀爬城西的香山、城南的凤凰山。攀爬一座山，干净山一座。大山们高高兴兴的，都认识了这位满面微笑的阿姨。

暨阳湖在城南，圆圆的湖面，如镜面，阳光如雪，清风熏香，云儿在水中舞，风儿在水上跳；城北是沙洲湖，绿水浩渺，联袂长江；城东是黄泗浦，一片湿地公园，鉴真东渡的出发地。

这一片片扁扁圆圆、肥肥瘦瘦的河湖啊，是张家港明亮的眼睛，更是张家港通畅的血脉……

一位居民因财产纠纷与父母多年结怨。老父亲辞世时，他仍然耿耿于怀，不理后事。亲戚邻居纷纷劝说，均告无效。志愿者们另辟蹊径，终于从其父遗物中找到一张早年的合影。于是，他们手持老照片，帮他回忆童年与父亲在一起时的温暖故事，动之以情，晓之以理。这个居民终于幡然悔悟，捐弃前嫌，哭倒在地。

除夕之前，一位青年在城外 30 公里处遭遇车祸，车毁人亡。正是欢天喜地的时候，谁情愿染指丧事呢。5 名志愿者马上放下一切，赶到现场，一边帮助家属处理后事，一边联系交警勘查现场。虽然耽误了过年，但大家感觉完成了一件比过年更有价值的事情。

“逢病必探，闻丧必吊”，凡有志愿者父母或亲人去世，志愿者们更是全员出动。他们凭吊的方式很独特：买来竹竿、纸张和铁丝，大家围坐在一起，亲手为逝者编制一个花圈。一朵朵素花，虽然没有芬芳，却绽放着浓浓哀思。

……

年过五旬的高跃新是一位河南农民，2008 年来到张家港，担任张家港市司法局的保安。最初，他过年留守值班，发现不少外来务工人员与本地融通不畅，处于“孤岛”状态。于是，他组织了一次“百家宴”，大家 AA 制，共同过年，感受亲情。后来，他索性组织了一个“同城伙伴志愿服务团”，专门针对外来人员，进行义务帮扶。

附近一个社区，居住者多为外来工。由于生活缺乏规律和规范，尤其是餐后垃圾随意乱扔，本地居民意见很大。看到这种情况，高跃新主动组织志愿者在社区内清扫。看着堆积如山的垃圾，外来工们震撼了、惭愧了。从此，手下留情，脚下留净，不良习惯默然改变。

平时，利用休息时间，高跃新主动走访多家企业。他关注的主题只有一个：外来工融入。

几年以来，他的志愿者团队达到 934 人。

他们用微笑和真诚，融通了几千个心灵，几万个心灵，使众多孤独的外来工与脚下的大地融为一体，成为一家人，成为新张家港人！

……

在张家港，志愿者活动已经蔚成风尚。目前，全市共有志愿者团队 1000 多个，注册志愿者 5.8 万名，平均每天开展志愿者活动 33 个……

沙洲路商业街是中国第一条县级城市步行街，见证了张家港的成长和蜕变。

近年来，这条街经过进一步打造，已成为一条集购物、休闲、娱乐、餐饮为一体的综合商业街，成为张家港市的“金字招牌”。

王丹是一位外地姑娘，2012 年从苏州大学法学院毕业后，来到张家港市城管局工作，在这条街上巡逻执法。

每天的工作早已不是印象中的管理小摊小贩，而是捡拾垃圾、烟头、纸屑，劝导自行车，劝离电瓶车，查看公共设施有无破损。

一家门店专售孕妇服装，门口台阶破损。王丹让老板整修，可他总是拖拉，推说太忙，又说没时间去找水泥黄沙。她着急了，便从附近工地借来半袋黄沙水泥，又找来木板和专用工具，自己动手。老板的脸红了，连忙蹲下来，一起干。

街上有一处公共部位，墙面陈旧，与周围颜值不够协调。于是，她再次找来工具，购来涂料，亲自上阵，像布置自己的婚房。

工程结束了。白白的墙壁，像她白皙的笑脸，还有涟漪般的笑容……

但也有不和谐的音符。

2017 年元宵节期间，正是步行街人流旺盛的时候。一位 40 多岁的残疾人，故意自污形象，虚构病情，天天前来乞讨。王丹询问后，劝导他去民政局求助站。可这是一位假冒残疾人，开豪华车，抽中华烟，却专以乞讨为生，每天可收入一两千元。

摸清情况后，王丹再次劝导退出。可此人变本加厉，大冬天，脱光上衣，故意博取行人同情心，后来干脆又找来一个同伙，冒充病危患者，躺在地上。

面对这种情况，怎么办？王丹与大家讨论：文明执法，只能劝告。

后来，终于想出一个好办法：请一位协管员手举一个书写“小心诈骗”的小牌，静静地站在附近，提示行人。

第二天，假乞丐消失了。

这张奇特的照片，一时成为互联网上的热点。

四、都是一家人

张家港有一项特殊的亲情政策：凡在本市就读的外来务工人员子女，完全享受本市户籍学生待遇，一样免学杂费、课本费、讲义费、信息技术费等，一样乘坐校车且享受财政补贴，一样享受“阳光午餐”补贴，一样享有参加各项比赛、社会实践和评先评优权利，一样根据中考成绩进入相应的普通高中或职业中学就读。

塘市小学位于城乡接合部，占地 75 亩，有 2770 名学生，其中外来务工者子女占 77.2%，来自 27 个省市自治区，15 个少数民族。

这些孩子来自五湖四海，具有不同的文化背景。

学校以“圆融”为文化建设核心理念，努力让每一个孩子都能享有公平而有质量的教育，让城乡教育无差别，让幸福童年无差别。

他们开设了 60 多个兴趣课堂，书法、美术、音乐、舞蹈、合唱、古筝、体育等，充分发掘和点燃每一个孩子的兴趣火苗。

某私营企业货车司机，夫妻两人在张家港打工，工作稳定后，把留守在农村的 10 岁女儿接过来。刚开始，小姑娘自卑且内向，但老师发现这孩子性格刚强，表达能力强，便建议孩子选报演讲兴趣班。不长时间，孩子变得开朗且阳光，像一个漂亮的小公主。司机夫妻无比快乐，决心贷款在这里买房。

有一位小朋友马永汉，河南人，参加学校的篮球兴趣班。三年之后，竟然被输送到苏州市体校篮球队，参加全国比赛。

一对来自青海的夫妻，在学校附近开了一家拉面馆，三个孩子都在这里就读。他们夫妻不识字，孩子入学时，都是老师帮他们填表并办理所有手续。孩子们就读后，很快就学会一口标准的普通话，写出一手工整的书法字。看着这座默默的城市，他们有着一种温热的归属感。

外地人，本地人，都是张家港人！

在张家港市东北 40 公里处的长江边的滩涂上，有一处偏僻的院落。

这里，便是常阴沙基地。

这个基地以“立德树人，实践育人”为宗旨，将综合实践活动纳入全市中小学课程体系，确保每年有 3 万多名中小学生参加为期三天的社会实践活动。

基地坚持让学生“经历一次体验，感受一次成功，尝试一次创新”的办学理念，除了在思想、道德、礼仪等方面进行具体教育之外，小学生以综合实践活动为主，开设迷你粽子、糕点制作、益智游戏、4D 电影、感恩花艺等课程；中学生以劳动实践为主，开设飘香馄饨、木工制作、电子百拼、农业劳动、下河捕鱼等课程；高中生则以军事教育为主，开设军事拓展、战地救护、户外野炊、人防教育、消防演练等课程。同时，还推出露天电影、篝火晚会、江堤拉练、果蔬采摘、经典诵读等特色活动。

“小皇帝”“小公主”们，独自在这里生活三天后，便会在生命深处植入一股莫名的沧桑和历练，从而初步明白人生的责任和使命。

据张家港市教育局副局长钱洁雅介绍，全市义务教育阶段中小学生 11.58 万，其中新市民子女 6.16 万，占 53.18%。

义务教育阶段的所有孩子，凡是离校 3 公里之外的，只要申请，都可以校车接送。

全市专门购买了 106 辆专用校车，每天来来往往，载满歌声笑声。

文明的种子，伴着和风细雨，在下一代心中扎根，抽枝散叶，长成小树……

香樟，是张家港的市树。

北方人对香樟的概念多是樟木箱。其实，香樟是江南四大名木之一，是景观树的优选。不仅如此，其根、茎、枝、叶均可提取樟脑、樟油，广泛用于化工、医药、香料等方面。其木材，更是名贵家具、高档建筑、造船、乐器和雕刻的理想用材。

春天，万物苏醒，香樟树长出嫩绿的新叶，老叶却在凋谢之前呈现出最后的鲜艳，仿佛一只只美丽的彩蝶，翩翩地栖息树梢。

夏天，酷暑当头，赤日炎炎，遮天蔽日的树荫浓密如伞，给人们带来无限清凉。尤其是它散发的樟脑香气，沁人心脾，可消除多种疑难杂症。

张家港，就是一座四季常青的香樟公园！

五、书香与心香

“走着走着，不小心就走进了图书馆。”采访时，不止一个市民对我说。

的确，张家港市是我国拥有图书馆最多的县级市！

阅读，是一个人的终生功课。过去，人们习惯了世界读书日或读书月。但富裕的张家港并不满足，他们要为全体市民创造一个更舒适的环境，天天阅读、处处阅读、时时阅读，从而进一步内化市民素质，凝聚城市气质，提升城市品质。

2011 年，他们开始建设“书香城市”，投巨资进行设施建设和资源保障等。

在张家港，市级层面拥有两个规模图书馆，240 万册图书。各机关、企业、街道、社区、学校等，必须配备图书馆。每个村庄，全部开辟图书室。

2014 年 8 月开始，张家港又开通了全国首家城市街区 24 小时图书馆驿站，并在各个风景区和公园建立“森林书屋”“湖畔书舍”“茗苑书楼”“艺读书吧”“恬庄书院”“香山书舍”等一大批“最美阅读空间”。

另外，张家港还投入 470 万元，进行“数字图书馆”建设，建立微信图书馆、全国阅读掌上报名系统、“无线张家港”手机客户端、“电子阅读节”等，而覆盖全市农村的免费无线 WiFi 服务，更让阅读无时不有、无处不在。

在张家港，固定阅读空间 200 多所，是市民们不可或缺的精神宫阙。

在这里，有专职阅读推广师 32 人，阅读推广人 1800 多人，各种读书小组和文化沙龙及社团、民间博物馆，不计其数。

“长江边，古暨阳，一代代，耕读忙……”2017 年 4 月，张家港市再次诞生了一个“全国第一”，即全国第一首以全民读书月为主题的童谣:《春天里，生梦想》。

阅读，是精神的加油站，是思想的充电器，一粒粒黑黝黝的饱满的汉字，像圣哲先贤们的一双双眼睛，静谧、肃穆而又慈祥。

周末，各个书店和阅读场所，人员特别稠密。

这些阅读者，多是附近的居民，父与子、夫与妻、耄耋与稚雏，还有在事业中摸爬滚打的中青年男女。

一扇扇返璞归真的大门，一桌桌精神文化的盛宴，人人大快朵颐。

采访时，我遇到一位刘姓中年男士，是附近一家公司的董事长。每个周末，只要有时间，他都会来这里阅读：“整天在钢筋水泥、灯红酒绿中奔忙、寻找，其实这里才是心灵的故乡。”

妙曼的音乐，悠远空灵，通天彻地，没有波峰浪谷，没有鸟鸣蝉噪，只有花开花落，润物无声……

张家港市新华书店副总经理孙钰说，近年来，书店的年销售额都在 1.3 亿元左右，其中图书零售额达 3500 万元。这个数字在全国县级市中遥遥领先。

阅读，默默地塑造着人们的灵魂，建构着一座座神圣的精神之塔……

近年来，“火姐姐”正在成为张家港的新闻人物。

黄艳，女，1979 年生，张家港税务局的一名干部。她业务能力强、综合素质佳、富有爱心，曾多次被评为优秀公务员、征管能手、十佳风险评估能手。

但很少有人知道，她曾是一名严重的心理疾病患者。

黄艳是第一代独生子女，与父母感情深，依赖也深。初中毕业后，她考取了一所中专学校。就在此时，人生的打击接踵而来。先是父亲肝脏出血，被查出急性白血病，突然去世。父亲去世三个月，母亲又生病住院。黄艳独自照顾母亲，而她从来没做过家务事啊。她本来可以读大学，但为了照顾母亲，不得不放弃。到税务系统工作的前几年，她没有正式编制，感觉处处低人一等，心情异常压抑。

2002 年 7 月，在一次体检中，她被查出肝功能异常。拿到体检报告后，她一下子联想到父亲的病情。当时室外骄阳似火，她却感觉置身冰窟。

她的心理崩溃了。严重的“心病”引起了生理上的各种不良反应：胃痛、腹胀、没有食欲、头晕。她紧紧地抱住妈妈，唯有这样才能有一点安全感。

病情最严重的时候，她无数次想到了死。

一个偶然机会，她加入了“阳光工程心理互助论坛”——这是一个全国性的心理疾病患者“抱团取暖”的网络论坛。

在这个论坛里，黄艳突然发现自己并不“孤独”——逃避、焦虑、疑病、烦躁、恐惧、自责、悲观、抑郁，病友很多。

她开始勇敢直面“心魔”，找心理医生治疗，同时自学日本心理学者森田正马的著作，努力地尝试自我救赎。

森田正马有一种针对焦虑症的“自然疗法”，要求焦虑症患者顺其自然，努力做好自己的角色。在单位，要努力做好员工，在家里要努力做好子女、父母。

黄艳强迫自己去上班，下班后把家里一遍又一遍地打扫。渐渐地，她发现当自己投入地做一件事时，焦虑症状明显减退。

在学习和治疗过程中，她进一步认识到自己内心的弱点：多疑和偏执。认识到这些症结后，她努力精准克服，同时坚持服用抗焦虑药物和营养素。

与“心魔”整整鏖战 11 年。2013 年，她终于彻底摆脱困扰，重获新生。

在此期间，她顺利结婚生子。

重新走回阳光中的黄艳，感觉必须把自己的抗争历程告诉病友们。

“阳光工程心理互助论坛”上有一个“生儿育女”版块，主要面对孕期和产后焦虑、抑郁的女同胞们。版块成立后，黄艳主动担任版主。

每天晚上 9 点半到 11 点，是她雷打不动的“热线”时间。她用温暖、柔和的嗓音一点点扫去心理疾病患者及患者家属心中的阴霾。

大连的一名女青年，婚前曾患忧郁症，怀孕后症状复发。一天晚上，她在网上给黄艳留言，说自己“打算堕胎，然后跳海自尽”。此时已是夜间 10 点多钟，黄艳焦急万分，费尽周折联系到了对方的母亲。已经在海边徘徊的女青年，终于被从死亡线上拉了回来。此后，黄艳持续关注，鼓励她、帮她买药。最终，她顺利地生下了孩子。

吴江的一名女青年，怀孕期间焦虑症发作，进而引发早产。在网上认识了黄艳后，她把黄艳当成了“救命稻草”，几乎每天晚上通话半个小时。两年后，对方终于康复了。

浙江的一名女青年，在焦虑症复发期间意外怀孕，在黄艳的心灵陪伴下，艰难地度过了孕期。

黄艳的 QQ 和微信里有 3 个好友群，共 1500 多人，大都是她关注、帮助的心理疾病患者。

为了更好地帮助心理疾病患者，黄艳从 2013 年开始系统地学习心理学，经常利用周末和假期前往北京、上海、杭州、香港等地参加专业培训。如今，她已经正式考取国家二级心理咨询师。

她的网名是“火烈鸟”，网友们亲切地称她“火姐姐”。

众多孤独的灵魂，在这里得到了温暖，看到了光亮。

……

超负荷的工作压力、感情与家庭的变故、对网络的过分依赖、急功近利的心态、事业挫折的烦恼、过分溺爱独生子女、老年人缺乏精神关爱等等，都会引起情绪障碍，成为心理障碍，进而郁结成病。

其实，心理疾病几乎人人都可能遇到，甚至每个人都有可能患染，只是程度不同，认知不同。

这是一个全新的社会问题！

针对这种情况，张家港市相关部门正在积极培养心理咨询师队伍，争取每个单位都要拥有一位专业的心理咨询师。目前，全市已经拥有 300 多位正式或兼职心理咨询师和疏导员。

张家港，正在试图融通一种更高层次的文明！

春风看得见吗？温暖看得见吗？花香看得见吗？兴奋看得见吗？沮丧看得见吗？灵感看得见吗？

这些，是虚是实？是有是无？是正是负？需要重视，还是需要忽视？

春风骀荡，可以吹得百花盛开，姹紫嫣红；心情激奋，可以激活千朵灵感，万盘僵局。

这，就是精神文明的作用！

改革开放40年来，张家港市GDP总量由1978年的3.2亿元增至2018年的2720.18亿元，年均增速高达18.4%，综合实力连续14年稳居全国县域经济百强榜前三。同时，张家港是全国唯一获得全国文明城市五连冠的县级市，并先后荣获200余项国家级荣誉。

……

社会学家说，人的习惯是最顽韧的，但习惯有惰性也有良性。人们通过刻意的努力，完全可以形成和确立一种全新的、良好的惯性。

其实，我们所有的努力，不就是要让人与人、人与自然之间建立起一种新型的、良好的和谐关系吗？

这就是文明的进步，这就是社会的发展，这就是张家港市全力创建“全国文明城市”的初衷和目的，这就是社会主义核心价值观建设的主旨和要义。

121万新老张家港人，正是从心底深处认识到了这项创建活动的根本意义，才焕发出了如此高昂的热情，才义无反顾地投身到了这场改变他们生产、生活、生存和生命方式的伟大实践中，并通过这场细细碎碎却又轰轰烈烈的伟大实践，在文明着自身，也文明着社会……

春天来了，文明正在遍地开花！

《乡贤》创作谈

《乡贤》的创作，缘于一位乡贤。

王殿明先生是邢台市临西县人，生于1953年。他少时家贫，竟然不知自己的生日，参军那一天，填写入伍志愿书时，茫然四顾。这时，带兵的军官说，你就填七月一日吧，与党同一天生日。于是，他的生日，便成了天下共庆。这样的出身，在部队，肯定是一位好军人、好军官。后来，他以正团职军官转业到石家庄市。在地方，他秉守着部队的好作风，踏踏实实做人做事。再后来，他下海经商，竟然成为亿万富翁。

发财之后，如何生活？他首先把目光投回了仍旧贫穷的故乡，累计投资数千万元，打井、植树、修路、办学等等。感于故乡内陆封闭、不能游泳，他竟然建造了一个高标准游泳池，免费开放。

这些年，伴随着整个农村的全面脱贫，王先生的故乡更漂亮了。

这，不就是中国农民梦想的小康生活吗。

这美好的小康生活，源于大家的共同努力，也源于王先生的真诚努力！

乡　贤

（发表于《光明日报》2017年5月5日副刊）

村头一口老井。

井台的青石光幽幽、粗砺砺。毛茸茸的井绳，钩着水桶，颤悠悠地卸下去。水桶浮在水面，不肯下沉。猛用力，井绳一抖，水桶倒栽葱，翻个筋斗，呛满水。往上提，沉甸甸，勒得手疼。他咬着牙，握紧井绳，用尽洪荒之力，小心翼翼地提上井台。

村街瘦瘦的，沟沟坎坎，歪歪斜斜。下雨了，路上挤满白白胖胖的水泡，呼喊着，雀跃着，嬉嬉闹闹地向东奔去。

村西是一片枣林。暮春里，黄灿灿，雾腾腾，氤氤氲氲，宛若一片燃烧的火焰。每一个枝条上，缀满嫩绿的新叶，羞羞的，颤颤的，明眸皓齿，流盼娇喘。最是叶柄上米粒大小的细碎黄花，像一只只小手，像一个个嘴巴，在风中摇曳着，喘息着，嗡嗡嗡，嘤嘤嘤。于是，整个小村都香起来了，都成了枣花的臣民。

上学了，和张明美、章鸿福等小伙伴一起，坐在破旧的教室里，听老师讲那稀奇的事情，眼里和心底闪烁着明明暗暗的惊喜和迷惘。放学了，饿得满眼晃荡。钻进枣林，偷偷吃几颗青枣。肠胃登时有了支撑，手脚立时有了力量。

枣林旁边，是一个池塘，清水盈盈。夏天里，他常常光着屁股，在里面游泳，躺在水面上，挺着白肚皮。仿佛这就是他的大海，他的世界，他的快乐。

一天，粗糠吃多了，拉不出屎来，疼得躺在地上直打滚儿。街上的万医生跑过来，焦急地揉着，又用手指抠肛门。第二天，他去送治疗费，万医生摸着他的头，又把钱塞回他的手里……

这些，都是他的早年生活，永恒记忆！

他的小村，名叫万庄，位于河北省临西县东南角，与山东省搭界。

和所有胡子里长满故事的农村一样，万庄村的空气里也飘浮着许多传说：廉颇驻兵、乾隆摇鞍，等等。是真是假，不好说。但贫穷，是真实的；美好，也是真实的。

1953 年 7 月，他就落生于此。

高中毕业，王殿明揣着饥饿，满眼迷茫，离开了小村……

一晃 30 年！

这期间，王殿明始终在位于石家庄市的北京军区军医学校服役。班长、副排长、收发员、保密员、通信技师、军需科长、军务处处长，直到上校军官。无论啥岗位，都是顶呱呱。

有一个战友，家境贫寒，父母多病。他每月偷偷地寄钱。战友纳闷，直到两年后才“抓”到原形。他还用自己微薄的工资，陆续资助 36 名贫困学生。一沓沓汇款单，加起来，5.6 万元。

1998 年，部队集资建房，分配给他一套 80 多平方米的住宅，需要 5 万元。他拿不出来，只好借款 4.3 万元。

妻子总埋怨他傻蛋，是一个呆头呆脑的大头兵。女儿呢，笑一笑说，爸爸的颜色，是赤红的。

转眼之间，年近半百，准备离岗。

组织和社会，没有亏待自己啊。儿时的伙伴，有生病的，有去世的，大都生活在困窘中。而自己呢，虽然没有升官，没有发财，但一个农村苦娃子，也算成功，也算圆满。坦坦荡荡，健健壮壮，落下一具好身体，一片好人缘。

想到这里，他点燃一支烟，神仙般眯眯地笑了。

人生不过如此。虽有小遗憾，却也知足矣。

王殿明的发财，简直是一个传奇！

1999 年，他正式离职，恋恋不舍地摘下了军衔、帽徽。那些日子，他一直在想，退休了，干些什么呢。

当时，各类民办高校大热，国家号召民营资本介入。

他没有钱，但有朋友，有胆气，有眼光。于是，捷足先登，借款40万元，下海经商。

商海滔滔，商机无限。他以真诚、胆略和汗水为斧锤，为钥匙，居然凿通了一条条路，打开了一扇扇门。

最多的时候，他从银行贷款近亿元。别人害怕，他却镇静。韩信将兵，多多益善。在部队没有实现的将军梦，居然在商场实现了。

他与5所高等院校合作办学，建公寓，造校舍，承包物业。

奋斗几年，竟然挣下数千万元资产。

他的钱来得是不是太容易了？有时候，他也想，自己是不是一个投机分子？

但，又是合法的。

只能说，他是一个幸运者！

是的，我们的许多政策，要鼓励勤劳致富，也要鼓励智慧致富。但制定政策者应该是智慧的化身，要高于众人，要领率众人，不能给予普通劳动以暴富机会。一个成熟的政策形态，应该优惠科技发明者和管理创新者。当他们超出当代水平，创造出新的管理模式和发明成果并取得超越性成效时，应当给以实实在在的重奖，使他们暴富，从而刺激社会，激励万众创新，推动社会进步。

普通的创新，常规的创新，政策不能提供暴富机会啊。若非，我们只能说这种社会管理还处于较低水平。

但，这是社会发展的必然代价啊。

不管怎么样，聪明人、勤劳人、厚道人王殿明，从社会上，从商海里，特别幸运又合法合理地捞取了一大桶黄金，成为一个富人。

有时候，他常常在梦中偷笑。

笑自己的幸运，笑这个社会的艰难和简单。

……

下面的问题，他应该如何消费这“一大桶黄金”呢？

有着足够的退休金，有着足以温暖的住房，唯一的女儿已成家立业。自己的未来生活，怎样安排？

他最初的设想，也是最直接、最简单的设想，就是购别墅、买豪车、观美景，安安静静地行乐。

是啊，吃苦大半生，应该好好享受享受了。

第二个设想，就是办企业，开公司，钱生钱，利滚利，当大企业家、大老板，坐享巨大财富的来来往往。

但这些，都不是他的愿景。

一天夜里，他梦见了童年，梦见了小村。那口水井，那片枣林，那片池塘……

离开故乡，已经 30 多年了。

改革开放之后，小村的温饱问题虽然解决，但仍是贫穷。路，还是儿时的坑坑洼洼；学校，依然如故；村集体，连一个办公场所也没有。不大的村庄，却流浪着 30 多条光棍儿。

2004 年，他开始向家乡无偿投资。

村头的水井早已消失，村民们长年饮用浅层井水，浑浑黄黄，十几个村民身患癌症。他叹一口气，投资 30 万元，打一眼深水井。又铺设自来水管，通往家家户户。他通过大喇叭，向父老乡亲宣布：用水用电，永远免费！

村街，还是儿时的土路，晴天尘土飞扬，雨天泥泞不堪。他投资 27 万元，全部硬化。于是，白净净的水泥路面，变成了一张张微笑的脸。

村民没有集中聚会的场所，开会是露天，电影是露天，看戏也是露天。下雨天、刮风天、大冬天怎么办呢？他投资 680 万元，建造一个大礼堂，既可开会，又可娱乐。县城里也没有如此高档的设施啊，于是，县委机关开会，也常常前来借用。

游泳，是内陆干旱乡村的梦想。看着终生也没有触摸过泳池的父老乡亲，他忽发奇想。城里泳池的标准面积是 25×50 米，而他建造的是 35×85 米。于是，小村的夏天，成为一个欢乐的世界。

村两委办公室、学校、广场、养老院等，一个个全建立起来了。

几年之内，他在村里的投入，接近 2000 万元。

村里的每一个人，每一棵树，每一堵墙，甚至每一只鸡，每一只狗，都在暗暗庆幸，都在啧啧称叹，称叹小村出了一个好儿子！

直到有一天，村民们联合找他，希望再修一座庙。

他心底一怔。霎时间，他明白了什么。

他的故乡，也与外界一样，是一个小社会啊，风气混浊，问题多多。一个邻居，婆媳不和，媳妇拒绝赡养公婆，法院调解不下，纷争不休。上访、赌博、酗酒、打架，甚至偷盗现象，更是比比皆是……

他一直在思考，到底是什么原因，使乡村失去了重心，失去了和谐？

于是，他决定调整投资方向。

枣林还在，那是小村的根和魂。

枣树，与小村的深厚情缘，更在于它的实用性。俗话说："桃三杏四梨五年，枣树当年就还钱。"而且，枣树生命力顽强，抗旱涝，耐苦瘠，即使灾荒年，庄稼绝收，它也能如常结果，从青枣开始，便可续人饥肠。而它的枝干，更是钢筋铁骨，可做切菜板、擀面杖、蒜臼、棒槌、木梳、筷子等，全方位地陪伴人们的生活。

哦，童年的枣树，祖先的枣林。王殿明决心善待每一棵枣树，像老人一样精心养护。他要把这片枣林打造成一个园林，里面刻写一块块石碑，叙述小村的历史……

枣林旁边的水塘，是他小时候游泳的地方，现在早已干枯，变成一个巨大的垃圾坑，臭气熏天，蚊蝇孳生。

他更是下定决心，要把这里打造成一个纯正的文化场所，一个优美的宫苑。

这些年，他在创业中，深深折服于中华传统文化的魅力。

中国优秀传统文化的影响力有多大？

世界各地的诺贝尔奖得主曾在巴黎集会，发表共同宣言："人类要在 21 世纪生存下来，必须回到 2500 多年前中国的孔子那里去寻找智慧！"孔子被列为"世界十大文化名人"之首，而他关于人类社会发展的最著名思想，便是"和为贵"。

"和"是什么？

《易经》六十四卦中，首卦为"乾"，文曰："乾道变化，各正性命。保合太和，乃利贞。"其意为天道变化中，万物各自遵循着自然生长的规律，保持着和合的关系。《易经》又言："夫大人者，与天地合其德，与日月合其明，与四时合其序。"

"和也者，天下之达道也。"《中庸》中进一步阐述，"和"就是符合法度常理，就是天下皆可通行的普遍原则。《论语》在此基础上，更把"和为贵"提升为治国安邦的道行准则。

"和"首先是稳定，而后是发展，且是稳健、和谐地发展。这是一种哲学思想，是世界观，更是方法论，是解决一切矛盾的钥匙。

这，也是传统文化的核心！

历史曲曲折折，但中华民族"和"的基因，从未变异！

王殿明再次投资 1800 万元，对这个垃圾场进行彻底改造：重新开挖池塘；围绕水塘，建造一个主题鲜明的和文化公园，把孔子、孟子、荀子等数十位中华传统文化名人和中华传统二十四孝人物，一一塑像，进行立体的介绍。

圣哲先贤们的一双双眼睛，看着小村，看着大家，静谧、肃穆而又慈祥……

在一个无形的世界里，王殿明进行着精密的建构。

小村偏僻，人流静滞。他与周围村庄联络商议，在本村设立固定集市。开市之前，他重金请来豫剧名角，连唱十台大戏。三里五乡，万人涌动。从此，每月逢四九，全村开集市。贸易流通了，观念苏醒了……

村里有个孩子安兴旗，高考落榜后，由于家境困难，考学无望，便找到王殿明，希望打工。在谈话中，王殿明感觉孩子基础不错，便赠他 5000 元，嘱咐复读，再次高考。第二年，安兴旗果然考入河北师范大学。但每年的学杂费和生活费，又需 1 万多元。王殿明异常高兴，欣然负担。

为了挖掘小村历史，他聘请本县文化名宿，先后编写五本图书：《万庄史话》《万庄民俗》《万庄故事》《万庄与临西》和《万庄神韵》，并正规出版，赠送给各家各户。

与此同时，他在村里还设立和文化节，每年进行“十大和谐家庭”评选……

百善孝为先。孝，是儒家伦理思想的核心，是千百年来中国社会维系家庭关系的道德准则，更是乡村和谐的基础。

几年来，王殿明对此进行了深入的思考、最大的投入。

2009 年 11 月，他立足小村，开始举行一次更大规模的活动：联合中国社会科学院伦理学会、国际儒学会、全国多所高校和多家媒体，举办中华新二十四孝评选。

中国古代二十四孝，系元代郭居敬辑录宋代之前的孝亲故事，绘制成图，已经流传数百年。那么，在当下细细碎碎却又轰轰烈烈的现实生活中，有没有更为经典的孝亲故事呢？

答案是肯定的。

一年之内，评委会共征集到来自全国 30 余省市的 1 万多份案例。

为了评选出当今中国最具代表性的新二十四孝，一年多的海选，王殿明上山下乡，足迹遍布海内外，对入选人员一一登门拜访，盛情慰问，邀请出席。

2010 年 11 月 12 日，在人民日报社报告厅，中华新二十四孝评选颁奖典礼隆重举行。

来自全国各地的获奖者讲述了各自的孝行故事：行孝上班两不误的白衣天使邓桂芳；五十年侍奉四老、四个儿子承接家风的王松梅；为救肝衰竭父亲毅然捐出 60% 肝脏的台湾大学生黄致豪……

这项活动，震动全国！

而后，他又投资 1000 万元，在万庄建造“中华孝道园”，将中华新二十四孝的行孝故事全部用雕塑予以展示。

精致典雅的中华孝道园里，栽种着各种名贵花木，流水潺潺，花香袅袅，熏染着空气，熏染着人心。

几年来，王殿明在故乡的投入累计超过 8000 万元。

原来名不见经传的小村庄，迅速蝶变为一个幸福、和谐的社会主义新农村。

王殿明的目标明确而坚定：打造“华夏和谐文化第一村！”

平时，王殿明最喜欢在那片枣林里散步。

6 月中旬，枣花落尽，根蒂部便会长出青胎。

夏天里，毒毒的日头下，这些小精灵们光着头，裸着身，顶着阳光，进行着最剧烈、最彻底的光合作用，把阳光、水、土壤中的矿物质元素和自家祖传的独特配方，发酵、发酵，酿成甜蜜的液汁。而同时，身体也在日日夜夜地膨胀着，今天像绿豆，明天像豌豆，后天便是珊瑚大小了。

夜夜秋风起，涂黄又涂红。枣儿们成熟了，沉默了，定格为一枚枚赤红的椭圆，恰似一张张村民的脸庞，像父亲的渴望，像母亲的欣慰，像新娘的羞涩，像童子的笑靥，像醉汉的狂癫。

八月十五枣落竿。这些日子里，家家像过节，大人小孩子们挥舞着长长的竹竿，在树上扑打。枣子们“噼里啪啦”地落下来，像乒乓球，在地上来回蹦跳着，间或砸到孩童的头顶上，溅起一声声惊叫，一阵阵嬉笑……

每每看着这些，王殿明的脸，便也笑成了一枚红枣。

小村的富裕与和谐，也在悄悄地发酵、成熟。

100 多位村民在文化园林里服务和打工，不仅营造美丽，还可以领取工资。这其中，包括他儿时的伙伴张明美、章鸿福。当然也有他的新朋友，那个刚刚大学毕业的安兴旗……

当年的万医生去世了，他的后人万文礼继续开办诊所。小伙子刚刚 30 岁，不仅医术高明，还喜欢收藏金石。在王殿明的影响和支持下，办起了一个家庭收藏馆。

还有几户村民，办起了家庭展馆、书画社……

那一对多年失和的婆媳，早已和好如初。

30 多条光棍儿，正在陆续脱单成双。

村里一位女青年，失恋后，几度自杀。走进枣林，静坐两天，醒悟人生，欣然回归生活……

几年来，万庄村再没有上访，更没有刑事案件。

春风化雨，润物无声。

虽然其乐融融，但在不少人眼里，他仍是一个另类。

他的妻子，似乎也不太理解，总说他太傻了，是天下最大的傻瓜。

唯一的女儿，在深圳，常常让他过去，并试图劝他适应所谓的新潮价值观。

父女两人，常常隔空舌战。

他说，中国有中国的国情，中国有中国的道路，老百姓看得清。

说来让人难以置信，办企业这么多年，可直到现在，他在银行从没有自己的账户。

他是一个细心的文化人，又是一个粗心的乡巴佬。

他只喜欢穿带纽襻的中式服装，一件几十元的衬衣，便能对付一个夏天；一双手工的粗布鞋，就可蹚过整个冬天。他吃不惯宴席，从不去歌厅，只喜欢萝卜馒头玉米粥。而他最香甜的睡眠，只是故乡的老房子。

他，终究是乡村的儿子！

而，乡村的儿子，有什么不好呢？

他有着和谐的心境，枣树般的身板。虽已 64 岁，却没有白发，没有花眼，走起路来，踩得地球咚咚直响；吃起饭来，嚼得黑豆咔咔爆裂。

是的，他只是一个普通人，却有着圣人一般的心境。他以全身之财、倾心之情，在痴痴地酿造着乡村的芳香，滋润着乡村的心灵。

他是什么？

他应该是一个无私而高尚的贤人，一个新时期的乡贤，一个红色乡贤，一个时代最需要的红色乡贤！

这些年，王殿明的追求，得到了越来越多的理解和支持。他被选为河北省和谐文化研究会会长，并先后荣获中央电视台“2008 新农村建设杰出贡献奖”“2013 年和谐中国年度人物”和“2016 年感动河北人物”等奖项和称号……

村头的池塘，又恢复了儿时的模样，一池清涟。池边绿柳依依，池内蓝天白云。池塘里的鱼儿，红红黑黑，硕硕壮壮，每天在欢快地游乐。方才还似一群散乱的星斗，转眼间，便组成了一个天然的、浑圆的太极图。

热烈而和谐，曼妙而精壮！

那是自然，那是天道。

那是他的梦。

他的乡村梦，他的中国梦！

《秀儿》创作谈

黄文秀是一位生长在百色的壮族农家姑娘，是北京师范大学的硕士研究生，是驻村扶贫第一书记，她用自己的生命谱写了一曲青春之歌，成为“时代楷模”。

习近平总书记对黄文秀事迹作出重要指示，号召广大党员干部和青年要以黄文秀为榜样，不忘初心、牢记使命，勇于担当、甘于奉献，在新时代的长征路上作出新的更大贡献。

2019年，在采访和创作的过程中，我的脑海里一直翻现着黄文秀的影像，思考着黄文秀的精神内涵和时代意义。为此，在创作中，除了在艺术上力求文学表现，以真为基、以情动人的诸多追求之外，在思想和时代意义上，我始终贯穿以下三点：

第一，黄文秀的身上闪耀着蓬勃向上的青春之光。

小时候，她活泼、懂事、胆子大，很少撒娇、掉眼泪，是一个要强的小姑娘。

上中学时，她性格开朗，阳光，敢做敢说，立下了“我辈当自强”的信念。

上大学时，尽管家境贫困，她却把贫困补助金让给别的同学；而她自己却去勤工助学，在学业上完成了一次次出色的跳跃，并光荣入党。大学毕业后，她心向远方，考取了北京师范大学研究生。

研究生毕业后，她放弃大都市的工作，毅然重返故土，把青春之根再一次深深扎进百色的红土地。

第二，黄文秀的身上闪耀着脱贫攻坚的奋斗之光。

上中学时，由于家庭贫困，学校通过层层筛选，黄文秀得到了国家助学金。她眼含泪花，写下了自己的心愿：心怀感恩，回报社会。

北京师范大学研究生毕业后，黄文秀主动选择了返回百色大地，主动要求到最贫困、最偏远的百坭村担任了驻村第一书记，从此踏上了献身脱贫攻坚伟大事业的新征程。

百坭，一个瘦骨嶙峋的山村，贫穷是这里最深的印记。黄文秀，把家安在了这里。

她把自己最爱读的《西行漫记》放在枕边。在她心里，脱贫攻坚也是一次长征。

在第一次与百坭村两委的见面会上，黄文秀说，我表个决心吧：百坭村的脱贫攻坚，不获全胜，决不收兵！

她给村里的“扶贫工作群”重新取了一个响当当的名字——“百坭乡村振兴地表超强战队”，展现出了攻坚克难的奋斗精神、奋斗姿态和必胜信心。

她千方百计为百坭村寻找脱贫致富产业项目，带领群众种植砂糖橘、八角树、油茶树，养猪养鸡养蜜蜂……

第三，黄文秀的身上闪耀着不忘初心的理想之光。

在长治学院，新生军训结束后，黄文秀递交了入党申请书。她在入党申请书中写道：“只有把个人的追求融入党的理想之中，理想才会更远大；为了使自己活得更有意义，生存更有价值，我迫切要求加入中国共产党。”

在北京师范大学的校园里，她心中的责任感和使命感油然而生。她到北京学习，并不是为了留在大城市，而是要把知识带回故乡，服务百姓。她说：“走出去之后，肯定有一部分人要回来的，我就是那个要回来的人。”

研究生毕业后，她毅然回到家乡成为一名优秀选调生，在农村基层实现自己的理想，为全村早日实现脱贫梦想而不懈努力。

斯土斯民，情之所系。我从哪里来，就到哪里去。

她在最艰苦的地方，理想燃烧，激情如火，唱响了新时代的青春之歌、理想之歌。

秀　儿（节选）

（漓江出版社 2020 年 10 月出版）

一栋粗糙的两层砖混房，静默地端坐在百色市田阳北郊的一座山脚下。房子旁边几棵高大的木瓜树、芒果树，蓊蓊郁郁，蓬蓬勃勃，果实累累。夏日的阳光，在叶片上闪闪烁烁地跳跃着。微风吹过，繁叶飒飒作响，似乎在窃窃私语。

这里，是黄文秀父母居住的地方。

这一天，2019 年 6 月 16 日。

三年前，黄文秀从北京师范大学硕士研究生毕业后，被广西壮族自治区招录为选调生，分配到百色市委宣传部工作。

她从国家人才引进补贴的 5 万元安家费中拿出 3 万元，帮助爸妈把过去那栋居住了 20 多年的老旧小平房，改建成了这栋两层砖混房。

房子虽已建成三年，但由于经济拮据，至今还是毛坯，二楼甚至连门窗也没有安装。屋里空空荡荡，没有一件新家具。靠墙的旧木桌上，摆放着一台老掉牙的显像管电视机。地上有两把木椅、一张餐桌和些许杂物……

黄文秀的卧室，只有一铺床、一顶蚊帐和一个用旧轮胎搭木板做成的“沙发”。她上学时用过的课本、获得的奖状都装在一个灰扑扑的行李箱里。

十几天前，父亲因患肝癌刚做过第二次大手术，一直在家卧床静养。

14 日是周末。傍晚，黄文秀从她担任驻村第一书记的乐业县百坭村回来给父亲送药。将近 400 多里的山间道路，她驾车开了 3 个多小时，回到家时，夜已深深。

16 日，恰是父亲节。她在朋友圈里晒了给父亲的礼物，并写道：“这算是给老头子的父亲节礼物吧，节日的意义在于纪念，同时又是要懂得反思和总结！每年定期带家人做次体检吧，尤其肝功能这一块……”

由于身体虚弱，吞咽困难，父亲总是吃不下饭。黄文秀回家这两天，每顿饭都要亲手喂父亲喝些稀粥，吃些松软的食物。每次饭后，她还要喂父亲吃药。

父亲常对别人夸赞说：“秀儿是个很孝顺的孩子。”

黄文秀走进厨房，对正在张罗午饭的母亲说：“妈，我下午先要到市委宣传部见同事商量工作，然后就要赶回百坭村，时间太紧，来不及吃午饭了。”

“等一会儿饭就好，咋能不吃饭就走呢？”母亲恋恋不舍地看着女儿。

她轻轻揽住母亲的肩膀，笑着说：“妈，下次回来，您给我做最好吃的！”

听见女儿要走，父亲从床上吃力地坐起来，一脸担忧地说：“秀儿啊，天气预报说，今天晚上有暴雨。从咱田阳到百坭有400里远呢，又多是山路，你一个女孩子开车回去，太不安全了，要不明天再回吧！”

黄文秀来到床前，扶住父亲，说：“阿爸，要下暴雨，百坭的几个屯子很可能发生山洪，我更应该回去安排防洪工作。再说，明天是周一，县里还要召开脱贫攻坚大会，我也必须参加。时间很紧，我要赶快走。”

她一边向屋外走，一边扭头叮嘱父亲：“阿爸，您一定要记得按时吃药！”

“记着呢。”父亲忧郁地点了点头。

母亲跟到屋外，一再嘱咐：“秀儿，路上开车可要注意安全！”

“妈，我知道了。这条路我很熟，您不用担心，快回屋吧。”黄文秀答应着，坐进了车里。

透过车窗看着母亲，黄文秀心里涌起一阵酸楚：母亲患有先天性心脏病，常年吃药，如今老了，身体越发不好，还要伺候重病在身的父亲。哥哥和姐姐都在外地打工，自己驻村工作很忙，只有辛苦老母亲了。

她摘下眼镜，用手背揉揉眼角，笑着给母亲招招手。而后，开车上路……

第一章　雨夜逆行

1. 最后的背影

30 岁的黄文秀，原是百色市委宣传部理论科副科长。

2018 年 3 月，她来到乐业县新化镇百坭村，担任驻村扶贫第一书记。

自从住进百坭村，她天天奔忙，即使周末也很少回家看望年迈多病的父母。

2019 年 4 月，父亲被诊断为肝癌晚期，在 4 月底和 6 月初已做过两次大手术，黄文秀非常揪心，总想找到一种特效药，能够治好父亲的病。

前些天，她得知有一种抗癌药比较有效，于是就委托在北京的同学帮忙购买。

在百坭村收到药品后，她很想马上回家给父亲送药，但村里工作实在太忙，不能离开。她把药品放在抽屉里，转身就去了山上的果园。这天，县里来的果树专家，要给村民讲解橘树的管理。

晚上回到宿舍，黄文秀翻看了一下日历：6 月 14 日是周五，16 日恰好是父亲节。于是，她决定，14 日下午忙完村里的工作，就回田阳家里给父亲送药。

14 日上午，黄文秀在新化镇政府开会，回到百坭村已是下午 1

点多。

平时，她都是在村部住处自己做饭。今天回来晚了，下午还要去查看被洪水冲毁的道路、灌渠和渡槽，来不及做午饭，她就泡了一袋方便面。

匆匆吃过，她穿上那件后背印有“第一书记黄文秀”的红坎肩，和几位村干部一起，去查看水利设施损毁情况。

在百布屯，一座灌溉着200多亩农田的涵洞被冲毁。黄文秀双手撑地，趴在沟渠边，仔细查看涵洞受损程度。当时，有人用手机拍下一张照片。

没想到，这竟成了黄文秀在百坭村留下的最后一个背影。

沿着泥泞的山路，她又前往者乐屯，走访了谭昌盛和蒙隆回两个贫困户。

回到村部，黄文秀立刻组织村两委汇总全村受灾情况，商量申请项目资金、制定维修方案，以便尽快解决群众生产生活面临的问题。

在和村两委详细讨论后，黄文秀在一页纸上列出了她最牵挂的几项工程清单：

1. 百果屯和百爱屯，那红水利工程，600米，预计9万元；
2. 百布屯水利维修（建渡槽），20米，预计1万元；
3. 百果屯、百坭屯水利维修（建渡槽），30米，预计1.14万元；
4. 拟建20座垃圾池，预计10万元；
5. 那用屯平板桥，预计8万元。

这份清单，是黄文秀在百坭留下的最后一份工作计划。

一直忙到傍晚，她对村支书周昌战说：“下班后我要回田阳给父亲送药。等我周一回来后，咱们就抓紧落实这些工作。”

回到村部宿舍，黄文秀发了一条朋友圈：“工作记录，下屯查看水利设施、缓和群众情绪。”

暮霭渐浓，炊烟袅袅，牛羊归圈，山村百坭结束了一天的忙碌，安静了下来。

没顾得吃晚饭，黄文秀开上自己那辆白色越野车，迎着满天晚霞，离开了百坭村。

不料，这一离开，竟成永别……

2. 心牵百坭

16 日下午，黄文秀告别父母，在百色市委宣传部和同事谈完工作，暮色已浓。

同事劝她：“天气预报说，今晚有大雨，路途又太远，明天再回百坭村吧。”

“不行呢，百坭村可能发生洪涝，我今晚必须赶回村里安排抗洪防灾。”说着，她匆匆下楼向停车场走去。

来到院里，大风已起，黄文秀遇到朋友唐志平，就笑着和他打招呼。得知黄文秀要连夜返回百坭村，唐志平心里一沉：大雨随时都会降下来，还要赶这么远的夜路？

还没等唐志平说什么，黄文秀已启动了马达。

她摇下车窗，笑着跟唐志平说了一声“再见”，就驾车消失在茫茫夜色里……

百色市位于广西壮族自治区西部，地处云贵高原东南边缘，属亚热带季风气候。季风环流常常给当地带来暴雨甚至大暴雨，导致山洪暴发，江河横溢。

6 月份，正值西南季风活跃季节，是暴雨的高峰期。

从百色市区到乐业百坭这条路，黄文秀已经走了数十次。她觉得这次和过去一样，是一次正常的驾行。

驾车出发不久，淅淅沥沥的小雨渐渐变大，夜幕把她的车浓浓笼罩。一道耀眼的闪电划破漆黑的夜空，“轰隆隆”几声响雷滚过，暴雨倾天而降。

雪亮的车灯在密密的水帘上散为一片迷茫白雾，山坡上淌下的水流越来越急，疾驰的车轮在路面上激起两道“水翼”，越野车变成了“冲锋舟”。

山洪，随时可能暴发；前行，极其危险。

驻村期间，黄文秀曾多次参与山洪救灾，知道此时前行是一件非常危险的事情，但她牵挂着百坭村可能发生的洪涝，牵挂着村民的安危，全然不顾前行的危险，丝毫没有转身返回的念头。她脚踩油门，紧握方向盘，瞪大双眼，义无反顾地选择了雨夜逆行——向着深爱的百坭村，向着深深牵挂的群众。

途中，黄文秀给村支书周昌战打电话，询问村里的情况，提醒做好防洪准备。

进入6月以来，百坭村已连降几场大雨，有几个屯子发生了山洪和塌方，不少道路、水渠和渡槽都有损毁，严重影响了村民的出行、饮水和农田灌溉。

担任百坭村第一书记后，黄文秀曾多次带领群众抗洪救灾，在这方面她有了经验，知道洪涝意味着什么，需要做什么工作。

在百坭村部的办公室里，黄文秀的电脑桌面背景，就是一张被洪水淹没的玉米田图片。

去年6月，黄文秀曾在驻村日记里写道：“乐业近日进入雨季，百坭村通往乐业县城的路段发生了塌方，情况非常危急。周边凌云县有一户6口人家，不幸被埋入土中，田林县有的地方楼房倒塌。我知道消息后，马上联系村支书，让他时刻关注百坭村情况，这个周末过得十分紧张。”

村支书周昌战回忆说:“当时,村里好几条路都被塌方阻断了,黄文秀第一时间组织了几个村干部,一起去疏通道路。”

今年6月的这个周末之夜,暴雨再一次袭来,黄文秀揪心百坭。

她又给周昌战发消息说:“我正在赶回百坭。一定要随时关注群众的生命财产安全,安排好百坭村的防汛救灾工作。”

……

4.“文秀书记,你在哪里?”

正如黄文秀所料,16日晚上的这场暴雨,百坭村果然遭遇了山洪,电线杆被冲倒,水利设施被冲毁,通往村部的道路被拦腰冲断……

17日一大早,村两委紧急开会,布置救灾工作,但黄文秀却未出现在会议室。

村支书周昌战以为黄文秀已经安全到达乐业县城,想向她汇报村里灾情,却发现电话打不通。

想到昨夜文秀书记在微信里发的暴雨山洪视频,村主任班智华猜测她可能被困在半路了,于是马上给她发微信:“文秀书记,你在哪里?”

没有回音。

“文秀书记是不是直接到县城参加脱贫工作会议去了?”村支书周昌战说。

班智华又立刻拨打黄文秀的电话,仍然拨不通。

班智华心里着急,就给镇党委书记黄保锦打电话,询问黄文秀的情况。

经核实,黄文秀既不在镇里,也不在县城。

班智华心头一惊,立刻驾车,和村支部副书记黄态度一起前往凌云县受灾点……

暴雨山洪之后，沿途道路被冲得沟壑纵横，往常一个小时的车程，他们开了三个多小时。

到了受灾点，眼前的情景让他俩大吃一惊：公路断裂如崖，支离破碎，路侧的河道里散落着大量滚石，几辆汽车侧翻在乱石中，有的已面目全非。

从 17 日凌晨 1 时 50 分开始，百色市、凌云县 300 余名消防官兵紧急出动，奔赴洪灾现场，全力搜救失联人员。

班智华和黄态度痴痴地站在路边，看着在泥浆、乱石中奋力搜救的人们，万分焦虑，望眼欲穿，只有一遍遍在心里祈祷：文秀书记可能是因为加入了救灾队伍，而耽误了回村的时间……

在百色市委宣传部，黄文秀的同事们也一直关注着、牵挂着她的消息，大家的心都紧紧地揪着。17 日一早，成明和几个同事匆匆赶到现场，寻找黄文秀。

他们看到，被山洪席卷的河道里，滚落的巨石砸碎了树木，一辆黑色轿车侧翻在深沟乱石中，浑浊的泥水还在不断地往下淌。

成明是黄文秀的好朋友，她站在河边忧心如焚，渴盼着文秀能突然出现在自己眼前，还是那张总是带着微笑的脸庞。成明想起了最后一次和文秀见面时的情形：虽然她父亲患肝癌做了大手术，但文秀驻村工作实在太忙，不能守在床前尽孝，平时总是乐呵呵的文秀，忍不住泪流满面……

这时，现场救援指挥部传出消息：这次山洪有多辆汽车被冲走，十几人失联，黄文秀的名字已出现在失联人员名单中。

听到这个消息，成明搓手顿足不知所措，班智华和黄态度则蹲在地上大哭不止……

18 日中午，救援人员在河滩的草丛中发现了线索。

当人们从近半米深的淤泥中挖出遇难者时，发现是一位女性。

经过指纹对比，确认遇难者正是黄文秀！

黄文秀不幸遇难的消息传到百坭，山村瞬间惊呆了：男人们怔怔地站在田埂上，女人们呜咽着立在街道边，老人们凄楚地坐在院子里，孩子们惊恐地瞪着大眼睛——文秀书记、秀儿姑娘、微笑阿姨，你真的再也回不到我们身边了吗？

弯弯曲曲的山路上，还回响着她的脚步声；家家户户的庭院里，还闪现着她的身影；枝繁叶茂的果林里，还辉映着她的笑脸……

第二章　走出大石山

5. 多柳屯人家

百色市田阳巴别乡德爱村多柳屯，是黄文秀出生的地方。

巴别乡位于田阳、德保、田东三地交界处，是出了名的大石山区和石漠化地区，也是田阳自然条件最恶劣的乡。全乡范围内连一条小河也没有，超过九成的面积都是石山地，13 个行政村中，12 个是自治区级贫困村，多柳屯所在的德爱村就是其中之一。

这里土地贫瘠，自然条件恶劣，常年干旱缺水，不能种植高产水稻，仅能种些传统的玉米、甘蔗等作物。

多柳屯是距离田阳城区最远的屯子，离乡政府所在地巴别街也有 40 多里。一条坑坑洼洼的山路，终年尘土飞扬，遇到下雨又泥泞不堪，去一趟乡里要走大半天。小屯不通电，更没有自来水。

只有几户人家的多柳屯，像一块干硬的石头，寂寥地沉睡在大石山深处的皱褶里。

多柳屯有一对壮族夫妻，丈夫叫黄忠杰，1949 年 9 月出生。他生父姓李，后来过继给姓黄的亲戚，改为黄姓。

黄家共有 5 女 3 男 8 个兄妹，黄忠杰排行老七。因为家里实在太穷，初中没读完就回到屯里，开始挣工分了。

黄忠杰将近一米八的个头，身体强壮，有头脑，有胆量，种地是一把好手。虽然初中没毕业，但在当时的多柳屯，也算是一个文化人。

他从小就有理想，爱唱山歌、爱打篮球，样样都出色，一直渴望走出大山，去施展一下本领，干一番事业。但由于家庭贫困，出身成分高，在那个“唯成分论”的年代，参军、入党、招干等都与他无缘，连婚姻也受到影响，直到 28 岁才结婚成家。

妻子黄彩勤，比黄忠杰小 7 岁，本屯人。

黄彩勤是一个苦命人，患有先天性心脏病，在三四岁时父母先后去世。她被哥哥姐姐抚养长大，从没念过书。

那个年代，村民们住的是竹木结构吊脚楼，底层养猪、养牛，二层住人。黄彩勤小时候，从吊脚楼上摔下来一次，幸亏掉到了一头老牛的背上，才算保住了性命。

黄彩勤嫁给黄忠杰之后，1978 年生下一个儿子，取名黄茂益；两年后又生下一个女儿，名为黄爱娟。

原本就有先心病的黄彩勤，自从生下两个孩子，不仅心脏病加重了，还患上了脑膜炎、肺结核，田里农活儿不能干，就连家务也不能多做。

到城里医院去治病，花费太大。为了给妻子治病，黄忠杰找了不少土郎中，花了不少钱，欠下不少外债，导致家里更加贫困。

在丈夫的精心照料下，七八年后，黄彩勤的身体终于转好了。

1989 年 4 月 18 日，黄彩勤生下第二个女孩。姐姐黄爱娟给小妹取名“黄文秀”——文文静静，秀秀丽丽，昵称秀儿。

可是，这个文静秀丽的小妹，却给家里带来了一场大乱子。

当时，村里的计划生育抓得正紧，第三胎属于超生。一天，村干部来到黄忠杰家，牵走两匹马、两头牛，还罚了 800 块钱。

家庭本就贫困，添个孩子要花钱，又牵马牛又罚款，这当头几棒把黄忠杰打得晕头转向，喘不过气来。

妻子生下秀儿之后，又大病一场，连奶水也没有。秀儿，是奶奶用小勺子一口口喂大的。

今后的日子怎么过？一直这样穷下去，啥时候是个头？孩子们一辈子就憋屈在大石山里吗？黄忠杰时常琢磨这些问题，有时半夜醒来，这些问号，像蚊子一样在眼前飞来飞去。

“再也不能让孩子们憋屈在这大石山里了！”黄忠杰终于下定决心。

为了给孩子们寻找一个较好的学习环境，让他们今后能走上较为宽广的人生道路，黄忠杰决定：全家离开多柳屯，搬出大石山！

1978 年改革开放前，我国农村绝对贫困人口有 2.5 亿之多，占农村人口总数的 30% 左右。

1978 年，党的十一届三中全会之后，通过土地经营权转移、农产品价格提升、农村劳动力转移等方面的制度改革，极大调动了农民积极性，解放了农村生产力，从根本上缓解了农村的贫困状况，使农村绝对贫困人口下降到了 1.25 亿人。

1986 年，国务院扶贫开发领导小组正式成立，各级地方政府也成立了相应机构，负责本地扶贫开发工作。同年，开始实施的贫困县制度，标志着我国扶贫思路从“人口瞄准”即政府对贫困人口的直接救济转向“区域瞄准”。

1994 年出台的《国家八七扶贫攻坚计划》提出，力争用 7 年左右时间基本解决全国农村 8000 万贫困人口的温饱问题。这是我国第一个有明确目标、明确对象、明确措施和明确期限的扶贫开发行动纲领。

扶贫攻坚的春风，吹到了巴别山区……

秀儿出生那年，政府也在号召贫困村易地搬迁，搬到外面自然条件好的地方生活。

这项易地搬迁政策，正符合黄忠杰的心愿，他觉得改变一家人命运的机会来了。

可是，黄忠杰从小就没机会走出大山，外面的世界怎么样，他真不了解，一家人究竟搬到什么地方去，更是心中无数。

说来凑巧，当时住在县城附近的文秀的二舅打电报过来（当时德爱村还没有电话，与外地的联系还靠写信，事情紧急的只有发电报），要向黄忠杰借200元钱。

电报上寥寥几个字，没说为什么要借钱，而当时200元钱对于黄忠杰这个穷困家庭来说，可是一笔巨款啊！

“家里这么穷，秀儿刚出生，她妈妈没有奶水，连奶粉都买不起，我还想去借钱呢，哪有钱来借给二舅哥呢？”黄忠杰双手捧着电报发呆，妻子也愁得说不出话来。

俗话说，张口容易闭口难，二舅哥不是外人，如果没遇到严重困难，也不会轻易向他这个穷妹夫开口借钱啊！

怎么办？

黄忠杰心里想：二舅哥开口借钱，肯定有很着急的困难了，我这个妹夫不能袖手旁观，更不能回绝，我再穷也一定要帮！

第二天一大早，黄忠杰马上四处登门去向其他亲朋好友告借，并用家里养的牛来做担保，好不容易才凑够了200元钱。

钱是借来了，可怎么寄出去呢？30多岁的黄忠杰，一次也没有办过汇款这事呢。他又担心，这山高路远的，寄出去的钱二舅哥能不能收到啊？

当晚，黄忠杰躺在床上，愁得翻来覆去烙大饼，一夜没睡着。

天亮时，妻子对他说：“你就亲自跑一趟田阳，把钱给二哥送过去吧，这样才牢靠。”

黄忠杰一想，也只有这样了。于是，他就赶到巴别镇，搭上开往田阳县城的班车，怀揣这笔“巨款”，亲自送到了二舅哥家。

见到妹夫亲自送钱过来，二舅哥乐坏了，双手捧着 200 元钱如获至宝，说妹夫你真是送来了“及时雨”，解了家里的燃眉之急。

黄忠杰这次在田阳城，真正开了眼界，田阳城的发展让他看呆了！尤其是他发现，这里地势平坦，交通便利，用水用电都很方便，这和大石山多柳屯真是天地之别。

走在田阳城里，黄忠杰真正体会到了政府要他们从大石山区易地搬迁出来的良苦用心，也更加坚定了他想要搬出大石山的决心！

于是，他郑重地对二舅哥说出了全家易地搬迁的打算。

二舅哥毫不犹豫地说：“这事你想得对，我完全支持你！”

对于黄忠杰来说，这一趟田阳城之行的“重大意义”，既在于解了二舅哥的燃眉之急，更在于让他长了见识，成了改变一家人命运的契机。

6. 远行的“马帮”

在田阳城周边，黄忠杰开始寻找合适的安家地点。最后，选择在田阳城郊的三雷林场附近。

当时，黄忠杰有一个远门亲戚，是田阳公路段的养路工。

亲戚说，三雷林场附近的那龙村有十亩荒地，要对外承包。如果把这块地包下来，既可以种玉米、甘蔗、木薯，还可以种木瓜、芒果，生产生活条件比多柳屯要好很多。

“附近有小学吗？孩子们能上学吗？”

亲戚说，附近有一个工厂子弟小学，是不是接收没有城镇户口的孩子，你可以去问问。

从亲戚家出来，黄忠杰就急切地去了那龙村。

那片荒地就在林场旁边，地势平坦，很适合耕种。黄忠杰站在地头，凝视着这片杂草丛生的荒地，仿佛看到了自己耕种之后的丰收景象，于是下定决心。

他又向村里人打听小学在哪里。村民告诉他，离这儿不远有一个田阳绢纺厂，那里有子弟小学。

黄忠杰当即赶过去，询问孩子入学的事。校领导说可以来上学，他这才放了心。

土地是农民安身立命之本。要搬家，租地的事情需要首先谈妥。

听说大石山区的农民易地搬迁，要承包土地，当地政府十分支持。黄忠杰顺利签订了十亩土地的承包合同。

多年之后，黄忠杰还经常对孩子们说："是党和政府帮我们协调承包了土地，这对我们家来说是大恩，这份恩情必须要回报。"黄忠杰的这番话，也在秀儿幼小的心里埋下了一颗知恩图报的种子。

经过一番收拾，全家人开始向那龙村搬迁。

黄忠杰牵出家里还剩下的一大一小两匹马，把被褥衣物高高地绑到马背上，把锅碗瓢盆挂在马腹两侧，两匹马就变成了两座小山；奶奶从箱子里拿出壮家背兜儿，把还不会走路的秀儿背在背上，胸前还抱了两只"咯咯"乱叫的老母鸡；年少的哥哥和姐姐赶着猪，体弱的母亲牵着牛。

叮叮当当，摇摇晃晃，马嘶牛哞，在蜿蜒山路上，黄忠杰一家犹如一队远行的"马帮"，怀着对新生活的憧憬，义无反顾地向前行进……

最初搬过来时，家里没钱，建不起房子，他们借住在亲戚的一间旧屋里。屋里连床都没有，全家人只好打地铺。

住处还没接通自来水，吃水要到附近的村民家去挑，但要付一定的水费。

电呢，是那位亲戚帮忙，从公路道班拉来电线。当电灯点亮的那一刻，全家人高兴得像过节一样。秀儿忽闪着大眼睛，拍着小手掌，嘴里“咿咿呀呀”喊叫不停，像是为新生活歌唱……

安顿下之后，黄忠杰就赶紧办理两个孩子上学的事。前前后后跑了好几趟，儿子和大女儿总算进入了绢纺厂子弟小学。

虽然从多柳屯搬了出来，但全家的户口仍然在原籍，孩子们在绢纺厂子弟小学属于借读生，因此每年要交一笔借读费。即使这样，黄忠杰也很满足。

那几天，黄忠杰总是一个人来到那片荒地上，一步步走过，一遍遍端详，那些在寒风里摇曳的衰草，就像一丛春天的禾苗，在他的胸中荡漾出碧绿的波浪……

7. 播种希望

春天终于到了，黄忠杰扛起铁锹，兴致勃勃走向那片荒地，挥汗挖掘，像个“愚公”。

他常常捧起一把黄土，低头闻闻，一股暖暖的、亲亲的气息温馨扑鼻，隐隐的有一股芬芳。

他虔敬地在田里播下了种子，也播下了生活的希望。

妻子有病，母亲年迈，孩子还小，全家的重担都压在了黄忠杰的肩头。但他觉得，心里有了希望，即使挑着重担，身上也更有力量，脚步也更加坚实。

他每天起早摸黑下田干活，种甘蔗、种玉米，养猪养鸡，喂牛养马。他坚信：在新的土地上，只要勤劳肯干，日子就会好起来。

每天早晨，看到两个孩子背着书包去上学，他心里更是欣慰。

在借住的那间房子里，一家人拥拥挤挤凑合了两年。随着孩子们一天天长大，一间房子实在不方便。黄忠杰在田里的边角处平整了一片地基，打算建三间小平房。

虽说经过这两年的辛勤劳作，家里有了一些积蓄，但要建三间小平房，钱还是不够。红砖、白灰、梁檩、门窗这些物料必须花钱买，而垒墙砌砖的力气活就雇不起建筑队了，只好全家动手一起干，就连牛和马也都要披挂上阵，拉车驮物，气喘吁吁。

说是全家动手，其实壮劳力也就黄忠杰一个人。两个大孩子要上学，妻子体弱干不了重活，母亲和秀儿一老一小都出不了大力。但每到周末，儿子和大女儿就帮着搬砖和泥，牵牛拉马。母亲老当益壮，每天都把秀儿背在身后，干这干那不闲着。妻子也打起精神，包下了烧水做饭、洗衣买菜等全部家务。

就这样，全家忙碌了两个月，房子总算建了起来。虽说十分简陋，但毕竟有了属于自己的家，空间也大了许多。

当初，由于初来乍到，黄忠杰在承包的十亩田里，种植的还是玉米、甘蔗、木薯等传统的农作物，辛辛苦苦劳作一年，虽说比多柳屯收成好，但日子还是紧巴巴。

为了多增加一些收入，黄忠杰又承包了林场的三块山坡地，种上了田阳香芒。

从种下幼苗到结出芒果，需要三五年时间。黄忠杰每天都要到田里照料芒果苗，浇水施肥，松土锄草，就像呵护自己的孩子。

穷人的孩子早当家。秀儿长到三四岁时，就开始帮着父亲干农活了。她喂鸡喂猪，牵马上山，驮肥料，运庄稼，干得有模有样。

奶奶经常乐呵呵地夸赞："老话说，人看从小，马看蹄爪。等我们秀儿长大了，一准有出息。"

……

9.“我辈当自强！”

2004 年 9 月，15 岁的黄文秀考上田阳县高中。

入学后，她进入了重点班。

在班主任李品忠老师眼里，黄文秀的学习成绩有“三好”：政治好、语文好、英语好。她非常关心国家大事，经常表示长大要为社会作贡献，身上充满了蓬勃向上的能量；她的作文写得好，常被当作范文展示；她学习英语非常用功，那时就能用英语写信了。高一的时候，她担任了班里的学习委员。

李品忠老师教历史课。上第一堂课时，李老师问：“哪位同学能讲讲田阳和壮族的历史渊源？田阳有哪些重要的历史人物和历史事件？”

同学们都静悄悄的，黄文秀一时也答不上来。“书到用时方恨少啊！”她在心里想。

“好，今天第一课，就从田阳的历史讲起。”李老师转身在黑板上写下两个大字：田阳。

田阳古称田州，地处右江河谷中部，是壮族人文始祖布洛陀的故乡。

据壮族民间传说，很久很久以前，一个夜晚，田阳境内的敢壮山上闪出一道金光，瞬间照亮了天空，照亮了右江盆地，随之降生了一个婴儿，这就是布洛陀。

布洛陀是壮语的译音，有“山里的头人”“山里的老人”和“无事不知晓的老人”等意思。

布洛陀长大后，智慧超群，力气过人，德高望重，成了壮族的创世始祖。布洛陀和一位美若天仙的女子结为夫妻，女子叫姆六甲，是壮族的母娘。

传说中，布洛陀开天地、定万物、取火种、开红水河、造谷物、造牛、造屋、造铜鼓，并且安排秩序、制定伦理，是壮族的圣神。

在中国革命的历史上，田阳也是英雄辈出。

1923 年，革命先驱韦拔群在田阳一带发动农民群众，开展反抗苛捐杂税的斗争。田阳境内的敢壮山一带，是重要的革命纪念地之一。

1929 年 12 月 11 日，邓小平、陈豪人、张云逸等共产党人，领导了著名的百色起义，建立了中国工农红军第七军，在田州镇成立了田阳县苏维埃政府，田阳是百色起义的主战场之一。

……

这堂历史课后，黄文秀在她的笔记本上写道：“田阳大地，我可爱的家乡！建设新田阳，我辈当自强！”

10.“向日葵”的心愿

由于家庭贫困，学校通过层层筛选，黄文秀得到了国家助学金。

第一次拿到助学金时，黄文秀心底涌起一股热流，耳边顿时回荡起那首特别喜欢、特别熟悉的歌曲：“感恩的心，感谢有你，伴我一生，让我有勇气做我自己；感恩的心，感谢命运，花开花落，我一样会珍惜……”

回到宿舍，打开日记本，她眼含泪花，写下了自己的心愿：我要心怀感恩，回报社会。

高中住校，黄文秀生活非常俭朴，在饭堂总是买最便宜的饭菜，从不吃肉，为的是给家里节约几块钱。

有个要好的同学问黄文秀：“秀儿，你怎么总是不吃肉啊？”

“吃肉容易发胖，我喜欢自己苗条些。”黄文秀笑着说。

虽然自己很节俭，但她的身影常常出现在公益捐助现场。

黄文秀性格开朗，敢做敢说，特别喜欢和同学们交流。虽然生长于贫困家境，但她却像一棵朝气蓬勃的向日葵，青葱挺拔，丽颜含笑，栉风沐雨，向阳绽放。

黄文秀非常喜欢向日葵，喜欢向日葵昂然挺拔的茎秆，喜欢向日葵阔大碧绿的叶片，喜欢向日葵永远迎着太阳绚丽绽放的笑脸，更喜欢向日葵追逐梦想、矢志不渝的精神品格。

她自己制作的书签上，每一枚都是金灿灿的向日葵。

多少年后，她生前画的最后一幅水彩画，仍然是几株灿烂绽放的向日葵！

高中政治老师韦琳至今记得，文秀上学时总是到得早、走得晚，虽然家庭生活困难，但她常常面带笑容，每次看到她都是满满的正能量。

放学后，黄文秀总是先把教室地面打扫得干干净净，然后再洗一块抹布，擦黑板、擦讲桌、擦玻璃，常常忙得额头汗津津。

一次开班会，老师让同学们分享心中的理想，畅谈人生未来的打算。黄文秀说："我的家庭贫困，受到政府资助，才有了今天的学习生活。今后，我就是想考出去，上个好大学，以后争取回老家工作，为家乡做一些有意义的事情。"

彼时年少，同学们对黄文秀这样的人生规划还没有太深的感受。但对于黄文秀来说，这是她由衷的心声和对故乡的庄重承诺。

2007 年夏天，黄文秀第一次参加高考，成绩 512 分，离二本线仅差 5 分。

照这个分数，如果选择读三本，也可以选一个很好的学校。但三本学校收费太高，每年仅学费就要交 1 万多元，再加上食宿花费，每年没有两万元下不来。黄文秀知道，自己家里拿不出这么多钱。于是，她选择到百色祈福高中复读。

百色祈福高中，是通过原广州市政协主席、全国扶贫协会副会长陈开枝牵线搭桥，由香港祈福国际投资公司董事长彭磷基捐资创办的，是广州帮扶百色教育的"品牌工程"。

在百色市教育基金会的资助下，黄文秀走进了百色祈福高中的校园，成为该校 2007 级文 2 班的学生。

虽然经历了一次高考失利，但黄文秀依然是那棵朝气蓬勃的“向日葵”，依然是那个活泼开朗、爱说爱笑的女孩，只是她学习得更用功、更刻苦了。

“秀儿，放学了，走啊！”同学们招呼着。

“嗯，这就走。”每天放学后，她总是最后一个离开，常常留在教室整理学习笔记、完成作业或者预习新课。

课堂上，同学们常常听到她提出一些独到而深刻的见解。她还经常带着问题来到老师的办公室，向老师请教，并和老师进行讨论。

青春靓丽的黄文秀，也不是一个死读书的女生，她非常乐意享受校园里的金色年华。课间里，她和同学们嬉笑着涌出教室，或凭栏远眺、静思默想，或聚集廊檐、谈笑风生，或相互讨论、答疑解惑；运动场上，短裤短发的她就变成了一个“假小子”，抢断跳投、挥拍扣杀、飞奔冲刺、呐喊助威，一任激情澎湃，尽展青春风采。

她在成长中学习着，也在学习中成长着。

在百色祈福高中，学校给黄文秀减免了学杂费，还给她发放了普通高中助学金、家庭经济困难学生补助，帮助她顺利完成了高中学业。

每一次领到助学金或补助款时，黄文秀总是泪眼蒙眬，一次次在心里默默重复着自己的心愿：他日学成，回报社会，回报家乡！

……

第十章　亮丽起飞

42.“我不会辜负这片土地！”

从一个屯到另一个屯，从一座山到另一座山，走在百坭宽宽窄窄、起起伏伏的山路上，黄文秀总是在想，建设一个物质生活富裕的百坭，这当然重要；而建设一个美丽文明的新百坭，也同样重要呢。

来百坭村部的第一天，黄文秀就发现这里的卫生太差，院子没有打扫，垃圾随手乱扔，会议室的桌子上、地面上到处都是烟头烟灰。

她在驻村日记里写下了当初的印象：“环境卫生有待提高。村部脏乱差也较为严重，都是村两委成员的烟头。”

第一次和村两委开见面会，还没等开口说话，会议室已是烟雾缭绕，咳嗽声一片。

黄文秀想：“抽烟有害健康，污染环境，虽是陋习，若不让村干部抽烟，也不现实。但不乱扔烟头，不乱弹烟灰，总能做到吧？”

会后，黄文秀笑着对村干部们说：“我还有一件小事想说一下，抽烟有害健康，这个大家都知道，多年的习惯一时半会儿也不好改。但我想对大家提一个要求，今后不要乱扔烟头，不要乱弹烟灰，让咱们的村部干净整洁起来，好吗？”

多少年来，第一次有人提出这样的要求，几位抽烟的村干部先是一愣，随即说，好，好。

几天后，黄文秀和村干部们熟悉了，就开始宣传戒烟。她专门找来抽烟对人体危害的视频，播放给大家看。

村支书周昌战也是资深烟民，黄文秀就对他说：“周大哥，你要是能戒烟，我就奖励你 500 元。”

周昌战嘿嘿一笑，说：“一下子彻底戒烟有点儿难，咱慢慢来。要不这样吧，咱们先从乱扔烟头罚款做起，谁要是乱扔一个烟头，罚款

5 元！”

黄文秀一拍手说：“好，一言为定，请你通知所有村干部。”

此后，这个规矩还从村干部逐渐扩展到了村民。

在入户走访的路上，黄文秀发现，百坭的大街小巷到处可见乱扔乱堆的各种垃圾，私搭乱建现象也非常普遍，村容村貌脏乱差，与建设美丽乡村的要求相距甚远。

她停下来，在笔记本上写道：“村容村貌不是小事，影响着群众脱贫攻坚的精气神，必须改变。”

在两委会上，黄文秀提出，脱贫攻坚，建设富裕百坭和建设美丽百坭要双管齐下，不仅要让群众实现经济脱贫，而且要让他们实现“精神脱贫”，建设一个容颜和心灵都美好的新百坭。

于是，村两委带领群众向“脏乱差”开战，清垃圾、清水沟、清杂草，拆旧房、拆危房、拆违房，“三清三拆”像梳子、像花洒，把原来蓬头垢面的百坭打理得容光焕发、绰约多姿。

黄文秀更是身体力行，经常拿起扫帚打扫大街小巷，扛上铁锹参加清理劳动，每一次都干得一脸汗水，但她始终乐此不疲，含笑而做。

走在干净整齐的街道上，祖祖辈辈居住在这里的村民们都有些惊讶：“我们百坭还可以变得这么漂亮！”

在黄文秀的倡导下，百坭村还实行了“门前三包”，家门口放上了垃圾筒，并安排专人定时清理。

但是，几十年形成的乱丢乱堆的陋习痼疾，一下子也不好改呢。

彻底改变陋习，必须改变头脑。

为此，黄文秀召集了 25 个小学生，组织起一支“清洁乡村”宣传队，教他们背诵《村规民约》《保护环境歌谣》，然后走街串巷、挨门挨户进行宣传。

为了激发孩子们的兴趣，调动他们的积极性，黄文秀专门买了一个不粘锅，在村部简易的厨房里，给孩子们制作奶茶。

她还到城里买来原料，在孩子们参加宣传活动之后，教孩子做西米露，让他们自己做、自己喝，以此作为对他们的奖励。

孩子们的兴趣被激发起来了，人人从自己做起，讲卫生，爱环境，并且回家之后对家长进行宣传和监督。

黄文秀说，这叫“小手拉大手，一起向前走”。

梁祥东是村里的扶贫专干，也是一个资深烟民。过去不管在哪里，他都是自由自在地抽烟。后来他发现，自己忽然被约束了。约束他的竟然是自己眼里的两个“小女子”，一个是第一书记黄文秀，另一个是家里的小孩子。

黄文秀经常对梁祥东进行宣传：“抽烟真的有害健康，快把烟戒掉吧。”

而小孩子呢，自从开展了“小手拉大手”活动，每次他抽烟前、抽烟后，她都会跑过来提醒：“不许乱扔烟头哦！”

就是这样一件小事，却让梁祥东大有感慨，他说：“今天我把这句话撂在这里，大家看着吧，在文秀书记的带领下，今后咱百坭村肯定要大变样，变大样！”

垃圾分类，门前三包，这些城里人往往还做不到的新风尚，黄文秀却把它们带到了大山深处的百坭村。

那天一大早，黄文秀就来找村妇联主席韦玉行：“阿姐，今天咱们去走访，要增加一项内容，就是要对村民宣传垃圾分类的知识。”昨天她俩已约好，今天要到村民家里去走访。

“她随时随地对群众宣传环境保护和垃圾分类知识，并且带头捡垃圾。她是从心里把百坭当成了自己的家。在她引领下，村民们都学会垃圾分类了，也都自发自觉养成了爱护环境的好习惯。”在韦玉行印象中，自从黄文秀来到百坭后，村里房前屋后、每个角落都变了样。

黄文秀还在村里组织开展“文明家庭评比”、“村规民约吟诵”、“乡村振兴，青年有为”志愿服务队、“善行义举榜”等多项精神文明创建活动，点点滴滴营造着文明美好的村风氛围，丰富着群众的文化生活，潜移默化地提升着百坭群众的精神素质。

2018 年底，百坭村以崭新的村容村貌和健康文明的村风，获得了百色市“乡风文明红旗村”荣誉称号。

百坭，这个从历史深处带着一身泥土走来的小山村，正在经历一场蜕变，她将如蛹化蝶，亮丽起飞！

那天午饭后，难得有一刻闲暇，黄文秀登上了村部西面的百爱山。

冬阳暖暖，薄雾氤氲，站在百爱山上，远望东面的百坭山，她心里蓦地跳出两个词：“百爱”“百坭”。

“这两座山的名字好暖心哦！”她默默地念诵着“百爱百坭，百爱百坭……”，蓦然间，她的心底涌起一股暖流，随即泪流满面……

“我怎么就流泪了呢？”向来开朗多笑的黄文秀，一时有些恍然。

透过朦胧的泪光，环望群山起伏的百坭，俯瞰山下涓涓流淌的谐里河，她不禁想起了艾青的诗句：“为什么我的眼里常含泪水？因为我对这土地爱得深沉……”

阳光灿灿，白云悠悠，一只红黄相间的小鸟在枝头跳跃而歌，黄文秀在心里默默地说：“我不会辜负这片土地。”

43. 心愿 · 情缘

在入户走访中，黄文秀发现，百坭的教育比较落后，村民的文化程度还很低。

她经常想起小时候，父亲为了孩子能有一个较好的学习环境，把全家从多柳屯搬到田州镇的情形，也时常想起父亲给自己讲的“好好学习才有幸福生活”的话。

她在日记里写道：“一位世界著名的社会学家说过，‘一个国家的落后，首先是精英的落后，而精英落后的标志就是嘲笑民众落后。’

我们党深刻明白这个道理，从而提出要教育扶持一批人脱贫，并且扶贫要与扶志、扶智一起推进，这是非常重要的。”

“教育扶贫”“阻断贫穷代际传递”“扶智拔穷根”……这些关键词，时常浮现在黄文秀的脑海。

当年高考时，黄文秀在填报的志愿里就曾选择了师范院校，她想当一名老师，把所学知识教给贫困乡村的孩子。

在北京师范大学读研期间，黄文秀也一直关注和思考着偏远山区的教育。

眼下，百坭村连个幼儿园都还没有，孩子们既不能及时接受教育，也得不到妥善的关爱。家长们要到田里干活，要外出打工，就只有把孩子扔给老人。而那些家里没有老人的呢？孩子的看护就成了很大的问题。有些经济条件好一些的家庭，只好把小孩子送到镇里或县城的幼儿园，但翻山越岭去接送，极为不便。

村民们都盼着百坭能建一个幼儿园。

看着女人们怀里抱着的孩子们，看着那些孩子乌黑晶莹的瞳眸，建一个幼儿园，成了黄文秀最大的愿望：“如果百坭村有一个幼儿园该多好啊！”她一直这样想，但也经常叹息，“村里哪有这么多钱呢？”

但她并未停止努力。

她专门前往村镇学校，找到几位老师，向他们请教开办幼儿园的事情。

她还联系在广西工作的北京师范大学的校友们，为百坭村建幼儿园开展调研。

蒋金霖是黄文秀的北京师范大学的校友，在南宁市第十八中学任教，她说：“文秀就是想让百坭村的孩子能跟城里的孩子一样，提早接受学前教育，开拓孩子们的视野，为他们的一生奠定好的基础。”

村民梁家忠有一个 5 岁的孙子和一个 2 岁的孙女，他说：“文秀书记生前说要建幼儿园，她的愿望若能实现，我的孙子、孙女就不用送到镇上了，白天我也放心打点零工、干点农活了。”

为了实现黄文秀生前的心愿，2019 年 7 月，乐业县委、县政府决定，在百坭村百布屯建一所“文秀幼儿园”。

2019 年 8 月 15 日，上海市青少年发展基金会理事长吴仁杰、共青团广西区委副巡视员吴宗勋一行，到百坭村调研，并向百坭村捐赠 100 万元，援建“文秀希望幼儿园”。

秀儿在天有知，必定笑脸灿烂……

百坭村还有一些贫困学生，他们也需要资助。对这些贫困学生，黄文秀也是牵肠挂肚。

黄文秀给无锡的“中国好人”俞斌发信息说：“希望老师您也和那些好心的市民说一下，百坭村目前很多贫困学生，家庭变故、生活环境得不到保障，也没有办法专心学习，能不能也关注一下这样的人呢？”

经过沟通，俞斌先生答应资助这些贫困学生。

黄文秀把百坭村 3 个优秀贫困生的资料发给了俞斌，作为第一批资助的学生。后来因为 3 个孩子没有照片，还需要村里的盖章证明，资助的事情没有及时办成。

得知黄文秀遇难的消息后，俞斌非常悲伤。他说，过了悲伤期，过了洪水，我们爱心工作室要前去寻找黄文秀生前牵挂的那 3 个优秀贫困生，补齐相关手续，帮助他们完成学业。我们还要发挥俞斌工作室的作用，助力青年一代成长，为百坭的教育扶贫事业尽一份力。

能否找到黄文秀生前推荐的 3 名孩子，完成文秀的遗愿呢？

7 月 17 日，是黄文秀牺牲整一个月的日子。带着疑问，带着吴先生的期盼，也带着所有关注黄文秀事迹的无锡人的心愿，俞斌和爱心工作室的成员来到了田阳，他们要通过文秀的家人寻找那 3 个贫困学生，期望为无锡与百坭“续缘”。

与文秀的姐姐黄爱娟约定，下午在他们入住的酒店见面。

出于对英雄亲人的尊重和礼仪，俞斌决定把见面地点安排在酒店会议室。

当与前台联系时得知，使用会议室的费用要数倍于房价。

“要花这么多钱？”一向俭朴的俞斌有点心疼。

当酒店客房部总经理得知他们来自无锡，是来实现黄文秀生前未了心愿时，当即决定免费给他们使用会议室，并免费提供茶饮。

下午 1 时，文秀的哥哥和姐姐如约到来。当双手紧握，一声“恩人”喊出，在场的人无不泪流满面……

姐姐爱娟自始至终称吴先生和俞斌老师为“恩人”，这让他们深深感到，文秀与无锡的这段缘分是如此朴实，如此真切。

第二天一早，文秀哥哥姐姐又早早来到酒店，接他们去家里做客。

哥哥一边开车，一边伤心地回忆起妹妹的点点滴滴。

一个月前，文秀就是开着这辆车，从百坭回田阳家里给父亲送药，又牵挂群众安危雨夜逆行奔向百坭的……

如果没有那场突如其来的山洪，此刻驾驶这辆车的应该还是妹妹文秀。

这两天相见，从文秀哥哥姐姐的声声“恩人”里，能明显地感觉到他们对无锡好人的感恩之心，他们在内心早已把无锡人当作家人了。

他们的家是一座两层小楼，坐落在田阳城郊 323 国道边的一个小山坡上。客厅左侧墙中间端放着黄文秀的灵台，四周摆放着各级组织追颁给黄文秀的奖章、奖状和荣誉证书。举目凝视，令人肃然起敬。

午饭时，文秀的嫂子以壮家的最高礼遇，为无锡亲人准备了一桌丰盛家宴，餐桌上缭绕着难以用语言表达的淳朴感情。

饭后，文秀哥哥姐姐带着无锡亲人步行约有十里山路，来到家里的芒果园。

哥哥指着前面的一片芒果林深情地说：“这是妹妹文秀的。”

原来，父亲把他亲手栽种的这几十亩果园，平分给了兄妹三人。

如今的芒果园已是硕果累累，枝头上的田阳青芒散发着馥郁香气。

哥哥深情地述说着去年与妹妹文秀一起在果园劳作的场景。

姐姐提议说：“今后这片果园就叫‘文秀果园’吧！”

众人称好。

漫步芒果园，如今物是人非，无尽思念久久萦绕大家心头……

返回家里，哥哥从里屋捧出了妹妹文秀的所有照片。

俞斌眼前一亮，有几张他从媒体上见到过，但更多的是难得一见的文秀与家人、同学、老师的合影，还有她小时候的照片。

面对这些珍贵的照片，俞斌有些犹豫，不知道该不该拍照留念。

这时，哥哥提醒说：“咱们是一家人，如果需要，你们尽管翻拍好了。我这是第一次把秀儿的全部照片拿出来呢。”

真情一句话，再次深深感动了无锡亲人。

姐姐说，今天是自妹妹遇难后一家人最释怀、最难忘、最开心的一天。

第二天早晨，无锡亲人收到了黄爱娟的微信：“报告你们一个天大的喜讯，那3个贫困学生找到了！”

这是3个壮族孩子，一个已升初中，两个还在读小学。

从此，无锡与百坭又接续上了一份新的情缘……

“叔叔，你什么时候来广西？我等你。”这是黄文秀生前留给吴先生的话。

吴先生答应过文秀，今年夏天一定会去百色看她。

不料，那场无情的山洪，让邀约和承诺变成了永远的哀伤。

8月下旬，一直牵念着去送文秀一程、兑现与她生前之约的吴先生，终于成行！

吴先生一行从南宁驱车前往百坭村。在八桂大地，一路可见“百坭村第一书记黄文秀”的公益广告牌。透过车窗，看着迎面而来的文秀的名字，吴先生觉得她就在身边，从未离开。

两个半小时后，吴先生终于来到文秀从小生长的地方。在摆放着文秀的照片和奖项的桌子上，吴先生小心翼翼地翻阅着：时代楷模、第七届全国道德模范、全国优秀共产党员、全国脱贫攻坚模范、全国三八红旗手、五四青年奖章、八桂楷模……

吴先生再一次泪眼朦胧，三年前和文秀在无锡相见的情景又浮现脑海。

帮助文秀完成夙愿、为百坭村脱贫尽点绵薄之力，是吴先生此行的一个重要目的。

在前往百坭的途中，到了文秀的遇难地，他们在路边摆上三束鲜花，行三鞠躬礼，表达对文秀的哀思和敬意。

踏上百坭的土地，道路越来越颠簸泥泞，这让他们切身体会到文秀在扶贫路上的艰辛与不易；在文秀生前办公和生活的地方，仿佛她仍在微笑着迎接无锡亲人；在砂糖橘种植基地，他们看到砂糖橘总产量由原来的 3 万公斤增长到 25 万公斤，不少村民实现了脱贫致富，文秀功不可没！

为帮助百坭村民解决用电难、用电贵问题，吴先生曾向文秀提出：结合国家光伏扶贫项目，他的企业可以去百坭建光伏发电站，让村民用上免费的电。

来到百坭，吴先生察看着这里的地形和采光情况，发现可用于建光伏发电站的大平地几乎没有，这让他有些失落，心里默默期望：以后想方设法通过科技发展来解决这些问题，弥补这个遗憾。

“文秀姐姐未竟的事业，我们会接着做的！”三年前在无锡的那餐饭，让吴先生的儿子与文秀姐姐结下深厚友情，也一起探讨过为百坭村融资的方案。

这次，小吴应广西电视台邀请，录制了缅怀黄文秀的节目《我的朋友》。

百坭的无锡亲人里，又多了一位年轻人；百坭的脱贫攻坚队伍中，又多了一位新战士。

吴先生和无锡堰桥商会的企业决定：尽最大努力帮助百坭村的产业脱贫项目，首先把百坭的砂糖橘、芒果、百香果等，销售到无锡。

对于文秀生前牵挂的 3 名贫困学生以及更多需要帮扶的孩子，有无锡惠山区、堰桥街道和俞斌工作室结对助学，百坭教育脱贫的历史任务，无锡亲人一定会持续奉献力量……

“百坭村的砂糖橘真甜，我也要一箱！”

“这是咱无锡人‘半个女儿’家乡的水果，我们看着就亲切。”

……

2020 年春节前，百坭村的砂糖橘在吴先生家乡无锡惠山区堰桥街道，成为市民群众新年节日的抢手货。

黄文秀当年带领百坭群众种下的砂糖橘，迎来了大丰收，全村砂糖橘产量达 100 多万公斤。

早在元旦前夕，百坭村接任第一书记杨杰兴、村支书周昌战等一行人来到惠山区堰桥街道看望无锡亲人，并通过“秀起福地”云上平台，发来了原生态的百坭砂糖橘。

“百坭砂糖橘果大肉厚、色黄醇香，富含人体所需的维生素及膳食纤维，是世界长寿之果。”堰桥街道党工委、办事处和堰桥商会等把销售百坭砂糖橘作为头等大事，让两地共同实现黄文秀生前的心愿，帮扶“云中百坭”的乡亲们脱贫奔小康。

……

46. 与秀儿同行

2015 年，中央发出通知，要求向党组织软弱涣散村和建档立卡贫困村全覆盖选派第一书记。从那时起，一大批从各级机关和国有企业、事业单位选拔出来的优秀党员干部，前往全国10多万个贫困村担任驻村第一书记。

为贯彻落实习近平总书记关于“扶贫工作要五级书记一起抓”的指示精神，乐业县坚持因村派人，择优选派了88名（含中央、自治区及市级选派）驻村第一书记。

在乐业，驻村第一书记们带领基层党组织、村干部和广大党员，组成了一支支浩浩荡荡、特别能吃苦、特别能战斗的脱贫攻坚队伍。

乐业县有一张金光闪闪的名片，叫作“第一书记的手”。

这些驻村第一书记们，来自五湖四海，有着不同的身份，但他们却有着共同的形象：身穿印有自己名字的衣服，手上时常沾满泥污，无怨无悔奋斗在脱贫攻坚的第一线。

他们与黄文秀并肩同行，与黄文秀一起追梦……

这些第一书记的手变得越来越粗糙，而他们所在的一个个村庄却变得越来越富裕……

新化镇乐翁村第一书记陈名持，是和黄文秀同一天到县里报到的。

养蜂是短平快的致富好项目，黄文秀想把养蜂引进百坭村，为村民增添一个产业脱贫项目。

2018年6月初，陈名持邀请黄文秀前往皈里村参观养蜂基地。

那天，黄文秀和陈名持一起来到了皈里村养蜂场。她很兴奋，戴上护罩，掀开蜂箱，瞬间那些蜜蜂“嗡”的一声，全都飞了起来，乌压压地围着她，好吓人呢。可她鼓足勇气，抓蜜蜂、找蜂王，好像一点都不怕。

她对陈名持说：“要靠养蜂产业给村民增收呢，我一定要克服困难，熟悉养蜂门道，学会养蜂技术，才能回去手把手地教村民，所以我不能怕！”

“对养蜂的每一个技术环节，文秀都仔细向蜂农请教，并且在现场亲手操作，不怕被蜇，很能吃苦。”陈名持对那天的情景至今难忘。

陈名持用手机给黄文秀拍了一张照片——阳光灿烂，远山青翠，山坡间的遮阳网下，满是蜂箱，黄文秀戴着白色防护帽、黄色橡胶手套，举着蜂王盒，脸含微笑，眼里充满对甜蜜事业的期望。

后来，黄文秀又一次前去皈里村，登门拜访养蜂户，还找到皈里村第一书记张芹维，很着急地问他：“大哥大哥，我的蜂王、我的蜜蜂什么时候才帮我弄好，什么时候才能给我呀？”

那天，张芹维和黄文秀约好了：6 月 18 日就会让她把蜂王领回百坭村，正式开启养蜂项目。

“没想到，一向说到做到的文秀，这一次却失约了……”张芹维哽咽难言。

如今，皈里村水、电、路都通了，猕猴桃和油茶等产业覆盖了全村贫困户，村民脱贫致富的信心十足。

“文秀给驻村第一书记树立了榜样，我们要学习她的精神，更加坚定信念，继续前行，坚决打赢打好脱贫攻坚战。”张芹维说。

黄文秀牺牲后，陈名持把思念压在心底，更加努力地奋战在乐翁村脱贫攻坚第一线。

脱贫攻坚中，乐翁村通过抓好基础设施建设、发展养鸭产业、办理小额信贷发展创业等多项有力措施，让该村“十一有一低于”和贫困户“八有一超”各项指标达标，全村人均年纯收入提高到了 7600 元，实现了整村脱贫摘帽。

2020 年 6 月的一天傍晚，乐翁村村民罗燕龙家的院子里热闹了起来。

对着坐满了院子的干部和村民，陈名持提高了声音：“各位乡亲，今天请大家来，主要是谈谈扶贫工作开展以来给大家带来的发展变化，各家享受了什么政策，要做到心中有数，做一个懂政策的明白人，同时也希望各位为我们的工作建言献策……”

年轻的村干部吴秀丽率先发言：“要说变化嘛，泥巴路变成了水泥路，旧瓦房变成了新平房。”

老党员黎良帮接过话茬：“以前走夜路都是月亮做伴，现在到处安装了太阳能路灯，就不用摸黑走咯。我认为，我们村能有今天，离不开党和国家的好政策！”

蒙华田是乐翁村乐心屯的贫困户，谈及自家享受了哪些政策福利，他非常激动：“国家政策真是好，脱贫攻坚开展以来，我家得到了危房改造、雨露计划、大病救助、小额信贷等一系列补助。这些政策让我过上了好日子，我心里都明白着哩！”

“以前没有修建乐翁桥，只要碰到发大水，过河都是心惊胆战。记得 3 年前发大水，我赶着两匹驮着玉米的马过河去赶集，急流把我的马冲翻，玉米被河水冲走，真的是危险。自从乐翁桥建好了，硬化路也通了，我们徒步走几公里去赶集的日子终于结束了。”这段往事，302 屯的群众郭昌书记忆犹新。

干部群众你一言我一语，畅谈政策红利，共谋今后发展，小村子夜色浓浓，小院里其乐融融……

严彬航是黄文秀在百色市委宣传部的同事。他和黄文秀同一批来到乐业县，担任同乐镇龙门村第一书记，又和黄文秀成了脱贫攻坚的战友。

平时，两人关系很好，交流最密切。在和黄文秀驻村同行的一年多时间里，他们交谈得最多的就是扶贫工作。

2019 年 3 月，严彬航和黄文秀在百色还一同录制了《我和我的祖国》快闪视频，那天文秀站在他的身旁，笑容灿烂；那晚他们曾共举杯祝愿：在各自扶贫的村里一切安好，互帮互助！

“然而，说好的‘打赢扶贫攻坚战役，一起收兵’，没想到，你失约了。”严彬航眼含泪花。

严彬航还记得，他们在乐业县的这批第一书记们，在一起开玩笑时曾经有个约定：“等到顺利脱贫那一天，我们就关掉手机，然后唱三天歌、喝三天酒、睡三天觉！”

彻底脱贫的日子越来越近了，只是那个开朗爱笑的文秀，再也不能和他们一起庆祝了。每当说起这个约定，七尺男儿严彬航总是忍不住泪如雨下……

擦去泪水，严彬航坚定地说：“我一定要更加坚强，继承发扬‘文秀精神’，把驻村扶贫工作干得更加出色，不辜负全村群众对美好生活的向往、对全面小康的期待。”

“香，先进来喝杯茶再走。”

“香，晚饭准备好了，一会儿过来一起吃。”

……

村民们亲密呼唤的“香”，是同乐镇九利村第一书记陈月香。

陈月香和黄文秀同一批到乐业县。她们多次在一起聊驻村工作心得，共同感受投身脱贫攻坚的艰辛，以及分享群众摆脱贫困的喜悦。

陈月香永远记得，夜深人静时，文秀会拿起吉他，对着天空的繁星轻声唱几句自己喜欢的歌。

九利村位于乐业县城附近，失地农民较多，计划在 2019 年整村脱贫摘帽。

在脱贫攻坚战的紧要关头，作为驻村第一书记，陈月香时时感到重任在肩。

2019 年 6 月，陈月香积极对接烹饪技能培训学校，请老师到村里传授烹饪技能。两期技能培训班，村里共有 90 名村民参加了为期半个月的培训，其中超过 80% 是贫困户。后来，村里还开展了驾驶、电工、电焊工等培训，让每个贫困户家中都有一人掌握一门技能。

村口的垃圾场转移了，河道清理干净了，一条 200 米的宣传文化长廊映入眼帘，原本脏乱差的村庄变得更美丽了……

这些变化百姓看在眼里，记在心里。

“在农村，‘小病拖、大病扛’的现象非常普遍，村里因病致贫的贫困户占了一半。”村妇女主任周桂金非常担忧。

陈月香邀请右江民族医学院师生，进村开展健康知识小课堂活动，进行健康扶贫政策宣传，重点围绕分级诊疗、先诊疗后付费等政策为村民耐心细致地讲解，保证贫困群众全部知晓。

通过陈月香的努力，村贫困妇女获市妇联捐赠“两癌”健康保险保障 625 万元，125 名建档立卡贫困妇女受益，实现了贫困妇女“两癌”保险全覆盖。

陈月香还从不同渠道为九利村争取了各项资金投入共计 130 多万元，完成了全村太阳能路灯安装，覆盖所有农户；通过协调，解决全村各户垃圾回收搬运处理工作和排污治理，村容村貌得到极大改善。

陈月香曾多次与黄文秀交流扶贫工作经验，对她的坚韧奋进印象深刻：“文秀书记在脱贫攻坚第一线倾情投入、奉献自我，赢得群众的赞赏和爱戴，在我眼中她是脱贫攻坚战场上的巾帼英雄，是广大扶贫干部学习的榜样。我们将接好文秀书记的接力棒，化思念为力量，变任务为责任，用扶贫实绩告慰她。”

与秀儿同行，乐业县的第一书记们，青春无悔，人生有荣！

与秀儿同行，第一书记所在的村庄，脱贫在望，幸福可期！

6 月 22 日，黄文秀同志告别仪式在百色市殡仪馆举行。

带着如潮哀思，带着无限怀念，朝夕相处的村民，相亲相爱的校友，素未谋面的群众，从四面八方赶来，挥泪送别秀儿。

告别大厅里，黄文秀的骨灰安卧在鲜花翠柏丛中，上面覆盖着鲜红的中国共产党党旗。

大厅中央悬挂着黄文秀的遗像。照片中的秀儿，笑容灿烂，就像从不曾远去。大厅四周，摆满了黄文秀家属、亲友、同学、老师以及社会各界敬送的花圈。

在低回的哀乐中，在一段段悼词中，人们回忆着往日与秀儿相处的一幕幕场景……

此时此刻，亲人掩面、朋友伤怀、同事哽咽；

此时此刻，40 万人在网上为秀儿接力送行……

《关键看老乡》创作谈

精准扶贫的主战场之一，就是江西省。

江西省的井冈山和瑞金等地，都是中国革命圣地。

多少年来，解决江西省的贫困问题，一直是中央政府的工作重点，也是全国人民的热心期盼。

而今，2020年底，江西贫困，全部清零！

正在这个时候，我接到了这个创作邀请。

说实在的，我有些犹豫，因为时间太紧，责任太重。但是最终，我还是欲罢不能。

因为，江西的“红色”魅力，我无法抵御！

是的，赣鄱大地之“红”，可谓天然与人文共酝酿，历史与现实共碰撞。

江西之“红”，既指全省以红壤土地为主体的地形地貌，更指江西是为中国革命事业作出巨大贡献的红色老区。全省各地分布着大量的革命胜迹、旧址和纪念物，拥有革命摇篮——井冈山，共和国的摇篮——瑞金，军旗升起的地方——南昌，秋收起义的策源地——萍乡等著名革命圣地。这些红色风景，不仅凝聚成江西独有的精神资源，激励江西人民在各项事业中砥砺前行，而且让国人乃至世界敬仰，并一次次走进神圣的江西。

2019年，为了体悟方志敏烈士名篇《可爱的中国》中描述的理想中国，我曾深入到方志敏烈士的家乡一带采访，写出了短篇报告文学《告慰方志敏》。

种种因素，促使我克服困难，立即启程，走上井冈山，走进赣州……

关键看老乡（节选）

（2021 年 1 月 16 日作于邯郸）

第一章　井冈山上

井冈山地处赣湘两省交界的罗霄山脉中段，古称“郴衡湘赣之交，千里罗霄之腹”。

这片红色沃土孕育了中国革命，井冈山被誉为“中国革命的摇篮”“中华人民共和国的奠基石”。在整个井冈山革命老区，当年追随共产党人参加红军的有18万人，近5万人为革命事业献出了宝贵的生命。

由于战争创伤、山大沟深、交通不便、基础薄弱等诸多因素叠加，新中国成立后，相对于经济快速发展的地区，井冈山呈现出落后趋势，属于国家集中连片特困地区之一——罗霄山区。

截止到2014年初，井冈山市仍有44个贫困村、4638户、16934个农村贫困人口。

让老区人民过上幸福生活，是革命先辈的未尽夙愿，更是我们党对这片红色土地的庄严承诺。

2016年2月2日，中共中央总书记习近平来到井冈山茅坪乡神山村看望慰问贫困群众，殷殷嘱托：“决不能让老区群众在全面建成小康社会进程中掉队。”

这是一份未竟的政治使命，是新时期井冈山精神的动人演绎。

在这场没有硝烟的反贫困斗争中，井冈山市牢记习近平总书记提出的“在脱贫攻坚中作示范、带好头”，举全市之力坚决打赢脱贫攻坚战。

2017年2月，井冈山革命根据地创建90周年之际，井冈山在全国率先脱贫，成为告慰先烈的最好礼物。

1. 神山亘古

●空心穷村

湘赣边界，罗霄山脉中段。

黄洋界脚下，800 多米高处，潜藏着一个小村。

据传，260 多年前，也就是公元 1760 年代清朝乾隆二十五年左右，5 户客家人从江西南大门赣州安远出发，一路向西北跋山涉水，一路肩挑行囊扶老携幼，一路走走停停寻寻觅觅，终于相中大山深处这片几乎与世隔绝的处女地，舒然放下重担，劈柴生火，繁衍生息。

这片神奇的处女地，就是今天的神山所在。

烟火人间，从此开启。

环顾四周，这里的确是一个好地方呢。你看，大帐里、藤萝边、猴子岩、牛角窝等山头，大大小小，高高低低，生动活泼，比肩围护；山上，秀美毛竹，巍峨松杉，蓊郁茶树，漫山遍野，苍苍翠翠；脚边，猴子额、大帐里、庙里河、神山河等有名无名的小河小溪，潺潺淙淙，穿石绕树。

抬头一线天。抬眼千山竹万山木，一望不到边。而山上的云霞，更是时而绚烂妖娆，时而灰飞烟灭，时而薄如蝉翼，时而遮天蔽日……来去匆匆，不由地上人，似有天机神谕。

山民们耕作着，仰望着，惊叹着，遐想着。

然而，夜太长，天太寒，日子缥缈而艰难。

人们依旧世世代代耕作着，仰望着，幻想着，祈祷着，祈祷那云蒸雾罩中的天机神谕能赐给人间丰衣足食，祈祷人间也能过上山里神仙一样美妙自由的日子。

于是，人们便不知从何时起，给脚下这片容身之地赋予了一个神奇而又美妙的名字——神山。

神山历史，从美好的理想中开启。

然而，天，难遂人愿。

现实冷酷得就像高山竹木间一爿爿逼仄的小地块，难以拓宽，无法繁盛。迁徙而来的5户人家，历经200余年，却只繁衍生息到50多户人家，200多口人。耕地呢，更是比开天辟地还难，200余年也没有拓展到200亩。山林竹木却越发恣肆繁盛，郁郁葱葱，覆盖山野。

村民主要以种植水稻和砍伐毛竹为生。然而，与外界相连的道路，却只有一条羊肠小道。

人均5分的可耕地，也因为平均海拔1770多米的高度而自然形成高山“冷浆田”，每年只能种植一季早春水稻，亩产不过200斤，勉强糊口。灾荒困难时，全村人一年要吃6个月的救济粮。村民的住房也可想而知，多为土坯房或竹木搭置的棚舍。

贫穷，似乎在神山村扎下了根。

当地流传下来一个故事。

早年，一个乡镇干部来神山走访农户。

进门，女主人热情地迎出来接待他。他以为男主人下田干活了。两人聊了一会儿，女主人回屋去。哪想到，男主人很快就出来陪干部了。这期间，女主人没再露面。过了一会儿，男主人又回到屋里。干部起身正要告别离去，女主人又紧跟着出来送他。

为什么男女主人总是单出单进呢？

原来，他家穷得只有一条像样的裤子，夫妻二人只能轮换着穿出来见人。

“神山是个穷地方，有女莫嫁神山郎，走的是泥巴路，住的是土坯房，红薯山芋当主粮，青年儿女流外乡……”说起过去，神山村老支书彭水生又念叨起过去的顺口溜来。

“那年头，能往外走的都走了，我们这儿叫‘逃山’。”

为讨生活，“逃山”成了神山村民无奈的出路啊。

“没钱，愁死人急死人。不出去有啥办法？砍下毛竹也难大批量运出去。”70 多岁的左秀发说。

“那时，为挣点活钱，家家户户只好把大竹竿劈做成小竹筷子，再爬半天山路，背到山外集市上卖，100 双筷子才赚 2 元多，一年累死累活收入还不到 3000 元。”

“村里的后生们都跑出去打工了，就留下我们这些老家伙守山。最少的时候，这半边山就我一个人守着，整天连个说话的人都没有，孤单得很啊。”站在家门口，胡玉保老人扬起胳膊，向着近处山腰上几栋房子画了半个圈。

看来，神山里没有住着缥缈的神仙，却住着无边的贫穷和落后。

2013 年底，有关部门对标普查，神山村人均年纯收入不足 2300 元，全村 54 户人家中，21 户 50 人被确定为建档立卡贫困户，贫困发生率高达 21.6%，神山村也被列为省级贫困村。

240 多名村民中，常住人口仅 38 人，而且都是老人和孩子。

40 岁的左香云是左秀发的儿子，也是村里唯一的青年坚守者。他从小喜欢琢磨竹木工艺品，自己带领一家人摸索着制作，再肩挑手拿到距离神山 20 多里远的黄洋界景区卖。长年辛苦奔波，勉强养家。

神山村，是江西省一个典型的“边、远、穷”贫困村、“空心村”。

●红心村

茫茫神山，烟云滚滚。

翻越一页页历史画卷，激荡奋进的革命进程中，神山无论多么贫困，始终怦然跳跃着一颗革命红心。

井冈山革命时期，神山全村 50 多口人，大部分踊跃参加革命。其中，参加红军 2 人，牺牲 1 人。为红军争当医护、劳工 28 人。现存红军药库遗址 1 处，红军后代 19 人，烈士后代 9 人。

彭长妹是神山村最年长的村民，已经 94 岁。

1926 年，她出生的第 3 天，家里正在做庆生的三朝酒。

“白狗子来了！”

突然，村里传来惊呼。彭长妹的父亲赶紧抓拿些物品，带着她和母亲钻进深山，躲藏起来。

“白狗子”泛指国民党士兵，是第一次国共合作期间，晋察冀等解放区及中国部分地区对其的泛称。

白雪封山，滴水成冰，有家却不敢回。彭长妹的父亲只好用毛竹和树皮搭建起一个窝棚，一家人蜗居深山 40 多天，第二年春天才下山回家。

“本来就穷，‘白狗子’还时不时地来抢劫我们，那日子真叫苦啊。”彭长妹至今难忘过去暗无天日的艰难岁月。

和“白狗子”形成鲜明对比的，是中国共产党领导的工农革命军。

1927 年 10 月，毛泽东领导中国共产党在湖南、江西两省边界罗霄山脉中段，创建了第一个农村革命根据地——井冈山革命根据地，开始了轰轰烈烈的土地革命。

土地，生长着口粮。土地，也孕育着希望。对种田人来说，土地无异于生命。

顿时，世世代代躬腰耕作却填不饱肚子的种田人，迎来了划时代的生命大转机、命运大转机。

1928 年春，神山村民在共产党领导下，“打土豪、分田地”，翻身做主人，农业生产积极性空前高涨。资料记载，土地革命后井冈山地区土地收成比之前平均增加了三成，更激发起广大民众支持中国共产党、投身革命的热情。

1928年9月，黄洋界保卫战打响，广大农民的革命激情充分释放。

黄洋界位于井冈山北面，海拔1300多米，雄峰耸立，陡不可攀，是井冈山的险要哨口之一。

1928年7月，中国工农红军第四军主力在湘南行动受挫后转移到东南边陲桂东。红四军前委书记毛泽东率领第三十一团第三营由井冈山赴桂东接应主力，第三十二团和第三十一团第一营留守井冈山。

1928年8月中旬，国民党湘军和赣军共5个团，准备乘虚对井冈山革命根据地进行第二次“围剿”。红四军第三十一团团长朱云卿等得悉消息后，紧急召开会议部署作战方案，誓死坚守井冈山。在赤卫队和革命群众支援下，组织部队利用山险，构筑工事，设置竹钉，在黄洋界四周筑下一条人民战争的“竹钉防线”。

8月30日凌晨，浓雾漫山。

8时许，浓雾渐散，敌军开始进攻。因为山路狭窄陡峭，两侧又设置了竹钉，敌军兵力难以展开，只能一个一个往上爬。待他们一个个进入有效射程时，朱云卿一声令下，红军各种火器一齐开火，礌石、滚木像奔泻的山洪，从山顶一直滚到山下，敌军躲闪不及，伤亡惨重，败退下去。敌军不肯罢休，紧接着又组织4个团二次冲锋，都被红军打得落花流水。

下午，敌军孤注一掷，集中全部火炮轰击黄洋界，同时又一次发起冲击。

关键时刻，朱云卿把原本放在留守处修理的一门迫击炮调到前沿阵地助战，一颗炮弹正好击中敌军指挥所，当即炸死炸伤十余人，敌军团长陈纪良重伤。

这时，红军阵地上冲锋号骤然嘹亮吹响。

各山头的革命群众一边放起假机关枪（铁桶里放爆竹），一边用礌石、滚木向敌群砸去。敌指挥官以为红军主力回来了，当夜仓皇遁逃。朱云卿率部奋起追击，边界各县地方武装也纷纷出动，歼灭敌军百余人。

神山村地处黄洋界脚下，保卫战打响后，这里成了红军的可靠后方和休整之地。

28 名村民义务为红军当挑夫、向导、炊事员、通信员等，老中医赖章达主动为伤员治病疗伤。

青年们更是踊跃参军，冲锋在战斗前线。

村民左光元当时 14 岁，加入红军后，随部队辗转赣南，参加了 4 次反“围剿”斗争，曾 3 次英勇负伤。

革命烈士左桂林是红军的号手。

1929 年 12 月，国民党袭击神山，面对数倍于我方的敌军，左桂林临危不乱，冲锋在前，为掩护普通群众和 3 名战友转移、保护红军药库，不幸中弹牺牲。

左秀发、左香云父子就是革命烈士左桂林的孙辈后代。

2016 年 2 月 2 日，习近平总书记来到神山，特意进他家看望。在总书记的鼓励下，左香云放开胆子开办竹木工艺品厂，成为神山致富带头人和全国人大代表。

历史，从未走远。

历史，也从未忘记。

赣鄱大地为什么这样红？因为无数战士的鲜血染红了它。

◎写在后面的文字

红色神山历史，让我们更加清楚地了解到，如今共产党人为什么要带领群众进行反贫困斗争。这是中国共产党让老百姓过上好日子的永恒追求，更是一种初心和使命的传承担当。

“贫穷不是社会主义，社会主义要消灭贫穷！”邓小平这样阐释社会主义的实质。

2016 年 2 月 2 日，中共中央总书记习近平来到井冈山，瞻仰井冈山革命烈士陵园。他凝视着开国元勋和革命先烈的照片，深情地说："井冈山是革命的山、战斗的山，也是英雄的山、光荣的山，每次来缅怀革命先烈，思想都受到洗礼，心灵都产生触动。回想过去那段峥嵘岁月，我们要向革命先烈表示崇高的敬意，我们永远怀念他们、牢记他们，传承好他们的红色基因。"

当天，习近平来到神山村，看望老区人民，又如此谆谆叮嘱。

"全面建成小康社会，一定要让为人民共和国诞生作出重要贡献的革命老区发展得更好！"

土地和农民，是打开中国近现代历史的两把钥匙，也是理解中国共产党人初心和使命的捷径。

我们期待，这片红色土地再次焕发新生机。

2. 彭夏英的春天

1 岁时，突然丧父，随母改嫁，没有读过书，她是村里最苦的一个小女孩。

15 岁嫁人，17 岁生女，女儿、儿子小学未毕业也都先后辍学，夫妇俩又先后重伤，她家是村里最贫困的一户。

她又是村里最幸运的人，50 岁那年，中共中央总书记习近平来到了她家。

她将总书记的关怀化为脱贫致富的巨大动力，率先开办起全村第一家农家乐，很快摘掉了贫困户帽子。

她说："幸福生活是干出来的！"

她说："政府可以扶持我们，不能抚养我们！"

她，一个从未走出过大山的女子，来到北京领取了国家最高荣誉——首届"全国脱贫攻坚奖奋进奖"。

●傻傻的苦妹子

神山的夏天，白天热中透着凉爽。夜晚，竟有些寒意。

1967 年夏，彭夏英出生了，哇哇欢闹的女婴让家庭热闹起来。哪曾想，牙牙学语时，父亲却突然去世。

深山的女人啊，哪里走得出去呢。母亲只好抱着嗷嗷待哺的可怜女儿，爬上高坡，从山坳里左家改嫁到本村住在山半腰的彭家。

继父视彭夏英如亲生，可因为家里穷，她连上小学的机会都没有，从小就随着父母下田劳动，做家务，用稚嫩的双肩承担起了家庭的重担。

在乡亲眼里，彭夏英就是这个穷村里最苦命的女孩。

一爿爿冷浆田，如巴掌，似簸箕，曲曲窄窄，零零碎碎，贴在山坳里，钻在溪谷中。虽然精精细细耕种一年，也难以填饱肚子，却依旧被山里人宝贵得如同生命一样。

为滋养金贵的保命田，人粪便都舍不得抛洒，稀罕得积存在大木桶里。木桶满了，倒在秸秆杂草和牲畜粪便上，一双双大脚小脚和着汗水泪水一遍遍踩踏、混合、发酵，为冷浆田酿制出最给力、最掏心的能量和肥料。

这也是如花女孩彭夏英从小就学着踩踏的农家活。

“祖祖辈辈都这样才会积攒出上好的农家肥，哪能感觉脏呢？”

春天来了，该插早稻了。

彭夏英才五六岁，就赤脚跟着父母下水田。小手抓起污浊的人畜粪便，一把触进水田，抬手又快速在粪窝里插下一棵青青秧苗。整个过程利利索索，插出的秧苗更是直溜溜的一行行。

一爿爿稻田，一片片希望。神山人精心侍弄着。

初夏，一把把金色稻穗沉下头来，收割，脱粒，收获一袋子、哪怕半袋子的稻谷，也是上天的最好报答。山民们仰望着轻纱曼舞的神山，感恩又知足地笑了。

顾不上尝一口新稻米的醇香，山民们又撸起袖子，卷起裤腿，下水抢种第二季晚稻。

又是小手急急忙忙抓起更污浊的人畜粪便，一把把触进稻田，又急急忙忙在粪窝里插下一棵棵青青秧苗。

可是，接下来的日子就一日日揪着人心了。人们更精心侍弄着，观望着。

晚秋来了。

冷风吹来，稻穗却直愣愣的，扬着轻飘飘的头颅，期待着夏日的热烈，不肯丰满，不肯成熟。

一年年的期盼啊，一季季更精心的侍弄啊，眼下收获的却是一把把干瘪的稻壳。

村民们只好认命，一年只种一季水稻。其余的时光呢，就只好抢种些红薯、土豆、南瓜、菜蔬等食物调剂生活。

深山出俊鸟，飞涧有沉鱼。

1982 年，彭夏英 15 岁，出落成了一个人见人爱的漂亮妹子。

可是，山太深，路太窄，土地太冷薄。即便花季少女彭夏英心比天高，也无法逃离重重大山深锁。深冬，山里人闲下来。彭夏英正和母亲在山里挖冬笋，继父一个人做主，就把她许配人了。

对象长什么样？心眼好不好？叫什么名字？彭夏英都不知道，也不敢问。她只听继父说是个手艺不错的小木匠。不久，二人就奉命完婚了。

丈夫整整大彭夏英 16 岁，还是个讨生活来到神山的外乡人。

村里人议论纷纷，说彭夏英这个苦妹子不光命苦，还傻。

是啊，在村人眼里，彭夏英比一朵花还好呢，不但身材高挑，模样俊俏，还吃苦耐劳，为人和善。这样好的姑娘，愣是嫁给了一个外乡大男人，岂不太可惜。

两年后，彭夏英的女儿出生了。1987 年，大儿子出生。1989 年，小儿子出生。

从此，彭夏英像一只小母鸡，领着三只“唧唧”叫的小鸡娃儿，土里刨食，安顿日月。

2020 年 11 月，作者见到了彭夏英。这年，她已经 53 岁了。

面庞圆润，肤色干净，眼睛大而亮，一看就是个标致的女子，年轻时绝对一等漂亮。

“您和丈夫年龄相差整整 16 岁，您认命吗？”

“啥命不命的，我不太信。再说，当时我也没想啥，孩子么，就是听父母的话。”彭夏英微笑着，双手不停地挑拣着簸箕里的干黑木耳。

“那现在呢？又怎么想当初父母给自己安排的这场婚姻？”

彭夏英沉默着，不吭声。片刻，她郁闷地回头寻找着他的大丈夫张成德。

张成德是四川人，当年他家也穷。但他人高马大，靠一手木匠活，四处游走着讨生活。

那年春节一过，漫山遍野杜鹃花即将盛开时，他就一路转到神山来了。

彭夏英的继父一眼就相中了这个木讷、勤快的手艺人，暗暗观察了多半年，冬天便自己做主把含苞待放的彭夏英许配给了他。

也许造化弄人，但这就是时代的局限和命运。继父、彭夏英甚至母亲都没有更好的选择，这也许就是最好的选择。

彭夏英的继父一直待她如亲生，和母亲也没有再生养孩子。他们一天天老起来，而彭夏英还年轻，即便再能干，也不过是个身单力薄的小女子，继父无非是想为这个家寻找个可靠的支撑，为小女子寻找个可靠的男子汉大丈夫。

眼前，继父早年盖下的房子翻修一新。物非人亦非。继父离世 10 年有余。母亲 90 多岁依然康健，彭夏英夫妇及子女的日子可谓苦尽甘来。

回望过去，我们之所以对某些真实发生的事心生遗憾，主要原因还是我们早已跨越了那个时代窠臼，无法感同身受。

彭夏英的选择只能是她身处的那个时代、那个地区、那个家庭的必然选择。虽然她从小就是一个勤快、刚强的女孩，可她只是个弱小的个体，面对时代氛围之重重困扰，她无法逃离深重的大山，也无法改变自己被重重枷锁束缚的命运。

命运，对她来说，就像眼前的大山一样深重，又像山上的浮云一样虚幻。

她只能接受眼前的现实，坚韧且艰难地一点点改变，一天天向好。这绝不失为一种可贵的人生。

●靠山难吃山

俗话说，临水吃水，靠山吃山。

冷浆田喂不饱山民，山民只好把期望投向苍苍茫茫的大山。

抬眼望神山，郁郁葱葱，满是一望无际的青翠毛竹。全村山林面积 4950 亩，90% 是毛竹林。每人只有几分可耕地，却有几十亩山林地。

彭夏英一心想靠双手过好日子。

月明星稀，彭夏英和丈夫早早起床，匆匆做饭吃饭，带着斧头、绳子、干粮，蹚着冰凉的露水，攀着荆棘，爬上幽深的山坡，砍下一根根十几米长的毛竹。然后，夫妻二人合力将一根根毛竹拖下山。在蒙蒙夜色中，摸索着，抬回家。

接下来几天，丈夫锯竹竿，她劈竹篾，一根长长的毛竹被打磨成了 3000 多双光滑的筷子。

逢圩日来了。

又是天不亮就起床做吃的。蒙蒙亮时，村民们便呼喊着，结伴挑着山货出村了。山路弯弯曲曲，高高低低，不停走半天，正午 12 点左右，恰好赶上 30 里外的茅坪乡集市热潮。一担筷子卖了二三十块钱，彭夏英轻快地加快步子赶紧回家。

可惜，这样辛苦又知足的好日子没有几年。

1992 年，神山一户人家翻修房子，彭夏英的丈夫张成德热心去帮忙。谁料，一堵危墙突然塌下来，将他整个人埋在了土堆里。人们急忙用铁锹和钢筋棍一番刨撬，才把人挖出来。张成德伤势严重，在床上躺了半年多才能下地。双脚却因此落下残疾，再也不能干重体力活了。

家里的顶梁柱倾斜了。彭夏英只能自己撑起来。

“原来的日子太难了！”

“买不起油，吃不起放油炒的干锅菜。”

“八月十五也吃不起月饼，只能给孩子们买几块饼干。”

孩子们一个个长大了。彭夏英跟丈夫商量在老屋旁新盖一间小房。夫妻俩白天下地，晚上摸黑开山石，用了整整一年才整出一块平地。春天，花掉多年积蓄买齐料，终于艰难地建起新房。

哪料，夏天一场霏霏淫雨袭来，就把土坯墙浸得透湿。新房，转眼又成了危房。

积攒一年后，才有钱买物料重新加固土坯墙。

又积攒一年，才有钱买涂料重新粉刷土坯墙。

就这样，一间 20 多平方米的小屋，整整盖了 3 年。

往事不堪回首。就因为贫穷，彭夏英有太多的心酸和无奈。

一次，女儿生病住院，病情稍有好转，为省钱，她就办理了出院。然而，缴费取药时，她一次次摸遍浑身上下所有口袋，还是差将近 10 元。那一刻，辛酸、悔恨齐涌心头，却束手无策。

郁闷回到家，彭夏英只能选择更加坚强，更加勤劳，继续上山砍毛竹、拖毛竹，挣更多的钱。

原来还有丈夫和她一道上山，眼下他腿脚不便，彭夏英只能一个人冒险。

是啊，山高路且险。彭夏英小心翼翼，企图把持住至关一家人安危、至关个人生死的每一步。

可是，她太累了，山太冷酷了。无数次摸爬滚打中，只一瞬的恍惚，湿滑陡峭的山坡上，她还是重重地摔了一跤。腰部重伤，昏迷。她被送到医院抢救，手术整整做了 5 个小时，东挪西借又花了一大笔钱。

伤筋动骨一百天。

彭夏英也像曾经受重伤的丈夫一样，躺在床上，整整半年都难以动弹。

山高路陡，环境险恶。

其实，这哪里只是山民彭夏英一个人的遭遇。身处偏远山区的人们，哪一个没有经历过摔伤的痛苦，甚至致命的悲惨遭遇呢。

彭夏英，只是无数山民中的一个。

彭夏英躺倒在床上这一年，女儿11岁，大儿子8岁，小儿子6岁。

女儿上小学四年级。耳濡目染，她像曾经的妈妈一样，勤快又懂事。以至她瞒着妈妈，偷偷辍学了，悄悄帮爸爸干活，照顾弟弟们生活。待妈妈知道后，女儿已经停学两个多月。刚强的彭夏英流泪了，可看着两个需要照顾的儿子，丈夫一个人默默忙碌的身影，她咬紧牙关也难以支撑起疼痛的身躯。

彭夏英向来刚强，不服输，不认命。然而，彼时，她躺在床上，什么也不能做，什么也无力改变，思来想去，似乎认命了。不仅仅是自己这一代命苦，儿女们也一样啊。

如此恶性循环。

不久，大儿子也辍学了。几年后，小儿子小学未毕业，也辍学了。

大儿子辍学后，彭夏英想不通，督促他回学校。儿子说天黑，看姐姐一个人出去打猪草，不放心，是男子汉就应该陪着姐姐，保护姐姐。

“再躺着一家人就完了，我必须起来！”

医生嘱咐彭夏英至少要休养半年，可看着家里光景一天不如一天，她咬着牙爬起来，又到山上砍毛竹，拖毛竹。

一根毛竹 10 多米长。彭夏英一根扁担挑两根，一趟六七里，一天来回六七趟。

肩膀淤血青紫。

腰伤隐隐作疼。

冷森森的竹林里，彭夏英热汗淋漓……

2013 年，国家开始实施精准扶贫战略。

彭夏英和村里其他 20 户村民成为建档立卡贫困户。

政府免费送给她家 7 只黑山种羊和一头母牛。

“大山里水草丰茂，只要舍得出力，养牛放羊肯定能脱贫致富。”彭夏英似乎看到了美好的春天。

从此，她一家起早贪黑，风雨无阻，丰草时上山放牛羊，枯草时圈养，精心伺弄，比养育自己的孩子还上心。

三四年后，7 只羊繁殖到一大群 40 多只。一头母牛生牛犊，小牛犊长大也成了牛妈妈，几年下来，也养成了一大群 5 头牛。

咩，咩，咩，咩——

哞，哞，哞，哞——

咕，咕，咯，咯——

一天天，公鸡打鸣，母鸡下蛋，羊欢牛叫。

天一黑，为省电，彭夏英家是全村最早熄灯的。

天一亮，随着神山第一声鸡啼鸟鸣，彭夏英又是第一个起床，手忙脚快地劳作起来。

一天天，忙着，累着，也盼望着。

彭夏英望着膘肥体壮的羊群牛群，畅想着盖新房，娶媳妇，早抱孙子当爷爷奶奶呢。

●总书记来到了俺村里

早春2月，深山蓊郁，春意融融。

2016年2月2日，对从未走出过神山、从未见过大世面的彭夏英来说，真是个惊喜又惊慌的日子。

至今，5个年头过去，每当闲下来，望着门外的重峦叠嶂，彭夏英还觉得那真是个梦。一辈子、几辈子都不敢想啊，那么温暖、那么突然地实现了。

这一年，彭夏英多半个人生都艰难地过去了，即将50岁。她更相信——人命在人不在天！

是啊，党和国家一直没有忘记革命老区人民。

2月1日下午，中共中央总书记习近平从北京乘飞机抵达江西省吉安市。然后，换乘汽车沿着弯弯曲曲的山路，来到井冈山。一路上，他听取江西省委有关工作汇报，询问革命老区发展情况，强调全面建成小康社会一定要让为中华人民共和国诞生作出重要贡献的革命老区发展得更好。

2月2日，也就是南方农历小年这一天，总书记又沿着崎岖山道，来到井冈山茅坪乡神山村，视察精准扶贫工作，与全村老少共度佳节。

在神山村党支部，总书记一边看规划、看簿册、看记录，一边详细询问。得知这些年村里不断发生着可喜变化，很高兴，希望村里一班人继续努力，团结带领乡亲们把村里的事办好。

随后，总书记又来到临近村委会的红军烈士后代左秀发、左香云父子家中。

总书记对他一家人立足本地资源、依靠竹木加工增收脱贫的做法给予肯定，祝他们生产的竹筒畅销。他指出，扶贫、脱贫的措施和工作一定要精准，要因户施策、因人施策，扶到点上、扶到根上，不能大而化之。

彭夏英家在半山腰，距离村中心有百余米。没想到，总书记沿着弯曲山道，转到了她家，一间一间屋子查看安危，坐下来同彭夏英夫妇俩算收入支出账，问家里种了什么、养了什么，吃穿住行还有什么困难和需求等。

彭夏英端上来热气腾腾的米果请总书记品尝，说日子眼看好了，总书记给全国人民当家当得好，老百姓感到很幸福。总书记却说，我们国家是人民当家作主，包括我在内，所有领导干部都是人民勤务员。

总书记到村里的消息迅速传开，村民们聚到村口，夹道迎送，向总书记声声问好。习近平高兴地和乡亲们握手，向乡亲们拜年，郑重地对乡亲们说："我们党是全心全意为人民服务的党，将继续大力支持老区发展，让乡亲们日子越过越好。在扶贫的路上，不能落下一个贫困家庭，丢下一个贫困群众。"

短短 70 分钟驻足。

习近平总书记不仅送来了党中央对革命老区人民的深切关怀，还送来了精准脱贫"一个也不能少"的承诺，并鼓励大家"要在脱贫攻坚中作示范、带好头"，走共同富裕道路。

总书记真挚热情的话语，温暖着在场每个人的心，欢声笑语充满山村，一度沉寂、寥落的神山，热闹欢腾起来。

春风吹来，山水欢畅，草木生发，欣欣向荣。

“之前没有人专门来俺神山村游玩，总书记视察后没几天，就有游客来了。”

彭夏英清楚记得，总书记走后的第六天，也就是大年二十九那天，一家人正摆好饭菜准备吃午饭，三个澳大利亚“大胡子”来到她家院里，要亲眼看看总书记走进的房间，坐坐总书记坐过的小板凳。

彭夏英急忙放下饭碗，热情领客人看。

“大姐，我们也在你家吃饭吧。”

“好啊好啊！”

彭夏英随口答应下来。

话音未落，她瞅着桌上的粗茶淡饭，突然慌张、犯难起来。

“就是没什么好吃的。”

“你们吃什么我们就吃什么。”

就这样，客随主便，吃饱吃好，临走要付饭钱。彭夏英急忙摆手，说都是自己吃的家常便饭不值钱、不要钱。

客人执意留下一张新崭崭的 100 元大钞。

也正是这顿朴实的农家饭——神山冷浆田的稻米、神山杂粮和野草喂养的生猪腌制的腊肉、神山溪流边水灵灵的小青菜、鲜竹笋……这一道道风味农家菜，让外来客人吃出了神山鲜美，品出了神山醇香，也让勤劳热情的彭夏英看到了迎春而来的崭新商机。

接下来，每天都有客人来神山游玩，都会来彭夏英家院里看看。

大年初一这天，也来了百余人，远远超过神山常住户人口。

“新年好呀新年好！”“新年好呀新年好！”

声声“新年好”中，神山村有史以来第一次热热闹闹过了个新年。

彭夏英热情好客，端茶倒水，喜滋滋地和他们说那天总书记来村的热闹，聊村里的风景、历史、民俗。每一天都不知不觉在畅快、幸福中流走。

夜晚，神山静寂。彭夏英却兴奋得失眠了。

吃住行，吃为第一。客人大老远跑来，总不能让他们光喝茶水吧。她突然想在家开小饭店招待客人吃饭；念头猛生，她激动得伸手想推醒身边正呼呼酣睡的丈夫赶紧合计合计；霎时，她又被自己这个疯狂的念头吓得脸红心跳，急忙缩回手来。

怎么可能呢？这里山高路窄，物质匮乏，开店需要每天到 30 里远的茅坪乡集市购买食材，而夫妻俩这大半辈子都在山上山下的羊肠小道摸爬滚打，不会骑自行车，没摸过电动车，只会推独轮车，拉板车。唉，瞎想想而已。

开饭店的事，彭夏英才下心头，又上眉头，剪不断理还乱。

彭夏英犹豫着，琢磨着。

“要在脱贫攻坚中作示范、带好头。”总书记亲切鼓励大家的话语，一遍遍在彭夏英耳边响起。

彭夏英彻夜难眠。

大年初二。

彭夏英嫁到山下的女儿开着小汽车回娘家来，看出了母亲的心思。母女俩一说，女儿当即大力支持，自己愿意当小伙计，天天开车给爹娘买菜送货开饭店。

“看准的事儿，说干就干！”

修缮老屋，购置桌椅等物品钱不够，彭夏英来到村委会，扶贫干部立即帮她申请到 3 万元政府贴息贷款。

正月十九，年封口。又该撸起袖子加油干了。

正月二十，以彭夏英丈夫张成德命名的——“成德农家宴”挂牌迎客！

这一天，距离总书记离开神山村仅仅 25 天。

这一天，神山沐浴着新春的“雨水”，开办起第一家现代农家餐馆。

这一天，神山历史也掀开了光鲜一页，开办起有史以来第一家迎纳国内外宾客的农家宴。

开门大吉。

客人络绎。

最多的一天，彭夏英整整接待了 9 桌客人，家里能摆放餐桌、板凳的地方全用上了。桌椅板凳不够，乡亲们惊喜地搬来自家的，摆在彭夏英家当院，也乘机看看热闹和行情。

真是人有商机呢！

很快，村里就相继开起来七八家农家餐馆，无一不顾客盈门。腊肉、竹笋等正宗山货也直接被游客高价买走了。

不足半年，彭夏英、张成德夫妇一算账，收入近 5 万元。原来想都不敢想的富裕日子，真的来了。天黑才忙完的彭夏英夫妇，忍不住激动和高兴，跑到村委会，感恩地递上全家脱贫致富的申请书。

是的，世代贫困一去不复返了。

彭夏英家终于脱贫致富了！也是神山村第一个脱贫致富户。

村民们说，总书记的到来，使神山村神气起来了！

这一年，偏远的神山村走进了全世界的视野，也迎来了全世界的宾客。多年常住人口不过 40 人的小小神山村，接待国内外宾客 7 万余人次。

神山村，真的神气起来了！

其时，乡村旅游在我国早已不是什么新鲜事物，每一个地区和村庄都因地制宜，彰显优势，向外来游人展示各自的特色，乡村旅游总体上已经发展到了一定水平，提升到了一定档次。

而偏远的神山村才刚刚起步，她就像一个村姑，以原生、淳朴的面貌，接纳着四面八方的客人。相比其他已经红火起来的乡村旅游热地，神山急需一番美化装扮。

●彭夏英的春天

神山，曾经远居深山无人知。

一夜之间，世界瞩目，游人如织。

2016 年前 5 个月，神山就接待四面八方游客近 5 万人，每天至少有 200 人进村。

6 月，神山村委会抓住机遇，科学定位，长远规划，致力于发展乡村生态旅游。

第一步，封山育林，禁止放养牛羊，大面积种植适合本地气候、土质的黄桃树、茶树和油茶树。

而 2013 年以来政府扶贫发展起来的大批黑山羊，却最喜欢吃桃叶和茶树叶，一不小心，就成群结队钻进园里，酣畅淋漓享受起青枝嫩叶来。

金山银山比不上青山绿水，必须随时更新思维，守住神山的绿色银行。因此，村委会动员群众卖掉自家牛羊。而眼下，正水草丰美，再喂养一夏，入秋牛羊膘肥体壮，正好可以卖个好价钱。

“傻子才会把眼看就要到手的大把钱，随手扔掉！”

穷怕了的村民一分钱也看得跟金豆似的，紧紧拉着自家牛羊不肯放手。

干群僵持着。村民相互观望着。

彭夏英家牛羊两大群，丈夫张成德舍不得卖，她更舍不得。然而，彭夏英却很理解村委会的决定，她还记得总书记坐在她家小板凳上说过的那句话：“我们国家是人民当家作主，包括我在内，所有领导干部都是人民勤务员。”

是啊，村干部这样做也是为让大家都早点脱贫致富奔小康，是为我们子孙后代造福，我们村民得会当家、做好主。

“咱家第一个享受到党和政府的恩惠，很快脱贫致富了。这次咱少赚点就少赚点，得支持村委会工作。”彭夏英一次次劝说丈夫。

神山村民都知道彭夏英夫妇有主见，很会精打细算，看她家带头卖羊卖牛，肯定不是坏事，也纷纷行动起来。

很快，村里黄桃、茶叶、油茶产业发展起来。

紧接着，村里又开展“消灭撂荒土地，消灭危旧土坯房，建设美丽乡村”专项活动。

老旧房子可是几辈子心血盖起来的祖业，比卖牛羊更难。村民又观望起来。又是彭夏英率先响应，带头拆除了自家土坯杂房和牛栏厕所。

“你干吗总冲在前头，又没得到什么好处！”不少村民私下里责问彭夏英。

彭夏英却大大方方在村里广而告之。

“咱得到的好处太多了，你看修路，架设水管，贴息贷款……政府给了咱这么多好处，帮了咱这么多，咱也该为政府多担当些。”

彭夏英更没少和村民一起念叨总书记说给全村人的这句话。

“要在脱贫攻坚中作示范、带好头，走共同富裕道路。”

“总书记大老远能来咱村，就是看得起咱，咱说啥也不能辜负总书记。”

年底，村里评审低保，村干部上门要她填表。

彭夏英当即拒绝：“我家富裕了，给更需要的人吧。”

“这是中央、省、市政策规定，在脱贫攻坚阶段，脱贫摘帽后待遇不变。也就是说，党和政府不但要把咱们贫困户扶上马，还要再送一程，确保贫困户行稳走远，真正过上小康生活。”

无论村干部如何解释，彭夏英坚决不要。

"国家给的钱，别人用得，你用不得？"邻居知道后，笑她。

彭夏英也笑了，却轻悄悄地说出了人生的大道理。

"死水不经舀，要细水长流。党和政府没有忘记咱老区人民，咱也要尽自己的能力创造自己的生活，幸福的生活是干出来的。"

这时，村里一脱贫达标户却总怕失去政府扶持，不愿意填表签字。帮扶干部请彭夏英出面做工作。她欣然去了，不但讲全村脱贫致富事实，还讲政策、摆道理。

"政府只能扶持我们，不能抚养我们。"

嗬，听这话，真是掷地有声，直击肺腑！

震动之中，这户人家幡然醒悟，当即爽快签字。

彭夏英夫妇经营农家宴之余，还在家开起神山特产小卖部，出售自家制作的果脯、米果、腊肉等，又重拾放下多年的竹篮编织和竹筷制作手艺。情趣之中，还培育神山野生兰花、杜鹃花等盆景出售。双手时时勤劳，项项能增收。

家里的几十亩竹林呢？彭夏英再也不用亲自上山砍了，她承租给了专业的毛竹商采伐，每年也有近万元净收入。

2016 年，彭夏英家各项收入近 10 万元。

日子就这样忙忙碌碌、快快乐乐，犹如脚下白天黑夜哗哗流淌的小溪小河，有声有色，绵绵流长。

●出彩人生

一年四季，山外来客摩肩接踵，熙熙攘攘。

2017 年，神山游客快速上升至 22 万多人次。

客人到神山必来彭夏英家看看坐坐，吃一顿她亲手做的农家宴，才会心满意足下山离去。

这一年，彭夏英家仅农家宴收入就超过 10 万元。

客人来了一拨又一拨，彭夏英的农家宴一直没有超过 9 桌。

“原来总想每天多做几桌，现在不这样想了。桌数一多，质量难以保证，客人来就是对我最大的信任和帮助。”

其实，彭夏英还想把机会让给村里其他农家餐馆，大家都能赚到钱，她心里才舒坦。

这一年，神山村开办农家乐达到 16 户。

也是这一年，彭夏英荣获“江西省脱贫攻坚奋进奖”，成为名副其实的脱贫致富创业典范。

也是这一年，彭夏英被评为 2017 年“感动吉安十大人物”之一。

这一年，彭夏英正好 50 岁。她第一次走出偏远神山，第一次乘上轰然远去的高速火车，第一次走进大城市省会南昌——领大奖！

彭夏英说，她大半辈子都没有这样风光过、出彩过！

是啊，人生蜗居深山大半辈子，以如此出彩的方式出山，的的确确值得彭夏英自豪啊！

但激动之余，也不由让人心生感慨。

自我，何其微小！

而我们所处的时代，又是何其伟大啊！

2018 年，彭夏英家又新开办了民宿项目，共 8 个客房、9 个床位。干净、便宜的客房，客人不断。

2018 年，彭夏英当选全国妇女代表，出席第十二次全国妇女代表大会。

2018 年 10 月，彭夏英荣获首届“全国脱贫攻坚奖奋进奖”。

这一次，彭夏英第一次走出江西，第一次乘坐穿行在白云之上的飞机，第一次来到从小无限向往的北京，第一次走进堂皇富丽的人民大会堂，成为新时代革命老区决胜全面建成小康社会征程上的一面巾帼旗帜。

“现在，坐车坐飞机都不是新鲜事了，村里人自己买的车就有 39 辆，出山进山，想走就走。”彭夏英言语轻松，无限欣慰。

2019 年上半年因为下大雨，彭夏英家门前的路冲垮了，耽搁了两个月的农家宴生意，但一年下来也有 8 万多元收入。

2019 年 12 月，彭夏英获得“江西好人”荣誉称号。

2020 年，虽然前几个月生意受新冠肺炎疫情影响，但后半年很快恢复正常，彭夏英估计这一年收入也不会低于 10 万元。

2020 年 10 月，彭夏英又被授予 2019 年度“全国三八红旗手”荣誉称号。

神山苦妹子彭夏英，成为革命老区脱贫致富的带头人，成为新时代发家致富的创业明星。

由苦到甜，彭夏英切身体会到——我命在人不在天！

她家门楣上特意制作了一副对联：“翻身不忘共产党，脱贫全靠习主席”，横批：“共产党好”。

是的，“党的恩情比海还深！”

彭夏英脱贫致富只是革命老区发展变化的一个缩影，也是许许多多老区人民沐浴着中国共产党不变的初心和使命，走向美好小康生活的生动实践。

更让彭夏英高兴的是，他两个在外打工的儿子也要回来了，而且这次回来就再也不出去了。

虽然两个儿子都已经到了结婚年龄，彭夏英却不催婚。她说，现在各家条件都好了，恋爱自由，让孩子们去自主追求他们喜欢的女孩吧。

◎写在后面的文字

2020 年 11 月初的一天。

上午，作者初次来到彭夏英家，各屋门敞开着。

只见三三五五的游客在她家屋里院里转着看着，评说着。她正在灶台前忙着为预订午饭的游客做饭。烧火、洗菜、切菜，哗哗啦啦，咚咚嚓嚓，她不停地转动在干净整洁的厨房。

我们不便打扰她，先离去。

下午按约定时间，我们再来她家。满院还浮动着淡淡菜饭香。

她人还不在，但不远，和丈夫在房后菜园里忙活。听见我们的说话声，她着急忙慌跑来，满手泥土芳香。

这个能干的女人啊，沐浴着阳光，美好的日子就荡漾在她微笑的双眸里。

“现在政策好呀，只要肯干，不愁过不上好日子。”

原来那个舍不得点灯、吃不上放油干锅菜的女人，如今满是欣慰和自信。

3. 神山蝶变

●幸福新村

初冬早晨。

万道霞光，洒满神山。薄雾氤氲迷蒙，竹木如浴金汤。

翠竹云海，白墙黛瓦，炊烟袅袅。青石板路湿漉漉的，像一条温润的丝带，蜿蜿蜒蜒，缠绕过栋栋客家民居，延伸进山里山外。

彭水生惬意地漫步在环村石板道上。他 78 岁了，满头银发，精神矍铄。

石板道，溪水哗哗，水鸭喳喳，激起朵朵浪花。一窝窝新鲜菜蔬，一树树红色花朵，含露带翠，摇曳生姿。

彭水生不由得眉目含笑，欢活地舞动着老胳膊老腿。

迎面，遇上正从家里出来的左秀发。两个老伙计熟络又激情地打着招呼。

“老书记好啊！”

“秀发好！”

彭水生扬手招呼左秀发一起晨练。

左秀发吸纳着新鲜空气，抬眼张望着村庄。

“一场雨就像又洗了一次澡，你看这山山水水，多轻灵，多清爽。”

彭水生眯眼望着眼前，薄雾缭绕，山色空蒙。

“咱这里啊，真成了神仙村喽！”

“是啊，没想到咱老了老了，还真有福，真过上神仙一样的好日子，美日子了。”

“这幸福，万年长啊！”

两个老伙计舒爽地舞动着手脚，边走边神聊。

是啊，如果不是看到神山村中心广场陈列展示的一张张老照片，很难想象，这个美丽的小山村曾经的贫困生活。

漫步神山，一面灿烂的“笑脸墙”格外醒目。墙上，贴着 20 多张村民开心欢笑的照片。是啊，这几年生活变化翻天覆地，无时无刻，村民不由开怀大笑。于是，有心人就将这快乐瞬间抓拍了下来。

彭水生的照片位于“笑脸墙”正上方。

2016 年 2 月 2 日，习近平总书记来神山村考察时，他质朴地竖起大拇指，当面赞扬总书记：“你呀，干得不错嘞！”

现在，彭水生担任井冈山一家红色培训机构的宣讲员。一年四季，他都激情昂扬地给来自四面八方的客人讲神山变迁，说脱贫致富故事。

想致富，先修路。

过去，神山仅有一条小道通往村外。村民挑着山货到乡里集市上卖，要走半天。现在，开车只需要半个多小时。

2017 年，在上级扶贫资金支持下，村里不仅把原来窄窄的小路拓宽到 5 米多，全部铺上沥青，还在村口新修了一条路，与原有道路形成小环线。

不让一户贫困群众住在危旧土坯房里奔小康。安居扶贫工程先后投入 300 余万元，对全村 37 栋土坯房维修加固，拆旧建新。如今，村里家家户户客家楼，白墙灰瓦，漂亮又整洁，屋里屋外焕然一新。村里休闲广场、路灯、书屋、停车场、公厕等公共设施一应俱全。

产业也发展起来了。神山村因地制宜，对全村 4500 亩山地毛竹林进行低产改造，成立合作社，科学发展茶叶、黄桃、毛竹特色产业。每个贫困户都有政府专项 2.2 万元扶贫股金入股合作社，年分红不低于 15%。非贫困户则以资金和土地流转方式入股，实现了户户有股份，人人可务工。经过土地流转，全村种植黄桃树、井冈红茶树、油茶树 600 多亩。21 户贫困户每年分红 3000 多元。

神山村红军烈士左桂林的革命精神和红色基因，也传承给了孙子左秀发、重孙左香云。

左秀发望着堂屋墙上的烈士证，自豪地对我们说："当年我爷爷闹革命就是为了能过上幸福生活，现在党和政府帮助我们脱了贫，我们要感谢这个时代，更要用双手去创造幸福生活。"

左香云是左秀发的儿子，总书记来访神山，看到他摸索多年制造出的竹工艺品大为赞赏，鼓励他抓好本地资源，选准路子，放开胆子，坚定目标好好干。左香云备受鼓舞，开办起神山竹艺品加工厂，产品从简单的竹筒、笔筒等扩大到精致的花瓶、扇子等高端艺术工艺品，销往全国各地。

他的竹加工厂一年需要上万根毛竹，这也给户户有竹林的神山村民开辟了就近销售、增收的渠道。

2016 年底，神山村人均纯收入 1.5 万元。其中，建档立卡贫困户人均纯收入达到 8600 元，远远超过贫困最低标准 2300 元。

2017 年 2 月，经过江西省综合考核评定，神山村达到国家脱贫标准，在全国率先脱贫摘帽，彻底摆脱了世代贫困。

神山，就像一只破茧而出的蝴蝶，从一个贫穷落后的小山村，一个寂静的“空心村”，蝶变成井冈山革命老区脱贫攻坚示范区，全国都颇有名气的 4A 级乡村旅游村。

神山村只是井冈山市成功减贫的一个缩影。

这一年，神山村所在的江西省井冈山市 44 个贫困村、4638 户贫困户、16934 个贫困人口全部脱贫致富；井冈山市率先宣布脱贫摘帽，成为中国贫困退出机制建立后，首个脱贫摘帽的贫困县。

●红心旅游村

路通了，环境好了，一批批的游客来了，看神山风景，吃农家宴，住农家乐。

2016 年，神山村接待游客达 9 万多人次。2017 年，快速上升至 22 万余人次。

之后，逐年快速递增。2019 年，接待游客达 32 万人次。农家乐、民宿、民俗、采摘、土特产品销售等相关旅游一体化服务竞相开办。

神山，一飞冲天，迎来了史无前例的大突破、大发展。

“小华，咱家的农家乐人手不够，你快回来帮爸妈一把！”

彭水生第一个打电话把在山外瓷厂上班的儿子彭小华叫了回来。是啊，游客络绎不绝，神山应接不暇。家里的农家乐、民宿生意红红火火，他和老伴、儿媳妇实在忙不过来了。

哪里生长着未来和希望，追求美好生活的人们就会像候鸟一样，飞往哪里去。

长期在外打工的村民，也被家乡蓬勃升起的发展希望吸引回来了。他们长年在外虽吃了不少苦，但也长了见识，开了眼界，有了商业头脑，纷纷在家门口创业和就业。

彭长良、彭青良、彭德良三兄弟远在江浙等地打工 10 多年，却没有多少存款。回村后，三兄弟争取政府贴息贷款 10 万元，联手创业，一体化开办起农家乐、民宿、土特产商店，年收入超过 40 万元。

“以前在外打工每月工资不到 3000 元，吃苦受罪还舍不得花。”彭德良指着货架上整齐排列的茶叶等神山特产，给作者算了一笔账。“现在我帮村合作社代销神山茶叶，还打糍粑，每天都有 200 多元净收入，就这一个小店，除去一家人一年富足的开支，还能存五六万元。”

罗林辉、罗林根兄弟俩也从山下的龙市镇回到村里，在自家开起了旅游超市，专卖神山土特产，年收入 20 多万元。

左春仁也回来了。他就地取材，制作旅游纪念品，现做现卖，平均月收入五六千元。他还开了一家淘宝店，把神山村的土特产通过互联网销往全国各地。

这些“逃山”归来的年轻人，有见识、有商业头脑，正成为助推神山发展的生力军。

连续几年来，神山村委会常住人口普查显示：2016 年 38 人，2017 年 73 人，2018 年 168 人，2019 年 176 人，4 年增加了 138 人。

“都回来好啊，我再也不孤单寂寞了。”

胡玉保老人缓缓走在村道上，不时和来来往往的人打着招呼。

一旁的彭水生又竖起了大拇指：“没想到咱村后生仔里能人还真不少嘞！”

后生们回来了，在各项政策扶持下，神山经济大发展，人民生活也大变样。

仅仅 4 年时间，村里人均年收入从不到 3000 元，增长到 2.2 万元；村集体收入从零增加到 40 万元。全村 22 家在城里买了新房，小汽车从 7 辆增加到了 39 辆，农家乐则从无到有发展到了 21 家。

彭展阳是神山村的现任党支部书记，30 多岁，也是被村里巨大变化吸引回来的年轻人。他大学毕业后，一直在城市工作。2017 年底，他放弃年收入 20 多万元的企业高管职务，毅然回村发展。后来，被推选为神山村党支部书记。

“脱贫摘帽后，村里应该更多考虑可持续发展。”

这是彭展阳的长期目标，也是他当前的行动，进一步发掘神山优势和潜力，助推旅游业大发展。

第一步，就是把小小神山快速融入大井冈全域旅游。

神山村紧扣“井冈桃源、好客神山”定位，把红色旅游与乡村旅游深度融合，不仅开发了神山谷、双龙潭、水帘洞等景点，还将神山与八角楼、黄洋界、红军被服厂、红军练兵场等景点串联起来，形成旅游精品线路，融入大井冈全域旅游。

果然，以点带面，激活全局。2019 年，神山接待游客 32 万人次。

2020 年 7 月 10 日，神山村至茅坪乡的客运班车也开通了。长途、短途的游客更多了，小山村更加热闹了。原来只有 38 人留守的神山，如今村里常住人口 200 多人。

这个曾经的“空心村”，整天人头攒动，熙熙攘攘，成了生机焕发的红心旅游村。

彭展阳还有更时尚的第二大步要走。

“第二步，我们要充分利用神山天然氧吧、人间仙境的环境优势，招商引资，筑巢引凤，着力发展康养产业。”

“康养”，是 21 世纪以来的一个时尚新名词、新兴业态，也是属于年轻人的事业。

彭展阳说起来，头头是道，滔滔不绝。

2016 年，康养工业被我国多地列入“十三五”规划，它不是一般含义的“养老”，而是一个更具包容性的宽泛行业，既是一种持续性、体系性的健康的日常行为活动，又是具有短暂性、针对性、单一性的健康和医疗行为，适合于每一个生命。

现在，我国康养产业市场消费总需求在 5 万亿元以上。而当前我国每年为康养工业供给的产品却仅仅在 5000 亿 ~7000 亿元左右，针对持续旺盛的市场需求，显著有效的供给严重不足。总之，康养不但是个无限美的夕阳产业，更是一个蓬勃向上的朝阳产业。

结合到神山康养，彭展阳更是如数家珍，倾囊展示。

森林氧吧康养，神山森林里的负氧离子浓度每立方米高达 1000~5000，对多种疾患具有天然痊愈力。以空气清新、环境优美的森林资源为依托，可以建造包括森林游憩、调理、运动、教育、养生等多种产品和服务。

还有心神康养，能使康养顾客获得心情放松、心思健康、积极向上的身心体会，确保精神世界的健康和闲适……

如此神山环境，如此市场需求，神山舍我其谁，更待何时？

小小神山，明天更精彩！

小小神山，真的神气起来了！

井冈经验

把握关键　精准为先

井冈山突出精准为先，牢牢把握产业、安居、保障、基础设施四大关键。

——“有能力”的“扶起来”，实现家家有致富产业

根据贫困群众的致富意愿和劳动能力的具体实际，有针对性地制定帮扶措施。井冈山市因地制宜，全力推进20万亩茶叶、30万亩毛竹、10万亩果业种植加工基地的“231”富民工程，实现每个乡镇有一个产业示范基地、每个村有一个产业合作社、每个贫困户有一个增收项目，确保家家有一个致富产业，户户有一份稳定的产业收入。

——“扶不了”的“带起来”，实现个个有资产性收益

针对部分贫困群众缺乏劳动能力、难以自我发展的客观实际，井冈山市采取股份制、联营式、托管式等多种合作模式，通过吸纳贫困户或以资金或以土地入股等形式，参与产业发展，固化贫困户与企业、基地、合作社的利益联结，让每家每户有一份稳定的资产性收益。

——“带不了”的“保起来”，实现人人有兜底保障

针对完全丧失劳动能力的贫困群众，井冈山市将政策向其聚焦叠加，实施贫困线与低保线“双线合一”，通过低保的扩面提标，使贫困人口尽可能享受低保，尽可能享受更高标准的低保，让低保线略高于贫困线标准，这样通过政策的兜底保障，来实现贫困人口的“两不愁、三保障”。

——“住不了”的“建起来”，实现户户有安居住房

井冈山市实行拆旧建新、维修加固、移民搬迁、政府代建四种安居建房模式，采取政府补一点、群众出一点、社会捐一点、扶贫资金给一点、银行贷一点“五个一点”的办法筹措资金，通过开展“消灭危旧土坯房，建设美丽乡村”攻坚行动，确保每一栋危旧土坯房都能拆得动、建得起、住得进。

——“建好了”的“靓起来”，实现村村有面貌提升

要让贫困群众在干净、漂亮、整洁、舒适的环境中实现脱贫。井冈山市坚持全域规划，大力推进镇村联动和美丽乡村建设，实现了25户以上自然村全部通水泥路、通自来水，所有行政村卫生室、文化

室、党建活动室均已达标，贫困群众实现了走平坦路、喝干净水、上卫生厕、住安全房的美好愿望。

……

尾章　清零

●清零！江西

2020 年 4 月 26 日。

江西省人民政府召开新闻发布会，于都县、兴国县、宁都县、赣州市赣县区、鄱阳县、修水县、都昌县（区）均符合贫困县退出条件，经研究，批准以上 7 个贫困县脱贫退出。

至此，江西全省 25 个贫困县、3058 个贫困村，全部实现脱贫退出！

清零！江西。

江西，清零！

这是江西省紧盯目标，精准施策，扎实推进脱贫攻坚取得的重大实效、重大突破！

这是江西省扶贫开发史上最具里程碑意义的重大事件、重大战绩！

从此，江西省经济社会发展掀开新篇章！

从贫困村退出看，江西全省“十三五”3058 个贫困村全部退出，攻克深度贫困村堡垒扎实有效，农村人居环境发生翻天覆地的变化，呈现出“气象新、面貌美、活力足、前景好”的良好态势。

从贫困人口脱贫看，全省建档立卡贫困人口从 2013 年底的 346

万人减至 9.6 万人，贫困发生率从 9.21% 降至 0.27%，“两不愁、三保障”问题基本解决，综合保障脱贫措施健全落实，返贫致贫问题有效遏制，贫困地区农民年人均可支配收入增幅持续高于全省平均水平。

群众认可度达到 90% 以上。

让我们再回眸江西省 25 个贫困县脱贫退出时序——

第一批次是 2017 年 2 月 8 日：井冈山市、吉安县，2 个县（市）脱贫退出。其中，井冈山市在全国 832 个贫困县中率先脱贫退出。

第二批次是 2017 年 7 月 29 日：瑞金市、万安县、永新县、广昌县、上饶县（今上饶市广信区）、横峰县，6 个县（市）正式脱贫退出。

第三批次是 2019 年 4 月 28 日：会昌县、寻乌县、安远县、上犹县、石城县、赣州市南康区、遂川县、余干县、乐安县、莲花县，10 个县（区）脱贫退出。

第四批次是 2020 年 4 月 26 日：于都县、兴国县、宁都县、赣州市赣县区、鄱阳县、修水县、都昌县，7 个贫困县（区）脱贫退出。

胜利的果实是甜美的，喜人的。

战斗的历程是艰苦的，卓绝的。

江西省是著名革命老区，也是脱贫攻坚主战场。全省 100 个县（市、区）中，有原中央苏区和特困片区县（市、区） 58 个，其中罗霄山连片特困县（市、区） 17 个、贫困县（市、区） 25 个（含 1 个省定贫困县）；“十三五”贫困村 3058 个，其中深度贫困村 269 个；2013 年底，全省建档立卡贫困人口 346 万人，贫困发生率 9.21%。

不但脱贫攻坚任务重，而且打赢脱贫攻坚战的意义也特别重大。

面对这场必须打赢打好的脱贫攻坚战，江西省尽锐出战，创新开拓，精准施策，攻坚克难，大力实施脱贫攻坚系列工程，形成强大合力，汇聚起磅礴力量。

数万名驻村干部和队员深入一线，倾尽心力，真扶贫扶真贫；数千家企业和社会团体甘于奉献，敞开大门扶贫济困；数不清的市民消费者“不讲价钱”，大力购进贫困乡村农产品……

正是这种合力脱贫攻坚的气势和力度，加速度推进一个个贫困户找到致富方法快速脱贫；更助推不少脱贫后的贫困户，大胆创业，成为脱贫致富带头人。

●清零！中国

八年一剑，千年一梦。

决战脱贫攻坚，决胜全面小康。

2020 年 11 月 23 日，国务院扶贫办发布消息——今天（11 月 23 日），贵州宣布最后 9 个深度贫困县退出贫困县序列。

这，不仅标志着贵州省 66 个贫困县实现整体脱贫；

这，也标志着 2012 年国务院扶贫办确定的全国 832 个贫困县全部脱贫摘帽，全国脱贫攻坚目标任务全面完成！

至此，中国贫困县，清零！

至此，中国，清零贫困县！

这是一场多么伟大的胜利啊！

这又是一场多么宏大的战役啊！

下面，再让我们一起看看，全国 832 个贫困县所在的 22 个省（市、区）宣布贫困县清零的时间线吧。

2019 年 12 月 23 日，西藏的贫困县清零；

2020 年 2 月 22 日，重庆的贫困县清零；

2020 年 2 月 26 日，黑龙江的贫困县清零；

2020 年 2 月 27 日，陕西的贫困县清零；

2020 年 2 月 28 日，河南的贫困县清零；

2020 年 2 月 29 日，海南的贫困县清零；

2020 年 2 月 29 日，河北的贫困县清零；

2020 年 3 月 2 日，湖南的贫困县清零；

2020 年 3 月 5 日，内蒙古的贫困县清零；

2020 年 4 月 11 日，吉林的贫困县清零；

2020 年 4 月 21 日，青海的贫困县清零；

2020 年 4 月 26 日，江西的贫困县清零；

2020 年 4 月 29 日，安徽的贫困县清零；

2020 年 9 月 14 日，湖北的贫困县清零；

2020 年 11 月 14 日，新疆的贫困县清零；

2020 年 11 月 14 日，云南的贫困县清零；

2020 年 11 月 16 日，宁夏的贫困县清零；

2020 年 11 月 17 日，四川的贫困县清零；

2020 年 11 月 20 日，广西的贫困县清零；

2020 年 11 月 21 日，甘肃的贫困县清零；

2020 年 11 月 23 日，贵州省最后 9 个深度贫困县退出贫困序列，贵州省清零！

清零，中国！

中国，清零！

“民亦劳止，汔可小康。惠此中国，以绥四方。”

千年梦想，百年奋斗，今朝梦圆！

中国扶贫，谱写了中华民族历史新篇章！

中国扶贫，实现了我们党向历史、向人民作出的庄严承诺！

中国经验，世界瞩目。

中国作为，大国风范。

2020 年 12 月 14 日，人类减贫经验国际论坛在北京开幕，习近平主席再次表明中国立场——

“中国愿同世界各国一道，携手推进国际减贫进程，推动构建人类命运共同体。”

是啊，当今世界正经历百年未有之大变局，新冠肺炎疫情仍在全球肆虐，减贫事业面临严峻挑战。面对新冠肺炎疫情冲击，打造包容性、可持续、有韧性的未来，不断推进全球减贫事业至关重要，我们比以往任何时候都更需要拿出切实举措。

值此非常时期，习近平总书记向世界推出了中国的非常担当，非常措施，非常精准。

“中国将落实好两年提供 20 亿美元国际援助的承诺，深化农业、减贫、教育、妇女儿童、气候变化等领域国际合作，助力各国经济社会恢复发展。”

“我们要直面疫情挑战，推动国际社会将落实《联合国 2030 年可持续发展议程》置于国际发展合作核心，将消除贫困作为首要目标，让资源更多向减贫、教育、卫生、基础设施建设等领域倾斜。”

……

面向未来，中国愿同世界一道，为共建一个没有贫困、共同发展的人类命运共同体，继续奋斗！

中国承诺，世界可鉴！

中国作为，世界担当！